U0468332

课题或基金：2023教育部人文社会科学研究青年基金项目：数字赋能高校智慧思想政治教育研究（23YJC710068）

思想政治教育研究文库

思想政治教育文化属性研究

罗莎　著

光明日报出版社

图书在版编目（CIP）数据

思想政治教育文化属性研究 / 罗莎著. -- 北京：光明日报出版社，2024. 8. -- ISBN 978-7-5194-8153-7

Ⅰ. D64

中国国家版本馆 CIP 数据核字第 2024EX3636 号

思想政治教育文化属性研究

SIXIANG ZHENGZHI JIAOYU WENHUA SHUXING YANJIU

著　　者：罗　莎

责任编辑：杜春荣　　　　责任校对：房　蓉　乔宇佳

封面设计：中联华文　　　　责任印制：曹　诤

出版发行：光明日报出版社

地　　址：北京市西城区永安路 106 号，100050

电　　话：010-63169890（咨询），010-63131930（邮购）

传　　真：010-63131930

网　　址：http：//book.gmw.cn

E - mail：gmrbcbs@gmw.cn

法律顾问：北京市兰台律师事务所龚柳方律师

印　　刷：三河市华东印刷有限公司

装　　订：三河市华东印刷有限公司

本书如有破损、缺页、装订错误，请与本社联系调换，电话：010-63131930

开　　本：170mm×240mm

字　　数：195 千字　　　　印　　张：16.5

版　　次：2024 年 8 月第 1 版　　　　印　　次：2024 年 8 月第 1 次印刷

书　　号：ISBN 978-7-5194-8153-7

定　　价：95.00 元

目　录
CONTENTS

第一章

引言

文化在人的实践创造中产生，并潜移默化地影响和塑造着人，人依赖于文化环境而生存。文化作为一种精神力量，是国家向新向上发展的重要动力，是民族绵延生息的精神命脉，是人民共同坚守的精神家园。生存于任何一个时代的任何一个民族都带有一定的文化基因，都具有一定的文化标识。社会形态的变迁、社会制度的更替，均伴随着民族文化和民族精神力量历史的变化。文化具有特殊的育人功能。思想政治教育是一种直接改造人的主观世界的特殊文化教育活动，客观上需要借助文化的“柔性”力量帮助人更加牢固树立科学的世界观、人生观、价值观，即以文化人、以文育人。从这个意义上讲，文化与思想政治教育之间存在着必然的关联性，文化育人是思想政治教育的应有之义，作为一种文化现象，思想政治教育具有文化属性。

党的十八大以来，党和国家高度重视思想政治教育工作，习近平总书记在多次重要讲话中强调培育担当民族复兴大任的时代新人必须注重文化的作用，立德树人、文化先行，以文化人、以文育人是贯穿讲话的内在逻辑。2023 年 10 月，全国宣传思想文化会议上首次提出习近平文化思想。习近平文化思想的形成与提出，在马克思主义文化理论发展史上具有里程碑的意义，对建设社会主义文化强国，以中国式现代化全面推进中华民族伟大复兴具有深远的意义。同时，思想政治教育事业也迈入新征程，如何准确把握时代发展要求，客观认清思想政治教育工作面临的形势和任务，充分发挥文化在培育时代新人中的重要作用，是新时代思想政治教育工作者所面临的时代课题。基于相应的认知和思考，本书认为思想政治教育应适应教育形势、教育环境的变化，以促进学生全面发展为出发点和立足点，强调文化属性，注重文化育人的重要作用和内在价值。

第一节 研究背景与研究意义

"社会发展以人的发展为归宿，人的发展以精神文化为内核"①，中华民族伟大复兴，不仅是指物质生产方面，还包括精神生产、精神文化方面。客观而言，文化复兴和精神复兴是民族复兴的底色，人的发展，特别是人的精神文化素养的全面提升，是民族复兴的重要标识。思想政治教育是改造人的主观精神世界的实践活动，做好思想政治教育工作，对于培养堪当民族复兴重任的时代新人至关重要。当前，文化属性弱化制约着思想政治教育创新发展以及人才培养，促进思想政治教育文化属性的充分彰显，发挥文化育人的重要作用是破解相应问题的应然之举。

① 习近平．之江新语［M］．杭州：浙江人民出版社，2007：150.

一、研究背景

（一）思想政治教育本身是传递中国特色社会主义政治文化的一项重要实践

政治文化属于政治体系中的精神范畴。相对于各种具体的政治制度、规则、政治组织与机构而言，政治文化是一种主观价值，是人们关于政治生活的态度、情绪、价值等，从而形成一定的政治认识、政治情感、政治理想、政治信念等政治思想意识。政治文化是上层建筑的深层内核，具有极强的包容性和强大的精神力量，不仅涵盖了一个民族的价值取向，还包括政治行为规则体系。思想政治教育作为一种具有意识形态性的文化现象，在传递文化的同时也可以创造文化。中国特色社会主义政治文化与思想政治教育的精神内核具有统一性，二者密不可分的关联性形成了思想政治教育的文化属性。

首先，不断创新和发展的中国特色社会主义政治文化是开展思想政治教育必须充分运用的最为关键的文化资源。思想政治教育是对受教育者传递一定的符合意识形态工作要求的思想观念、政治观点、道德规范的特殊的文化教育实践活动。开展思想政治教育工作，离不开政治文化资源的支撑。中国特色社会主义政治文化在社会主义不断开拓向前中积淀和形成，贯穿于政治发展的全过程。中华优秀传统文化、革命文化、社会主义先进文化等都是中国特色社会主义政治文化的主要组成部分。中国特色社会主义政治文化为思想政治教育实践提供了最为重要的文化教育资源。思想政治教育正是在始终坚定对中国特色社会主义政治文化的传播、传承、创新中向前发展。

其次，思想政治教育工作是传递中国特色社会主义政治文化的有效方式和重要途径。各历史时期，政治文化一直都是思想政治教育的根本特征，同时也是我们党宝贵的优良传统和独特的政治优势。传递中国特色社会主义政治文化，使人们接受先进的政治文化，离不开思想政治教育活动。思想政治教育是中国共产党在长期实践中总结出来的教育广大人民群众的重要思想理论武器之一，具有完备的教育体系，取得了丰硕的教育成果，积累了丰富的教育经验。思想政治教育传播、践行中国特色社会主义政治文化成果，促进社会成员由“自然人”向“政治人”的转化。通过开展一系列的思想政治教育工作，促使社会大众坚定坚守科学的政治理念，引导人们形成端正的政治实践认知和评价，对政治生活形成主动积极健康向上的情绪，培育人们良好的政治品质，激发人们对政治生活的动力。思想政治教育的中心环节是立德树人，立德树人的核心是要铸牢共产主义理想、马克思主义信仰。思想政治教育的以文化人、实践育人、组织育人等活动都是传播中国特色社会主义政治文化的有效方式和途径。

（二）繁荣发展具有中国特色的并符合人民精神境界提升和社会发展需求的社会主义文化是时代的强烈呼唤，中国特色社会主义文化的大发展大繁荣需要思想政治教育发挥积极作用

文化对于任何一个国家、任何一个民族都有特殊的意义。党的十九大报告指出，“文化是一个国家、一个民族的灵魂。文化兴国运兴，文化强民族强”①。增进文化自信，推动文化的发展和繁盛是习近平新时代中国特色社会主义思想的应有之义，建设社会主义文化强国是民族复兴的必由之路。一个国家、一个民族对其价值传统和精神禀赋的充分认

① 习近平．决胜全面建成小康社会　夺取新时代中国特色社会主义伟大胜利：在中国共产党第十九次全国代表大会上的报告［M］．北京：人民出版社，2017：40.

同与笃信是文化自信，对其文化内在生命力与文化价值所持有的坚定信仰与希望也是文化自信。唯有坚定文化自信，才能坚持和坚守前行的信心，增强底气、排难纾困、激发活力。中国特色社会主义文化源于5000多年绵延不绝、浩如烟海的中华优秀传统文化，寓于党领导人民从站起来到富起来，再到强起来的伟大征程中所积淀的革命文化和社会主义先进文化。在新的历史条件下发展中国特色社会主义文化，必须立足当下、着眼长远，以马克思主义为根本指南坚定中华文化立场，从全面加强社会主义意识形态建设，下功夫积极培育和着力推动践行社会主义核心价值观，大力加强思想道德建设等方面全面发力。唯有人民尊崇道德、信仰坚定，国家才有不竭动力，民族才有希望和未来。加强思想道德建设，根本上要加强思想政治教育工作，全方位提高人民思想觉悟、道德境界、文化素养，使人民具有饱满的民族精神和时代精神，从而形成对国家、对民族、对历史、对未来、对文化更为科学、正确的认知。

（三）以文化的方式纾解思想政治教育难题，加快内涵式发展成为思想政治教育改革创新的逻辑进路

自20世纪80年代思想政治教育学科创建之后，通过广大思想政治教育工作者的艰辛努力和不懈探索，思想政治教育工作在实践中取得重要成就，助力教育科学解答“为谁培养人、培养什么样的人”的根本性问题，培养了一批批坚定拥护党的领导和社会主义制度，立志扎根人民、奉献国家，为社会主义事业贡献力量的社会主义建设者和接班人。

21世纪以来，世界多极化格局逐步形成，文化发展多样化和价值取向多元化的浪潮席卷全球，全球经济发展日趋一体化，社会信息高度智能化，这些都成为重要的时代特征。思想政治教育外在生态环境发生

了显著变化，对传统思想政治教育发展提出挑战。从宏观上看，思想政治教育对一些历史之问、时代之问、未来之问的解答乏力，思想政治教育的时效性、实效性与人们的希冀存在一定的差距，思想政治教育过时论、无用论甚嚣尘上，人们拒绝、排斥思想政治教育必然客观影响和制约社会主义意识形态建设。从微观上看，传统的依靠单向度的空洞理论说教已难以有效满足受教育者个体情感关照、人格塑造、心理疏导、价值引领等内在需求，思想政治教育的思想性、理论性、亲和力、针对力欠缺，广受诟病，弱化了思想政治教育的育人效果。有鉴于此，思想政治教育工作需要创新发展。

党的十八大昭示了中国特色社会主义进入新的历史方位，明确了新时代教育的根本任务是立德树人，要培养全面发展的社会主义建设者和接班人，这使得教育事业发展迎来重要历史机遇期。党的十九大明确提出要加强理想信念教育，培养能够担当民族复兴大任的时代新人。党的二十大报告指出中国共产党人深刻认识到，只有把马克思主义基本原理同中国具体实际相结合、同中华优秀传统文化相结合，坚持运用辩证唯物主义和历史唯物主义，才能正确回答时代和实践中提出的重大问题，才能始终保持马克思主义的蓬勃生机和旺盛活力。在习近平文化思想的指引下，落实立德树人根本任务，纾解制约思想政治教育发展难题，需要在文化视域下对思想政治教育理念、内容、形式、方法、格局等适时做出调整和优化，推动思想政治教育走内涵式发展之路。我国著名历史学家、思想家、教育家钱穆先生认为，“一切问题，由文化问题产生；一切问题，由文化问题解决”①。说明从文化视角切入分析和解决现实问题是一种科学的方法。事实上，国外很多学科的研究也十分注重对文

---

① 钱穆. 文化学大义 [M]. 北京：九州出版社，2012：2.

化方式方法的运用。“研究教育，不研究文化，就只知道这条河的表面形态，摸不着它的本质特征。只有彻底把握住它的源头，才能彻底地认识教育的精髓和本质。”① 著名教育家顾明远先生的这个观点与钱穆先生的认知是一致的，教育领域存在的问题也需要运用文化思维加以解析。思想政治教育对人的思想和信念确立，对世界观、人生观和价值观塑造具有重要影响的实践活动，是落实立德树人根本任务的中心环节，本质上是一种文化实践。

基于以上分析，新时代进一步推动思想政治教育创新发展，以人的尺度为立足点，应更加关注其文化属性，重视文化所积蓄和蕴藏的作用力。必须说明的是，思想政治教育具有多元属性，如政治属性、经济属性等，文化属性只是其中之一。在诸多思想政治教育属性中，笔者选取文化属性作为研究支点，试图拓展思想政治教育发展的视角和维度，意在为思想政治教育创新发展提供可能路径，也是对如何以文化人、以文育人在理论和实践层面进一步解析。

二、研究意义

本书力图尝试建构思想政治教育本体论这样一种分析框架，立足于思想政治教育文化属性这一语境，揭示思想政治教育与文化的内在关联，坚持问题导向，在文化视域下审视和把握当代思想政治教育存在的现实难点。由此出发，规范言说姿态，审慎探讨彰显思想政治教育文化属性的目标、理念、原则、内容、方法以及结构设计的可能，试图表达对思想政治教育改革创新、文化育人落实的关切。与此同时，讨论在思想政治教育实践中增强文化特性，促进文化发展的可能。

① 顾明远．中国教育的文化基础［M］．太原：山西教育出版社，2004：1.

（一）理论意义

1. 有助于拓展思想政治教育研究视野。教育者如何对受教育者施加有目的、有组织、有计划的影响，进而改变其思想观念、政治观点、道德观念等，使其行为实践符合社会要求，历来是思想政治教育研究的基本范式。这种研究范式，更倾向从政治视角切入分析。一方面，政治属性是思想政治教育的根本属性，受教育者政治观点正确与否对其内在思想、外在行为都能产生重要影响，政治属性研究必须居于“绝对领先”地位。另一方面，传统思想政治教育生态环境相较于当下并不复杂，受教育者思想观念、道德观念易于被引导，对政治属性等研究可以起到事半功倍的效果。但当思想政治教育生态环境已发生明显变化，制约和弱化思想政治教育功效时，就要拓展研究视野、转变研究思路，确立新的研究范式，将文化属性纳入研究范畴正当其时。研究文化属性，更有助于厘清和解决当下思想政治教育所面临的难题。

2. 为学校思想政治教育创新发展提供理论参考。思想政治教育工作的成效与中国特色社会主义事业发展进程成正相关，学校思想政治教育在整体思想政治教育体系中居于突出地位，做好学校思想政治教育工作事关中国特色社会主义事业后继有人。习近平总书记强调：“做好高校思想政治工作，要因事而化、因时而进、因势而新。”① 这为学校思想政治教育创新发展提供了根本理论指南。做好思想政治教育工作，必须常为常新，善于把握大局、大事、大势，使育人工作不断改进和加强。中国特色社会主义已进入新时代，经过党和人民持续奋斗，中国实现了第一个百年奋斗目标，正在意气风发地向着全面建成社会主义现代化强国的第二个百年奋斗目标迈进。实现中华民族伟大复兴的关键历史

① 习近平．习近平谈治国理政：第二卷［M］．北京：外文出版社，2017：378.

时期，应牢固树立教育强国理念，努力办好以人民为中心的教育，全面加快教育现代化，使教育为强国建设提供可靠人才支撑和智力支持。在利益多元、信息多元、价值多元的背景下，推进教育强国建设，文化必须先行，以文育人理念为引领，坚定道路自信、理论自信、制度自信、文化自信，加强思想文化建设，提高人的精神素养和道德水准。将文化属性纳入思想政治教育研究范畴，有利于不断深化对思想政治工作方法和问题的探究、育人规律的探索，全面认识思想政治教育的本质和内涵，搞清楚受教育者价值取向、行为方式、心理和思维活动变化的根本缘由。特别是有利于及时对思想政治理论课课堂教学方式方法加以调整和优化，发挥文化的“柔性”力量，使受教育者在充满文化气息的氛围下潜移默化地接受教育，形成以文化涵养人、以文化培德育人的教育新格局。

（二）实践意义

1. 有助于使思想政治教育摆脱难题、走出困境，提升其适应性、实效性与时效性。在传统思想政治教育模式下，教育者习惯抽象性言语说教、单向度理论灌输，受教育者的主体性被淡化，教育本身的思想性、亲和性、说服性、针对性被弱化；教育者的理论研究与社会现实问题、学科前沿问题脱节，受教育者对现实生活的体察与思想政治教育实际教育情境出现一定的偏差，导致思想政治教育不接地气，被排斥。究其原因之一，在于文化的“空场”，文化视域缺位。本书基于思想政治教育文化属性之语境，从思想政治教育的现实问题“溯流而上”，叩问以文化人、以文育人的本真意蕴，肯定文化育人独有的重要教育价值，为在文化视域下正确审视、有效化解思想政治教育所面临的历史和现实难题提供理论依据。进而从已确立的理论到现实“顺流而下”，强调思想政治教育者应调整说教方式，突出受教育者的主体地位，充分关切思想政治教育文化内容的撷取、文化氛围的营造、文化原则的确立、文化特征的释放，使教育者的人文素养得到有效培育，思想观念、思维视野、价值取向、行为方式发生有效转变。

2. 有利于促进社会主义文化强国建设。社会主义文化是中华民族在长期发展中积累的宝贵精神财富，是人民共有共享的精神家园。在经济全球化、文化多元化背景下，外来文化，特别是西方文化洪流滚滚袭来，对社会主义文化建设和发展形成强有力冲击，民族文化意识、民族文化精神、民族文化自尊存在被削弱的风险。如何在纷繁的文化体系中保持对弘扬及发展社会主义文化的高度自省自觉，合力促进社会主义文化强国建设不断迈上新台阶，肯定社会主义文化的独特价值，规避社会主义文化被外来文化同质化风险，构建具有中国特色、中国风格、中国气派的，民族的、科学的、大众的文化体系，为人民笃实前行创造更加美好生活提供源源不断的精神滋养，为中华民族伟大复兴提供不竭精神动力，已经成为亟待解答的重要时代课题。对思想政治教育文化属性的研究，可以使受教育者客观理性审视民族文化、本土文化与外来文化、西方文化，帮助人们唤醒文化意识、提振文化精神、树立文化自尊、确立文化自信，使人民筑牢抵御不良外来文化的“思想长城”，使民族夯实精神信仰体系、价值体系的根基，使国家文化软实力有效提升。

第二节　国内外研究现状

单就思想政治教育而言，这是我国的独特提法，但并不意味着国外没有思想政治教育。国外只是将思想教育、政治教育、道德教育等，融入日常生活教育和其他学科知识、理论，甚至是技能教育培训之中。从国内来看，思想政治教育已经成为一门比较成熟的学科，思想政治教育实践在立德树人过程中发挥着重要作用。就文化而言，国内外都有大量的研究，并形成了丰硕的成果，梳理相关成果。在文化视角下审视现实问题是一种分析方法，发挥文化作用为解决现实问题提供了一种可能路径。

一、国外研究现状

（一）对文化概念的多维诠释

从西方语境来看，“文化”一词最早可以追溯到拉丁文 culture，即在土地上耕作，文化更多表达的是与物质的自然契合。18 世纪是文化概念迅速变化的重要历史阶段，文化与人的知识、教养等精神层面产生联系，德国古典哲学家伊曼努尔·康德（Immanuel Kant）、格奥尔格·威廉·弗里德里希·黑格尔（Georg Wilhelm Friedrich Hegel）就是从精神层面解析文化。至 19 世纪，特别是 19 世纪下半叶，文化的发展更加兴盛，文化已经成为一门被广泛关注的学问，人们试图从更深层次探讨文化对人的活动的作用和价值。英国文化哲学家爱德华·伯内特·泰勒（Edward Burnett Tylor），也被誉为“人类学之父”，他给文化做了这样的定义，“文化，或文明，就广泛的民族学意义上来说，是包括全部的知识、信仰、艺术、道德、法律、风俗，以及作为社会成员的人所接受和掌握的任何其他的才能和习惯的复合体”①。这一定义不仅受到当时

① 泰勒．原始文化：神话、哲学、宗教、语言、艺术和习俗发展之研究［M］．连树声，译．桂林：广西师范大学出版社，2005：1.

的学者特别关注，还对后来学者的研究产生重要影响，成为对文化的经典诠释。后来的学者在此基础上，从不同学科、不同领域的视角对这一概念的内涵及外延做了丰富和拓展，使西方文化研究呈现出多样化态势。进入 20 世纪，雷蒙·威廉斯（Raymond Henry Williams）从三方面指出了文化的含义，即文化是一种人们基于价值追求的理想；文化反映承载着人的实践；文化是一种生活方式。威尔士的研究结论仍然过于抽象。威尔顿等学者转变了分析和研究思路，将抽象的文化具体化、对象化。他们强调文化是多维的，不仅体现为社会物质文化，也体现在社会制度文化，还包括宗教、艺术等精神层面。也有学者将文化区分为物质类的外显文化和价值观等精神类的内隐文化。还有学者从伦理和非伦理的角度进行研究。美国符号文化学派克鲁伯（A. L. Kroeber）和克莱德·克拉克洪（Clyde Kluckhohn），对 19 世纪下半叶到 20 世纪中叶的文化概念进行了系统梳理，概括提炼出包括文化的外在表现、文化的内在核心、文化的作用方式等五种文化要义，迄今被大多数西方学者所认可。雷蒙·威廉斯（Raymond Henry Williams）作为文化研究的重要创始人和英国著名的马克思主义思想家，提出了著名的“文化唯物主义”的理论。他对“文化”的概念有一个系统的解释，他认为“文化”概念与工业革命和民主革命现象有关。

（二）宏观视角下文化对社会认同的影响

文化对社会认同有一定的影响。英国著名思想家齐格蒙特·鲍曼（Zygmunt Bauman）认为，文化对社会大众的思想、思维、认同能够产生影响，“在所有的言行中，那种文化要素的认同才是一种固若金汤的人工制品”①。他强调，社会生活中文化的这种作用是潜移默化的，因

① 鲍曼．作为实践的文化［M］．郑莉，译．北京：北京大学出版社，2009：36-38.

而很多人意识不到，教育是使人感知文化影响力的重要途径。也有学者认为，对文化的重视程度是确立个人社会身份的前提。

文化对人的价值观及人类社会演进有影响。美国学者塞缪尔·亨廷顿（Samuel P. Huntington）和劳伦斯·E. 哈里森（Lawrence·E. Harrison）的研究较有代表性，由他们合著的《文化的重要作用——价值观如何影响人类进步》，从文化影响人的思维观念和价值取向入手，考查文化在人类社会由低级阶段向高级阶段不断演进的历史进程中所发挥的不容忽视的重要作用，他们从文化与经济发展、文化与政治发展、文化与性别、文化与少数族裔、亚洲的危机和促进文化变革等多维度探讨了文化的影响力。劳伦斯·哈里森强调，越来越多的学者、舆论工作者等“正在把注意力集中到文化上的价值观和态度在促进或阻碍进步方面所起的作用”①。

文化对全球化有重要影响。美国著名外交家亨利·阿尔弗雷德·基辛格（Henry Alfred Kissinger）认为推动全球化的因素是多元的，不仅仅是经济方面的。文化的作用不容忽视，确切地说，文化在国家与国家的较量中起到至关重要的作用，一个“资本与国家的斗争在文化的生产与符号体系中得到深化，要求借用与文化研究相结合的政治经济来分析”②。

（三）微观视角下文化对道德教育及人的影响

西方十分注重文化对个人道德和品格的影响。有学者认为可以把“文化”理解为教育人的某种思想或者是不知不觉学到的某种行为，这

① 亨廷顿，哈里森. 文化的重要作用：价值观如何影响人类进步［M］. 北京：新华出版社，2002：7.

② 米勒. 文化研究指南［M］. 王晓路，等译. 南京：南京大学出版社，2009：424.

种“文化”可以被认为是一种教育。西方主要研究分门别类的文化对个人的影响，比如，榜样文化、宗教文化、认知文化、社区文化等，立足于各种类型文化的作用视角来看待人。《思想和行动的社会基础：社会认知论》堪称学习心理学发展史上的里程碑，是美国著名心理学家阿尔伯特·班杜拉（Albert Bandura）的代表作品。他在书中讲道：“大多数人类行为是通过对榜样的观察而获得的。”① 这就说明榜样因素、榜样文化对周围的人乃至全体社会成员的思想和行为都能够产生积极的影响。还有学者提出宗教文化对人的道德养成的作用，认为“道德与宗教密切相关，在美国公立学校需要设立一些课程，以帮助学生理解和探索各种道德理性和源于不同文化、宗教及其他资源的动机”②。

二、国内研究现状

人创造了文化并生存于文化之中，文化也影响、塑造着人。教育活动中文化具有潜移默化的教化功能。国内学者对文化、思想政治教育以文化人，对思想政治教育与文化关系做了大量研究，产出了丰硕的研究成果。但直接明确提出思想政治教育文化属性，并加以研究者并不多，通过梳理相关期刊、论文与著作，选取有代表性的相关研究观点，概括如下。

（一）思想政治教育文化属性研究

学者兰田的硕士论文《思想政治教育文化属性研究》首先论述了

① 班杜拉．思想和行动的社会基础：社会认知论（上册）［M］．林颖，等译．上海：华东师范大学出版社，2001：63.

② Robert Kunzman. Religion，Ethics and the Implications for Moral Education：a critique of Nucci's Morality and Religious Rules［J］. Journal of Moral Education，2003，32（3）：251-261.

思想政治教育的文化选择、整合、引领、传播、创造功能，其次提出文化为思想政治教育提供载体支持和环境支持，最后阐述了文化在思想政治教育中的作用，提出政治性与文化性相结合、显性教育与隐性相结合、先进性与广泛性相结合、民族性与时代性相结合。[①] 学者欧阳婧的硕士论文首先对思想政治教育文化属性的内涵从本质和外在表现进行了分析，对研究意义也进行了四方面的分析，还提出以往的文章对思想政治教育文化属性的缘由研究的较少，因此从理论、历史和现实三个角度探究了思想政治教育文化属性的理论分析。其次又从整体表现、基本原则和长效机制分析了总体要求。最后阐述了具体路径。[②] 学者刘克利、罗仲尤从思想政治教育与文化的关系作用角度出发，认为思想政治教育要坚持灌输教育与隐形教育有机统一、政治性与文化性有机统一、先进性与广泛性有机统一的观点。[③] 尉天骄教授、王恒亮从目标、内容、方法和载体角度分析了思想政治教育带有明显的文化印记，从而得出思想政治教育体现出一种文化力的观点。[④] 学者顾友仁认为思想政治教育体现出浓郁的文化属性，并认为思想政治教育工作中的文化主体意识是文化属性的实质，还提出由于传统文化的功能尚未得到充分的挖掘，因此思想政治教育文化属性还有很大的发展空间，并且指出文化属性的提升与思想政治教育的文化选择有很大关系，进而分析了文化选择的原则、尺度等问题。[⑤] 罗仲尤的博士论文《思想政治教育属性研究》论述了思想政治教育的多种属性，其中指出文化属性是思想政治教育的基本属

---

① 兰田．思想政治教育文化属性研究［D］．青岛：青岛大学，2013.

② 欧阳婧．思想政治教育文化属性研究［D］．重庆：西南大学，2015.

③ 刘克利，罗仲尤．思想政治教育文化属性探析［N］．光明日报，2012-05-13（7）．

④ 尉天骄，王恒亮．论思想政治教育的文化属性［J］．求实，2011（8）：77-80.

⑤ 顾友仁．我国当代思想政治教育的文化属性及其选择［J］．大连理工大学学报（社会科学版），2011，32（4）：84-87.

性，并阐述了文化属性的运用实践：坚守与开放有机统一、先进性与广泛性有机统一、传承性与时代性有机统一。① 学者鲁力从思想政治教育的目的、主体、内容、方法论述了思想政治教育的文化属性，认为这几方面体现、蕴含或反映了文化因子。②

（二）思想政治教育文化性研究

沈壮海教授是较早从文化维度去审视思想政治教育活动的学者，他在 2005 年出版的《思想政治教育的文化视野》中指出了不同文化类型与思想政治教育的内在联系和相互作用，并揭示了这些不同类型文化视野中的思想政治教育的运行发展规律。③ 2008 年，沈壮海教授首次提出思想政治教育的文化性这一观点，他认为思想政治教育同时兼有政治性与文化性，不应该把二者分离，也不应该把教育与文化分离，还分析了通过关注文化价值、拓展文化资源、营造文化氛围提升思想政治教育的文化品位。④ 还有部分学者是通过思想政治教育政治性与文化性的关系对比来分析文化性的，柳礼泉教授指出政治性与文化性辩证统一于思想政治教育活动中，政治性与文化性是本质属性与基础属性的关系，并且分析了政治性与文化性二者不平衡关系的误区，提出了正确处理二者关系的要求。⑤ 黄焕汉认为目前在思想政治教育实践中没有正确对待政治性与文化性的关系，导致政治性的“站效应”与文化性的“场效应”发展不平衡，并指出要充分发挥政治性与文化性，分析了“站效应”

---

① 罗仲尤．思想政治教育属性研究［D］．长沙：湖南大学，2014.

② 鲁力．文化视域中的思想政治教育：属性、功能与自觉［J］．理论导刊，2016（6）：82-84，100.

③ 沈壮海．思想政治教育的文化视野［M］．北京：人民出版社，2005：21-41.

④ 沈壮海．关注思想政治教育的文化性［J］．思想理论教育．2008（3）：4-6.

⑤ 柳礼泉，周文斌．思想政治教育的政治性与文化性之关系解读［J］．思想理论教育导刊，2013（9）：117-122.

与“场效应”相结合的方法。[①] 皋艳指出文化性是思想政治教育的基本属性，是思想政治教育有效“化人”的基础，政治性和文化性是互促互进、辩证统一的关系，进一步分析了协调政治性与文化性的方式、方法。[②] 张想明、杨红梅除了分析了思想政治教育的政治性、科学性，还分析了思想政治教育的文化性，并指出其主要体现在精神文化层面，进而分析了三者属性之间的关系，最后论述了思想政治教育政治性、科学性、文化性的相统一源于逻辑力量和历史力量。[③] 陈晶指出在思想政治教育中突出了政治性，而忽视了文化性，没有把握好政治性与文化性的有机统一，影响了思想政治教育的实效性，要纠正这种文化性被边缘化的倾向。[④]

（三）思想政治教育的以文化人研究

冯向东教授认为教育的真谛在于“化”，人类思想文化的基本特征赋予了教育以文化人的内在机理，进而分析了当前高等教育以文化人面对的问题并提出了一些路径。[⑤] 张润枝教授论述了以文化人的理论内涵与实践践行的方式路径，较为全面地还原了思想政治教育以文化人的全貌，对高校思政工作的教育观念、教育过程和教育环境方面具有有益启示。[⑥] 冯刚教授在《改革开放以来高校思想政治教育发展史》一书中用

---

① 黄焕汉．思想政治教育的政治性与文化性［J］．黑龙江史志，2008（6）：23-24.

② 皋艳．论高校思想政治教育的政治性和文化性［J］．安徽文学（下半月），2015（10）：121-122.

③ 张想明，杨红梅．论思想政治教育的政治性、科学性、文化性及其关系［J］．前沿，2013（1）：27-30.

④ 陈晶．思想政治教育文化性的被边缘化［J］．学理论，2010（18）：231-232.

⑤ 冯向东．高等教育如何以文化人［J］．高等教育研究，2018，39（5）：1-8.

⑥ 张润枝，李天慧．高校思政工作中的“以文化人”［J］．北京教育（高教），2017（3）：12-15.

了一整章的篇幅论述了“文化育人”，总结了我国思想政治教育文化育人的发展脉络，经历了丰富文化生活、发展第二课堂、发展校园文化、增强文化蕴含、创新教育形式这五个发展阶段。① 冯刚教授还梳理了党的十八大以来高校以文化人理论与实践的发展脉络，总结了十八大以来高校文化育人的经验，从多方面阐述了高校文化育人的现实路径：文化育人的整体设计、以学生发展为导向、建构长效机制、坚守网络文化阵地。② 在《探索思想政治教育发展的内生动力》一书中，冯刚教授提出了“以文化人与校园文化建设”，他讲到“高校要重视校园文化建设和以文化人，增强思想政治工作的时代感和吸引力”③。学者王帅认为思想政治教育工作基本遵循的是“以文化人”，而后分别分析了物质文化、精神文化、制度文化和行为文化在思想政治教育过程中发挥环境育人、思想引领、价值导向和知行合一的作用。④ 学者王振认为文化的生成、危机和转型阶段为思想政治教育方法改进提供了新视角，并从以文化人的规律发掘了思想政治教育的一般方法和具体方法。⑤ 学者李娟的博士论文分析了思想政治教育文化环境的现状，并从方向、环境、内容、准则等六方面阐述了思想政治教育文化教化的建构问题。⑥

---

① 冯刚．改革开放以来高校思想政治教育发展史［M］．北京：人民出版社，2018：200-228.

② 冯刚，张芳．新时代高校文化育人的理论与实践探析［J］．湖北社会科学，2019（5）：176-183.

③ 冯刚．探索思想政治教育发展的内生动力［M］．北京：人民出版社，2017：87.

④ 王帅．在以文化人中更好地实现思想政治教育的功能和作用［J］．思想教育研究，2016（6）：83-85.

⑤ 王振．遵循以文化人规律创新思想政治教育方法［J］．思想教育研究，2017（4）：67-71.

⑥ 李娟．社会主义思想政治教育文化化研究［D］．北京：中国矿业大学（北京），2015.

（四）思想政治教育与文化融合发展研究

邓福庆教授详细而深刻地阐述了和谐文化建设与思想政治教育的内在关联，全面论述了二者的关联互动与相互作用，以及二者在和谐社会建设中的作用，进而分析在和谐文化建设视域下，思想政治教育是如何发展的，包括主要内容、教育的过程和规律、理念与实践的创新等问题。① 学者李春华认为文化的"化人"与思想政治教育的"育人"在功能上是一致的，但二者又是有区别的，是同一个过程的两个方面，应该将文化建设与思想政治教育相结合，起到互相促进的作用。② 学者吴广庆的博士论文从客观基础、思想体现、影响因素及原因分析以及实现路径等方面对思想政治教育的文化融入进行了深刻的剖析。③ 学者马文颖的博士论文较为全面地分析了思想政治教育的文化引领功能、文化传承功能、文化整合功能。④ 学者李艳的博士论文分析了高校思想政治教育的中国文化理性与语境、理论彻底性自觉、日常文化场域和跨文化比较研究等问题。⑤ 学者李薇薇在其论文中重点分析了思想政治教育欠缺文化关切进而教育效果被弱化的现实问题。⑥ 学者苏振芳从三方面具体的阐述提升思想政治教育文化自觉的路径：重视文化的价值导向；正确认识和处理文化知与行的关系；坚持以人为本。⑦ 李元旭、平章起认为

---

① 邓福庆．和谐文化建设视野中的思想政治教育研究［M］．北京：人民出版社，2014：129-202.

② 李春华．文化的"化人"与思政的"育人"［J］．马克思主义研究，2012（9）：138-144.

③ 吴广庆．思想政治教育的文化融入研究［D］．北京：中共中央党校，2013.

④ 马文颖．思想政治教育的文化功能研究［D］．沈阳：辽宁大学，2013.

⑤ 李艳．高校思想政治教育的中国文化自觉［D］．长春：东北师范大学，2015.

⑥ 李薇薇．简析思想政治教育的文化功能及当前文化诉求［J］．学校党建与思想教育，2012（23）：11-14.

⑦ 苏振芳．论思想政治教育的文化自觉［J］．思想教育研究，2012（2）：17-21.

思想政治教育文化自觉的逻辑依据是其文化属性，从社会转型、互联网等实际状况论述了其现实基础，进而分析了思想政治教育文化自觉的内在要求。① 学者张翼、崔华华基于思想政治教育转型发展的视角，诠释了思想政治教育工作者应具备文化自觉，在育人实践中应重视教育实践的文化性，充分发掘文化育人的潜力。② 学者张宏伟的博士论文从思想政治教育时代境遇视角出发，探讨了思想政治教育文化环境的运行与建设路径，力图突出探讨问题意识和现实性。③ 学者王景云探讨了思想政治教育文化载体的基本理论和现实状况，提出了文化载体建设的一些具体现实对策。④ 梅萍教授提出思想政治教育文化环境和文化载体在实践中经常交错在一起，但从理论上分析了二者在内涵、结构、作用、功能方面的差异。⑤ 还有一些学者从思想政治教育的内在文化意蕴、外在文化氛围、特殊文化功能等方面做了探讨。

三、研究述评

综上，无论是国内学者，还是国外学者，有关思想政治教育文化性、思想政治教育与文化、文化育人等相关研究成果给本书研究带来了很大的启示。首先，国外的文化教育理念和方式方法较我国有所不同，

---

① 李元旭，平章起．论思想政治教育的文化自觉［J］．理论与改革，2016（3）：158-162.

② 张翼，崔华华．论思想政治教育现代转型中的文化自觉［J］．学术论坛，2016，39（8）：87-91.

③ 张宏伟．思想政治教育文化环境研究［D］．沈阳：辽宁大学，2015.

④ 王景云．当代中国思想政治教育文化载体研究［D］．哈尔滨：哈尔滨工程大学，2012.

⑤ 梅萍，贾月．析思想政治教育文化环境和文化载体之异［J］．思想教育研究，2017（3）：20-24.

西方虽然没有明显的“思想政治教育”一词，但是却把对公民的政治教育、思想教育贯穿到公民教育之中，使人们在无意识的状态下接到了思想观念的传递，体现了教育的普遍性和亲和力，这种隐蔽性理念、普遍性特征、潜移默化的方式对我国思想政治教育具有重要的借鉴意义。其次，不论是宏观角度，还是微观角度，西方国家都十分重视文化对国家、社会、个人的作用，尤其是文化育人方面，国外善于将文化寓于教育，利用文化作为载体连接个人与社会、国家。国外公民教育过程中，往往更善于利用文化的力量，比如，榜样文化、民族文化、社区文化等。用各种不同的文化润化、陶冶受教育者，使教育者在价值观念、思想情感、理想信念方面达到教育的目标。国外善于挖掘文化环境、文化资源等文化的力量对公民进行教育，这非常值得我们学习。

目前国内直接聚焦思想政治教育文化属性的研究还不多，但是与思想政治教育文化属性间接相关的研究不少，并在一些问题上已经达成了共识：第一，从文化维度考查思想政治教育有了一定的意识，对思想政治教育文化属性进行了初步的探索。第二，以文化人、以文育人方面有了一定的理论研究和实践研究，这为思想政治教育文化属性研究提供了前提并奠定了基础。第三，思想政治教育与文化融合发展等相关研究对本书研究提供了充分的论证。第四，对思想政治教育的文化功能、文化环境、文化载体、文化方法有了初步的研究。但是目前研究还有一些不足：第一，从目前搜集的研究成果来看，很多学者善于从微观上、局部角度对思想政治教育进行相关文化研究。比如，思想政治教育与文化的相互作用关系，中华优秀传统文化、革命文化等融入思想政治教育的路径，思想政治教育的文化功能研究等。相当一部分研究偏重知识性、工具性，对思想政治教育的人文性研究得不多。很少有研究把思想政治教育文化属性当作一个整体研究对象，进行全面的、系统的分析，因此没有形成一个整体的理论框架。第二，从目前查阅的资料显示，对思想政治教育文化属性的现状以及缘由研究不够充分、不够深入，没有达到普遍意义的理论高度，有些成果属于针对性研究、局部性研究，所以在彰显思想政治教育文化属性的具体路径研究方面也不够全面。

针对相应研究状况，本书试图从以下两方面进行深入研究。

首先，从宏观上对思想政治教育文化属性进行整体考查，对待属性问题要进行系统架构。文化属性作为思想政治教育的重要属性之一，不仅要体现对人的关怀，将人的全面发展作为出发点和落脚点，还要对思想政治教育文化属性的概念进行一个较为全面的阐述，梳理发展的理论脉络，揭示并分析其目前淡化的表现与缘由，从而深入发掘彰显思想政治教育文化属性的举措。

其次，从问题导向出发彰显思想政治教育文化属性。坚持问题导向，思想政治教育的文化属性研究，可以从两方面进行深入研究，一方面，在思想政治教育语境中探讨文化起到什么样的作用，展现什么样的特征，以及文化如何发挥作用；另一方面，在文化视域下分析解析思想政治教育面临着哪些不足，在此基础上以文化育人理念为指引解决思想政治教育难题，补齐思想政治教育短板。

第三节 研究方法、研究思路及创新点

一、研究方法

（一）文献研究法

围绕本书研究对象，通过检索、查阅大量的相关书籍，对研究成果进行梳理、归纳，全面、系统的分析和整理，从而更准确地把握思想政治教育文化属性的研究方位，总结、概括目前所取得的成就和存在的不足，发掘进一步拓展研究的可能，更好地确定本书研究的逻辑进路。虽然目前思想政治教育文化属性的研究尚处于起步阶段，但围绕文化融入思想政治教育、以文化人等相关研究领域产生了一定的研究成果，这些相关领域展开的研究为本书探讨思想政治教育文化属性提供了一定的参考与借鉴。马克思主义经典作家的相关理论为本书提供了理论基础。思想政治教育作为阶级社会特有的实践活动，在我国古代、西方社会中亦有相关的研究论述，全面系统地梳理古今中外的思想资源，坚持“取其精华，去其糟粕”的原则，批判地吸纳优秀的资源。在进行思想政治教育文化属性的研究中，应充分、全面地审视已有的相关研究成果，结合本书主旨与研究需要，秉承“扬弃”的态度借鉴相关思想研究，将相关文献进行分析与定位、归纳与整理，尽可能在全面把握的基础上，进行融合提炼、守正创新。

（二）系统研究法

对思想政治教育文化属性的研究，应是全方位、多维度、多视角

的，一方面，需要在思想政治教育视域下透视文化育人的现实合理性，深度挖掘以文化人、以文育人的潜在价值；另一方面，需要在文化的视野下追溯思想政治教育发展的历程，审视思想政治教育的现状，系统梳理并科学分析思想政治教育“文化缺失”的表现，进而分析思想政治教育文化属性淡化的原因。双管齐下，多维分析，全面确立思想政治教育文化属性的系统性分析研究框架。

（三）矛盾分析法

从思想政治教育实践来看，教育内容缺乏文化元素的融入、正确的文化教育的方法，对以文教化运用不够、教育环境人文氛围不足等，都有可能引起思想政治教育要求与受教育者思想道德水准之间的不平衡、教育者引导与受教育者配合之间不协调、受教育者所思所想与外在行为之间不一致等矛盾，相应的矛盾制约着思想政治教育实效性提升。辩证唯物主义视域下，矛盾是推动事物发展的动力。化解思想政治教育的内在问题，解决相应问题，要“对症下药”，彰显思想政治教育的文化属性，即教育目标、教育理念、教育原则、教育内容、教育方法、教育结构设计等都要充分考虑文化的因素，向文化借力。

（四）比较分析法

把思想政治教育文化属性的有关研究理论进行分类与对比，分析思想政治教育与文化之间的作用关系。分析、梳理和对比不同社会历史时期、不同文化发展背景下的有关思想政治教育文化属性的理论渊源，除了马克思主义经典作家的相关理论，还有中国古代不同时期各派别的相关思想，西方各时期的相关思潮。结合以上研究，总结思想政治教育文化属性的特征和价值意蕴。思想政治教育文化属性的研究还处于不成熟的阶段，直接有关的思想资源较少，需要同其他相关理论研究进行对照比较，提取普遍性的认识，获得对本课题的启示。思想政治教育文化属性的研究视角较为新颖，从一般中寻找特殊，明确思想政治教育文化属性应该着力呈现的特征和研究方向，强调任何情况下的思想政治教育实践都应重视文化的作用力，思想政治教育与文化之间存在耦合关系，重视文化、运用文化，会增加思想政治教育实效性，轻视文化甚至是忽视文化，会弱化思想政治教育育人效果。这为本书研究确立了现实合理性。

二、研究思路

本书在文化视野下、在文化思维引导下对思想政治教育的发展状况加以全方位审视，将研究对象确定为思想政治教育文化属性，即将思想政治教育表现出文化的性质与关系上升为一个重要属性来进行整体的分析，为思想政治教育的创新、文化育人实践做理论上的思考。

首先，对思想政治教育文化属性的概念加以界定。要先着手于文化、属性、文化属性等相关概念进行分析与阐述，为思想政治教育文化属性做界定。毫无疑问，研究思想政治教育文化属性，思想政治教育与文化的相互作用关系不可不谈，因为思想政治教育本身就是一种特殊的文化现象。深入分析二者之间的关系可以更好地把握和研究思想政治教育文化属性。探讨文化属性与其他各属性之间的关系，有利于确立思想政治教育文化属性研究的合理性。

其次，梳理并借鉴古今中外先进的人文教育理论和教育思想，为思想政治教育文化属性研究夯实理论基础。任何时候，马克思主义经典作家的相关理论都是我们进行思想政治教育研究的理论基础。中国古代人文教育的优秀理念和方法也是思想政治教育文化属性研究的必然参考。

同时，国外优秀的人文教育经验、教育理论、教育思想的借鉴意义也是不能忽视的。

再次，探究思想政治教育文化属性的特征，对思想政治教育文化属性的价值给予肯定。近些年来，各种思想文化交流交融势不可当，给我们吸收、借鉴世界文明成果，促进思想政治教育发展并带来机遇。同时，多样多变的外来思想文化、纷繁复杂的社会思潮，对社会主义主流思想观念形成强有力的冲击，对思想政治教育工作提出挑战。从国内来看，从传统文化样态到现代文化样态的嬗变、价值取向日趋多元化已然成为不争的事实，思想政治教育创新发展是时代之需，思想政治教育文化属性的时代价值在这种背景下得到进一步凸显。改进创新思想政治教育必须彰显其文化属性，这是其适应时代性与增强实效性的必然要求。思想政治教育文化属性的彰显对个人、社会、国家都有极大的价值意义。只有重视、把握并不断增强、彰显思想政治教育的文化属性，才能巩固思想政治教育的主导地位。

从次，在文化视域下审视思想政治教育的现状，分析思想政治教育文化属性淡化的表现并深入挖掘文化属性淡化的原因。坚持问题导向，体现思想政治教育文化属性研究的问题意识与时代感。思想政治教育文化属性受到关注，亟待研究，也是时代发展的要求。在新时代推进思想政治教育创新发展，必须紧密结合时代背景，深刻分析思想政治教育文化属性淡化的表现，虽然思想政治教育工作较以往已经取得一定的成就和进步，但是目前思想政治教育仍然缺乏人文关怀的价值理念，缺乏人文经典熏陶与人文精神支撑，文化功能的发挥也受到限制等问题，亟待进一步解决。深入剖析思想政治教育文化属性淡化的原因，才能找到富有操作性、可行性的实践路径，进一步切实推动思想政治教育文化属性的彰显。

最后，尽可能从各维度来探讨彰显思想政治教育文化属性的可能，提出多维举措，这也是本书的落脚点。彰显文化属性，必须立足新时代，先要明确目标的设定和理念的引领。在彰显文化属性的目标和理念的指导下，进一步探讨有利于激发思想政治教育主体的积极主动性，优化教育者和受教育者关系的原则，尽可能丰富文化属性的教育内容、拓宽彰显文化属性的教育方法，优化科学完整的思想政治教育文化属性的结构设计。笔者认为，思想政治教育文化属性的彰显和提升是一项系统性、持久性的工程，离不开对思想政治教育文化属性各种因素的整体考量和人的发展的全面把握。针对目前思想政治教育人文关怀理念缺乏、人文底蕴支撑不足、文化功能式微等表现，必须从确立目标与方向、坚定坚持以科学教育理念为指导、把握教育规律、遵循根本原则、丰富教育内容、巧用科学的方法策略、优化结构设计等方面协调推进。

三、创新点

（一）研究视角创新性转换

思想政治教育的属性是多维的，包括政治属性、经济属性、文化属性等，其中政治属性是最为根本的属性，这是由思想政治教育本身承载的使命所决定的。梳理学术界研究成果，对思想政治教育政治属性的研究更为集中，对其他属性特别是文化属性的关照较少。而且大多数进行文化属性研究的成果都是侧重于研究文化的外在价值及效用，受制于文化的外在因素或先决条件。本书不仅从文化维度进行研究，而且对其内涵、特征、现状、存在的问题、举措等进行全面、系统的研究。

（二）对思想政治教育文化属性概念的阐释上有一定创新

目前搜集的研究成果中对文化属性的概念没有一个明确的说明。本书在合理借鉴现有研究成果的基础上，从思想政治教育育人的客观实际出发，尝试为思想政治教育文化属性界定概念，从而为本书的研究提供一个明确、清晰的研究主题。

（三）探索如何彰显思想政治教育文化属性上有所创新

在深入阐释思想政治教育文化属性的概念与内涵、思想渊源、特征和价值基础上，归纳了思想政治教育淡化文化属性的现状，并深刻分析了其成因，提出彰显思想政治教育文化属性的目标、理念、原则、内容、方法、结构设计等，这是对思想政治教育文化属性如何有效彰显所做的系统性分析，对笔者而言是一个很大的挑战。

第二章

思想政治教育文化属性概述

新时代呼唤思想政治教育创新发展。在文化的视域下，找准思想政治教育与文化的契合点，促使思想政治教育文化属性有效彰显、文化作用力充分发挥，是推动思想政治教育创新发展的重要抓手。基于这个逻辑，本章主要对思想政治教育文化属性的相关概念、思想政治教育与文化的关系、思想政治教育文化属性与其他属性的关系进行阐述。笔者认为，文化是思想政治教育的重要基石，文化在思想政治教育发展进程中得到传承和创新。思想政治教育具有政治、经济、文化、社会等多维属性。其中，文化属性是最基本的属性，政治属性是本质属性，是思想政治教育最鲜明的底色，经济属性、社会属性和其他方面的属性是一般属性。需要说明的是，在彰显文化属性的基础上，促进多维属性的均衡协调，进而能够促进思想政治教育发展，实现预期的教育目标。

第一节　思想政治教育文化属性的相关概念

任何理论的研究第一步都应该说明核心概念，明确研究对象和研究范围。“对概念的入门性讨论尽管难免会显得抽象，并因此而给人以远离现实之感，但却几乎是不能省略的。”① 界定与明晰具体的核心概念既是所有研究的必备前提，又是研究能够顺利进行得出结论的重要保障。因此，为了顺利研究思想政治教育文化属性，笔者首先对文化、属性、文化属性这几个核心概念进行一一界定和阐释。

一、文化的一般含义及特征

在人文社会学科中，“文化”一词看似非常好理解，但又是很难诠释的。每一种文化都有特定的文化背景、独特的内容和含义、不同的外在表现形式，各种学科和流派都从不同的视角来分析文化，每种文化的产生都有特定的经济基础、地理环境、意识形态和社会结构。很难对其做出准确的界定和分析。文化由人类创造，人类社会生产实践在不断变化发展，社会也在不断进步，文化不是一成不变的，文化包含的内容也是有增有减，也在不断地改变，因此文化没有固定存在的状态。“在这个世界上，没有别的东西比文化更难捉摸。我们不能分析它，因为它的成分无穷无尽；我们不能叙述它，因为它没有固定形状。我们想用字规范它的定义，这正像要把空气抓在手里似的；当我们去寻找文化时，它除了不在我们手里以外，它无所不在。”② 探讨文化不得不提到著名哲学家殷海光的这段话，他形象地把文化比喻为空气，无时不有，无处不在，我们生活在文化之中，然而想要看清它、抓到它，却怎么也抓不住，对待文化我们有种“不识庐山真面目，只缘身在此山中”的无奈。文化的范围与外延如此之大，如此之广，缤纷复杂，要想把握其内涵与

---

① 韦伯．社会科学方法论［M］．杨富斌，译．北京：华夏出版社，1999：34.

② 殷海光．中国文化的展望［M］．北京：中国和平出版社，1988：26.

本质，即便绞尽脑汁也不一定能十分准确地给文化下一个具体的定义。

《汉语大词典》中对“文”的解释一共有14种，有纹理的意思，比如，文身、灿若文锦；具有记录，与文字有关的或劳动成果的总结，比如，文字、文凭、文物与文化等；还有描述自然现象的解释：天文；关于有礼貌、有礼节，形容人温和的样子，比如，文质彬彬、文静等；还有掩饰的意思，比如，文过饰非等；还可以表示量词和姓氏；等等。可以看出“文”的内容涵盖非常广泛与丰富。《汉语大词典》中对“化”的解释有5种，与本书有关的解释有2种，有我们经常说的动词的含义，即性质或形态的改变，比如，变化、教化、潜移默化等；还有名词的意思，表示习俗或某些特指的“化学”，比如，有伤风化、化工等。根据《汉语大词典》中的解释，从字面意义上来讲，我们可以简单地把文化理解为动词“以文化人”，用“文”的内容去教化、涵育人，使人的思想发生变化；理解为名词就是有关劳动成果的总结。《辞海》中有关“文化”的解释有4种，作为动词时指文治教化和运用文字的能力；作为形容词指具有的书本知识；作为名词时指人们创造的精神财富与物质财富的总和；用于考古学，代表同一种文化的特征。随着人类社会的发展与进步，文化逐渐引申为人的精神生产活动，包括人的心理状态、思想意识和道德情操等。后来进一步拓宽为人类的一切社会生活的内容。雷蒙·威廉斯（Raymond Henry Williams）曾指出，“文化是英语词汇当中数一数二的最为复杂的字眼”①。

有一千个读者就有一千个哈姆雷特。古今中外，学者们对文化的阐述举不胜举。据不完全统计，目前世界上关于文化的概念有数百种。美国学者克鲁伯和克拉克洪曾对文化的概念和定义做了相关梳理，列举了

---

① 汤林森．文化帝国主义［M］．冯建三，译．上海：上海人民出版社，1999：26.

他们能查阅到各种学者关于文化的定义有 161 种，通过归纳总结把这 161 种文化概念分为了 7 大类。在战国时期，就有“观乎天文，以察时变；观乎人文，以化成天下”的记载，这里出现了“文”“化”的使用。这里的“天文”指天体运行的规律，“人文”指人事伦理道德法规，“化”指教化、感化，这里已经体现利用“文”的内容来展现变化的含义，比如，通过观察天文规律可以感知时节气候的变化，通过人事伦理的规定可以约束人们的行为，稳定天下社会。文化两者合成一个整词出现在西汉时期，“凡武之兴，为不服也，文化不改，然后加诛”①。当时虽然还没有形成确切的“文化”一词，但是这里的“文化”已经和现在意义上的文化非常贴近了，主要指以文德治理教化他人的意思，“以文化人”的含义初见端倪。1919 年五四运动之后，学术界对文化的研究也是百家争鸣。新文化运动时期，中国思想文化界发起一场文化争鸣。中国著名思想家，国学大师梁漱溟成为中国文化、东方文化的代表。“文化并非别的，乃是人类生活的样法。”② 梁漱溟这样界定文化，他认为文化是人类生活的形式，文化是人类生活的表达，什么样的生活反映了什么样的文化。西方学者也有关于文化的各种定义，其中影响比较大的有英国文化人类学的奠基人泰勒，作为文化进化论的主要代表人物，他给“文化”下了个蔚为大观的经典定义；德国哲学家、文化哲学创始人卡西尔（Cassier）认为，文化是人类活动的形式，在人类的活动中有各种各样的形式，并形成一种文化世界。语言、神话、宗教、艺术、科学和历史都是人类活动的形式，都是塑造“文化人”手段和方式。

① 杨仕章．文化翻译学［M］．北京：商务印书馆，2020：46.

② 梁漱溟．梁漱溟全集：第 1 卷［M］．济南：山东人民出版社，2005：380-381.

马克思主义理论内容十分广泛，涉及哲学、政治学、经济学、历史学等诸多领域。虽然马克思并没有对文化的定义做一个专门的概括，没有形成具体的文化理论，但其实有关文化方面的理论是贯穿于整个马克思主义理论中的，在马克思主义理论的各领域都涉及了文化，马克思关于文化的理解具有丰富的内涵。马克思不是单独研究文化问题，而是把文化理论放到整体的、宏观的领域做深刻的研究，超越了具体的文化理论的局限性，对文化问题形成了全面的、总体性的理解。恩格斯在《反杜林论》中说："文化上的每一步，都是迈向自由的一步。"① 马克思主义文化理论是一个开放的、复杂的、庞大的理论体系，包括人类的一切活动内容。马克思以人的实践活动为基础，把文化放到整个人类发展的大视域下加以把握，这也体现了马克思研究问题的独特性与针对性，面对文化范畴的广泛复杂，他不拘泥于狭小的局部视角，而是更加宏观与远大。马克思主义文化理论的广度与深度是任何一种研究都无法比拟的。

文化的范畴如此宽泛，因此把文化分为广义的文化和狭义的文化。广义的文化是指人自主自觉、有意识地通过对各种对象的作用来展现自身的物质能力、精神能力等所有本质。也就是说，在人类社会生产实践中认识自然、利用自然和改造自然过程中创造的全部成果，包括物质的和精神的。狭义的文化主要指人类在精神层面、上层建筑方面的成果，主要是与经济、政治、社会相对应的形态。本书的"文化"和"文化属性"主要指狭义的文化，但是经济基础和上层建筑本身就是相互联系、相互影响的，这也导致广义的文化和狭义的文化在实际过程中难以

① 中共中央马克思恩格斯列宁斯大林著作编译局．马克思恩格斯选集：第 3 卷［M］．北京：人民出版社，1995：456.

区分。比如，当谈到传统文化、西方文化、外来文化等，就泛指经济、政治、价值取向、军事、科学技术和教育等范畴的总和，就是指广义的文化。但是，如果具体到某一章节的论述，涉及某一方面的具体问题时，谈到与经济、政治相对应的文化，主要是指狭义的文化。

有关文化的内容包罗万象，文化的定义也是不胜枚举，从不同角度认识文化，归纳文化的特征也是不相统一。通过参阅相关文献和结合本书研究方向，总结以下文化的几个主要特征：

第一，文化具有人文性。文化与人如影随形，离开了文化，人就不能称之为人，离开了人就无所谓文化，自然的不叫文化，只有人类的实践，刻上人类的烙印才属于文化。正是文化的“人文性”，所以无论是文化的形式、环节、要素，还是文化的生成、发展与创造都离不开人类，都离不开人的精神活动。马克思说：“全部人类历史的第一个前提无疑是有生命的个人的存在。”① 因此，有人才有文化，与人类精神活动相关的才叫文化。

第二，文化具有民族性。民族性指生活在不同区域的不同群体、民族在长期的生活实践中形成的与其他区域不同的独特的文化。比如，我国有自己独特的传统文化，不同于美国文化。一个国家或民族表现出来与其他国家文化的不同和差别即文化的差异性，也就是文化所具有的独特的民族性。如果说文化是人类的共性，那么具有民族性的不同文化也就是人类文化的个性。文化的民族性与国家、民族息息相关，它体现着一个国家或民族的思维方式、生活习俗和价值观念。

第三，文化具有无形性。无形性不仅指文化的形态、形式的无形，还指文化的作用是无形的、潜移默化的。人类创造了文化，文化也在改

① 马克思主义经典著作选读［M］. 北京：中共中央党校出版社，2021：6.

变着人类。我们看不见、摸不到的文化，时时刻刻都在影响着我们。文化的无形性对我们的熏陶就像“看不见的手”，我们的思维方式、思想观念、生活习惯、行为特点等无一不彰显着文化对我们的影响。

第四，文化具有时代性。文化既有静态的一面也有动态的一面。文化不是一成不变的，而是随着时代的发展不断变化的，因此传统文化与现代文化大有不同。文化是人类自觉按照个人的意愿与标准需要创造的，社会条件不断发展与进步，人类主、客观需要也不断提升，人类创造的文化符合一定社会历史条件与要求，是与时俱进的。一定时期的文化体现出了鲜明的时代特征和深刻的时代背景。

二、属性的阐释

“属”是类别、隶属的意思，“性”指事物所具有的性能或性质。属性是指事物所具有的性质、本质、关系或特征。属性是事物抽象的表达，表现为事物的各种关系和性质，具有基本的、必然的、不可分离等特征，也就是说属性是事物基本、必然的特征。属性和事物紧密联系，相互依存。属性不是固定不变的，属性可以随着事物的变化而变化；属性也是一种反复出现的状态；属性是自然界中普遍存在的现象，一个事物可以有一个或者多个属性；属性是事物赖以生存的本领特征，具有重要的作用；属性包括两方面，一是事物的天生归属性，从属于事物“母体”的，即本源性的特征，主要指事物的“遗传性”，受“母体”的影响，天生遗传一些“母体”的特质。二是事物的关联发展性，除了带来的天生归属性，任何事物都还要在社会中进一步发展，在这个过程中或多或少都会与周围的事物相关联，后天就会形成各种独特的关系，从而使事物获得了一些特殊的性质，一般属于基本属性或特殊属性。事物的本质、功能和属性不能混为一谈。本质是一种事物区别其他事物本身所固有的特质，属于事物的根本属性；功能指事物产生的作用、效能，是对象满足需求的某一种属性。属性囊括了事物的本质与功能。有学者研究思想政治教育文化属性的时候，将其等同于文化功能来探讨，不但具有片面性，还限制了对文化属性的分析，影响了其内涵与外延的界定。还有学者把文化属性作为思想政治教育的根本属性，没有区分与思想政治教育意识形态属性的地位，模糊了思想政治教育的宗旨。

三、文化属性的概念与特征

（一）文化属性的概念

文化属性也有广义和狭义之分。广义的文化属性指人类所有的物质生产和精神生活方面的特性，包括人类全部的社会生活方式的特征和关系。狭义的文化属性指在社会生活中，事物本身在思想价值和理论规范领域中所体现出来的文化特征、文化功能，还包括运用文化的方法和态度去探索事物的发展以及相互关系。文化属性和政治属性、经济属性是相对应的，显然，社会发展活动体现出来的一些政治、经济方面的特征不属于文化属性方面的内容。笔者为了精确内涵，缩小范围，本书研究的文化属性主要指思想价值等精神生活方面的内容，使用的是狭义的文化属性。

（二）文化属性的特征

文化属性对文化现象的本质性和规律性的把握，具有潜在间接性、持久稳定性和整合性的特征。第一，文化属性具有潜在间接性。文化与政治、经济不同。从社会发展结构来看，文化是社会生活结构中隐形的、潜在的部分，文化没有政治、经济那么明显和直接，它既比不上经济基础的地位，也不像上层建筑那样需要依靠强制手段去明确规范。文化属性的影响是潜移默化、耳濡目染的，间接地改变人们的思想观念。第二，文化属性具有持久稳定性。文化属性来源于各种思想文化，受几千年文化沉淀的影响，是长期历史发展的结果，成为全社会的共识。文化属性有完整的结构体系和自身规律，具有相对稳定的特征。第三，文化属性具有整合性。上层建筑的方方面面，文学、艺术、道德、习俗、文字、信仰、法律、伦理、哲学等都是通过文化属性所表现出来，文化属性体现了文化各组成部分的内在的联系，整合成为完整的结构体系。

四、思想政治教育文化属性的界定

从广义上讲，教育是一种能够对人的发展产生影响的文化现象，教育又可以被称为文化教育，文化教育具有文化方面的特质、特征、功能，即具有文化属性。思想政治教育属于教育的一种，但它是一种特殊的教育活动，具体而言，“思想政治教育是指一定的阶级、政党、社会群体用一定的思想观念、政治观点、道德规范，对其成员施加有目的、有计划、有组织的影响，使他们形成符合一定社会、一定阶级所需要的思想品德的社会实践活动”①。思想政治教育的特殊性，就体现在能够直接影响教育对象的思想观念和价值取向，其本质上是一种较为复杂的思想教育。这种复杂的思想教育当然也是一种复杂的文化现象、一种复杂的文化教育，也具有文化属性。

基于以上认识，为更加明确研究主题，本书界定思想政治教育文化属性的概念。笔者认为，思想政治教育的文化属性，是指作为一种文化

① 张耀灿．现代思想政治教育学［M］．北京：人民出版社，2001：6.

现象的思想政治教育所表现出来的文化方面的特质、特征、功能及关系。具体讲即思想政治教育以受教育者为出发点，在发展过程中遵循文化发展规律与原则，采用文化相关的内容和手段，进行思想政治教育“以文化人”的活动，以提升实效性，最终实现思想政治教育的目标。把握思想政治教育的文化属性，需要从理论和实践两个角度分析。从理论的角度，思想政治教育的内容、载体、方法、环境等都应具备文化的元素，均带有文化的标识，即文化的内容、文化的载体、文化的方法、文化的环境；从实践的角度，作为一种复杂文化现象的实践活动，在一定的文化环境中，教育者按照教育要求、遵循科学的教育规律、运用合理的教育方法，进行教育内容的输出。受教育者能动地接受教育内容的输入，进而使受教育者的思想受到积极的、正面的影响。实现以文化人、以文育人，促进受教育者成为“有文化的人”。同时，在受教育者被“化”的过程中，也实现着文化的传承、创新和发展。

第二节　思想政治教育与文化的关系

思想政治教育与文化有千丝万缕的联系，探讨思想政治教育与文化的内在关联互动有助于我们进一步把握思想政治教育文化属性。思想政治教育的建构与发展离不开文化的依托。文化的传承、创新和发展也需要思想政治教育的导向和引领。思想政治教育与文化不是分离的、割裂的，而是相互联系的，二者在发展、创新的过程中相辅相成。一方面，文化是思想政治教育的重要基石。思想政治教育的发展受制于文化大环境的影响，比如，思想政治教育的根本目标与内容、发展水平都会受到文化的制约与影响。同时文化还是思想政治教育的资源支撑，作为一种特殊的文化现象，思想政治教育，需要源源不断地从文化资源中汲取养分来满足自身的发展。另一方面，思想政治教育对文化的影响也不容忽视，思想政治教育可以促进文化的发展。从目标上看，思想政治教育的政治目标决定了文化的性质，对文化发展具有导向作用。从内容上看，思想政治教育的内容可以丰富与充实文化的内涵与外延，扩充文化的内容。从过程中看，思想政治教育的实践也是文化的创造与传递，拓宽了文化现象的范围。思想政治教育与文化的关系不是单纯的、机械的、刻板的、形而上学的关系，因此要用联系的、融合的、发展的辩证眼光去考察。

一、文化是思想政治教育的重要基石

文化对思想政治教育活动的开展起基础性作用。具体体现在以下几方面：

（一）文化制约和影响思想政治教育目标

文化是思想政治教育的沃土，思想政治教育活动在一定的文化环境中展开。思想政治教育的目标体现了我国文化的发展方向，文化制约与影响思想政治教育目标的制定与实现。社会发展的最终决定力量是人，人改造社会、促进社会发展的过程也是文化创造的过程。离开了社会就不可能理解真正的人，离开了文化也不能理解人的生活。思想政治教育是对人的思想进行主流价值观的改造。文化的一个重要功能是引领整个社会的发展方向，文化就是社会主流价值观的集合。因此，文化是思想政治教育和人之间的桥梁或纽带。思想政治教育可以理解为以人为对象、为主体的文化传播活动，如果目标的制定没有结合当时的文化，离

开了当时的文化环境，思想政治教育就无法改造人，目标就不可能实现。社会主义思想政治教育的目标受社会主义文化制约，西方的思想政治教育目标受西方文化制约。即便是同一个国家在不同历史时期，思想政治教育的目标也要受到一定文化发展的制约和影响。

（二）文化制约和影响思想政治教育的内容

社会个体思想政治水平与社会主流价值观的要求之间存在差异，需要思想政治教育加以引导。社会个体的思想政治水平与社会主流价值观都受到当前文化的制约和影响。文化是社会成员的价值取向、心理特征以及社会的道德规范和风俗习惯的综合反映，是凝结社会成员思想的纽带。思想政治教育通过文化内容、文化形态、文化精神等方面和社会活动来培养公民思想品德和价值观。思想政治教育的内容有五方面：思想教育、政治教育、道德教育、心理教育和法治教育，这些都属于思想形态的文化。思想教育是要求受教育者坚持马克思主义学习正确的世界观，提升其认识世界的能力，使用科学的方法论来提升其改造世界的能力。马克思主义作为人类优秀的文化成果，是关于全世界无产阶级和全人类彻底解放的学说，揭示了自然、社会和人类思想的发展规律，是一套严密完整的科学理论体系。政治教育也叫意识形态教育，主要是政治的取向、态度、情感、信仰等方面的教育。政治教育主要起政治导向和政治规范的作用，属于价值观的范畴。价值观属于精神文化，为个人和社会的健康发展提供正确的价值导向和科学的精神动力。道德教育是用有关道德的文化对受教育者施加道德影响的活动，提高其道德认知和道德觉悟，践行良好的道德规范，培养良好的道德品质和道德习惯。社会成员不仅要有良好的政治道德品质还要具备积极健康的心理品质。心理教育主要指心理素质教育和心理健康教育。心理教育通过心理学的相关知识和方法，指导受教育者学会调节自身心理变化，具备良好的心理素质，正确维护自身的心理健康。法治教育主要指通过讲授国家的法律与制度，培育受教育者正确的法律意识与遵纪守法的个人品质。法律虽然限制了人们的行为，但也保护了人们的合法权益，法治教育引导人们学会正确运用法律武器保护自己的合法权益。由此可见，思想政治教育的五大主要内容都属于文化的一部分，是先进文化不可分割的重要组成部分，是根据一定的文化发展水平制定的，并受到文化的制约和影响。

（三）文化制约和影响思想政治教育的发展水平

无论是个人的发展，还是社会的发展，无不受文化潜移默化的影响。思想政治教育过程的实施受到一定文化水平的影响，社会文化水平在一定条件下影响着人们的思维方式和文化素质。一方面，先进文化能增强思想政治教育的有效性，以潜移默化的方式促进思想政治教育活动从自在自为走向自由自觉。另一方面，落后的文化与思想政治教育内涵相悖，会抑制、阻碍思想政治教育的顺利发展。在思想政治教育过程中，客观需要先进文化提供载体、柔性的驱动力、具有人文性的育人环境。可以这样说，有什么样的文化，就会有什么样的思想政治教育，文化制约和影响思想政治教育的发展水平。

（四）文化是思想政治教育的资源支撑

文化以宗教、历史、伦理、法律、文学、道德、艺术等各种各样的形式存在。在塑造个体意识、维护社会秩序、巩固阶级统治、维系民族精神方面文化发挥了重要的作用。文化在形成之初时，就是以“以文化人”为主旨的。思想政治教育的内容和载体离不开人的文化活动，与文化的变迁、发展和传承密不可分。一方面，文化富有的丰富内容和灵活多样的表现形式为思想政治教育提供了载体和支撑，增强了思想政治教育的“文化力”，提升了思想教育的实效性。另一方面，一个国家的文化核心体现的是社会的主流意识形态，一个国家的文化建设越繁荣越自信，就说明这个国家的主流意识形态越强大，思想政治教育越能得到人民的认可和接受。如果一个国家的文化没落或者衰败，就会导致意识形态的动荡，思想政治教育就会难以顺利发展。没有文化底蕴的思想政治教育就像是无源之水、无本之木，失去了血脉和脊梁，无法对教育对象的意识形态、政治取向和价值观念加以塑造、引导和培育。

二、思想政治教育对文化的发展具有促进作用

（一）思想政治教育的目标对文化发展具有导向作用

思想政治教育目标的制定体现了文化的核心精神，不仅要考虑社会、国家发展的要求，还要关注个体精神文化的需要。个体精神文化的需要和社会、国家发展的要求都在一定程度上影响文化发展的方向与进程。因此，思想政治教育目标的导向作用对文化的选择与发展具有一定的能动性。一方面，思想政治教育目标的设定会使社会成员按照一定的原则、标准和尺度来改变个人的思想观念，并纳入社会主流文化中，体现出主流文化的精髓，也就是整个社会的主导思想，进而可以促进社会文化的建设；另一方面，思想政治教育目标会从有利于个人、社会、国家的发展为出发点来进行文化选择，摒弃糟粕、落后的文化，引导文化创新发展的方向。增强社会主义文化自信，推动社会主义文化强国的建设需要以社会成员科学的世界观、人生观和价值观为导向，而思想政治教育的主要目的就是促进社会成员形成科学、正确的思想观念。

（二）思想政治教育的内容丰富了文化的内涵

思想政治教育的内容包括两大类：一是指一定阶级的意识形态和政

治相关的理论知识等，包括一些日常行为准则、社会规范、国家发展目标等要素。二是指个人伦理道德方面，包括个人的价值取向、心理素质和主观信仰等要素。思想政治教育的内容属于文化的重要组成部分，思想政治教育过程中不断生成新的文化要素，为文化的创新发挥了很重要的作用，推动新文化的生成与发展，拓宽了文化的内涵和构成，促进了整个大文化的进一步发展。比如，思想政治教育中的社会主义核心价值观的内容就在我国社会文化发展的过程中起到了核心与灵魂的作用。思想政治教育的内容涉及社会的方方面面，渗透到社会经济领域、政治生活、精神文化生活、社会生活和生态发展中，潜移默化地影响着人们的思想观念和行为准则。在人与人、人与社会、人与自然的关系中不断产生新的文化，丰富了文化的内涵。

（三）思想政治教育的社会实践活动丰富了文化传播与发展的路径

社会实践过程是思想政治教育必不可少的重要环节，加强社会实践，让教育思想落地生根，是促进思想政治教育高质量发展的有效途径。思想政治教育的实践环节，既是理论联系实际的方法论要求，也是思想政治教育本质的要求，有助于增强思想政治教育的实效性。这个过程也是文化传播的重要手段。思想政治教育的实践内容包括各种各样的社会实践活动，比如，文体表演活动、公益主题活动、见习实践活动等。这些社会实践活动无形之中也拓宽了文化传播的途径。一方面，提升了文化传播的实效。通过开展各种实践活动，受教育者事必躬亲，提高了教育活动的个人参与度。通过丰富多彩的文体活动来表现思想政治教育的内容，无形之中也传播了一定的文化内容，不仅使受教育者自觉保持浓厚的兴趣，加强了思想认知，潜移默化地接受了一定的文化内容，还提升了自身的精神境界。另一方面，拓宽了文化传播的范围。思想政治教育实践到社会的各处各地，不仅涉及一些企事业单位，还有一些敬老院、居民社区、贫困山区等，扩大了社会影响，对参与社会实践的受教育者甚至社会实践的对象带来了积极影响，促进他们之间的相互交流，调动他们主动接受文化的积极性，拓宽了文化传播与发展的路径。

总之，不可否认的是思想政治教育与文化存在着共生共融、相互依赖、相互影响的紧密联系。分析思想政治教育与文化的关联互动，并不是割裂二者的联系，也不是要把二者混为一谈。不能把文化看成思想政治教育，更不能把思想政治教育单纯的等同于文化发展。而是从思想政治教育与文化二者之间的相互作用中把握全面看待思想政治教育的目标、环节等问题，从而关注思想政治教育的文化属性。

第三节　思想政治教育文化属性与其他属性的关系

思想政治教育作为一种意识形态活动和特殊的文化活动，不仅具有文化属性，还具有政治属性、经济属性、社会属性等，即思想政治教育的属性是多维的。其中，思想政治教育的政治属性是本质属性、根本属性，文化属性是基本属性，经济属性和社会属性是一般属性。思想政治教育的各属性不是相互割裂的，彼此之间都有着紧密的联系。

一、思想政治教育文化属性与政治属性的关系

作为一种政治教化活动，思想政治教育具有浓厚的意识形态属性，即政治属性。开展思想政治教育，要求以实现政治教育目标为前提，以

彰显文化属性为基础，选取一定的文化教育资源，制定科学文化育人的策略，遵循文化育人的规律。思想政治教育文化属性与政治属性相互促进，辩证统一于思想政治教育全过程。

（一）思想政治教育政治属性的含义和地位

1. 政治属性的含义

思想政治教育是一定的社会阶级通过一定的教育策略，使社会成员形成符合其自身及社会发展要求的道德品质和思想观念。思想政治教育的政治属性是为一定阶级服务的，首先要传播相应阶级的思想和社会主流意识形态，其政治属性显而易见。“思想政治教育与社会意识形态的关系是基本关系，其性质的规定性，就是意识形态性。”① 思想政治教育表现出来的政治的意识形态方面的特征与关系就是政治属性。

2. 政治属性的地位

政治属性即意识形态属性，是思想政治教育的立足之本，是根本属性。首先，思想政治教育承担着培育“政治人”的任务。思想政治教育活动是统治阶级意志的客观体现，在落实统治阶级所制定的教育目标和任务，培养符合统治阶级要求的社会个体的过程中，鲜明地打上了阶级的烙印。思想政治教育是反映统治阶级意识形态和物质利益的重要手段。其次，思想政治教育的内容是统治阶级政治观念的反映。思想政治教育就是让社会成员接受统治阶级的思想观念和意识形态。政治属性作为思想政治教育中最重要、最根本的属性，其内容必然反映了统治阶级的政治取向和价值立场。思想政治教育的内容中无论是世界观、人生观还是政治观、道德观和法制观，都必须以统治阶级的政治立场为引领，

---

① 思想政治教育学原理编写组．思想政治教育学原理［M］．北京：高等教育出版社，2016：6.

体现统治阶级的思想，并促使其内化为自己的世界观、人生观和价值观，外化为符合统治阶级要求的行为规范。最后，政治属性体现了思想政治教育的政治权威，也就是其固有的政治强制力与政治威望，是保证教育过程顺利实施的重要条件。为了使人们顺利接受统治阶级的思想观念，必然要有一些强制力量和影响力。当人们不能自觉主动地接受统治阶级的思想观念时，就需要一些措施来引导，比如，制定相关法律法规等。

（二）研究思想政治教育文化属性不是否定其政治属性

坚持政治属性这一根本属性是思想政治教育发展的先决条件。政治属性不仅是思想政治教育的立足之本，也是文化属性存在与发展的根基，文化属性是思想政治教育的基本属性，有利于更好地实现其政治属性，使思想政治教育更具有生动性和丰富性，二者是辩证统一的。研究思想政治教育文化属性不是否定、消解、弱化其政治属性，而是为了更精准地把握思想政治教育的整体性，最终维护和实现其政治属性。

1. 政治属性是文化属性的“红绿灯”与“指挥棒”，引导思想政治教育向正确的方向发展。思想政治教育的政治属性是文化属性的主导力量。文化属性如何彰显，往哪方面发展，要以政治属性为导向。水有源，树有根，政治属性是文化属性的源与根，关注文化属性不能忽视其源与根。文化属性终究是为政治属性服务的，必须受政治属性统领。思想政治教育文化属性的彰显贯穿着、渗透着政治属性。通过各种方法来彰显思想政治教育文化属性，无论是提高受教者的主体地位，还是丰富创新教育内容，增强灵活多变的教育方法等，都是为了提高思想政治教育的效果，提高其吸引力、保持其生命力，但最终还是为了实现其本质属性即政治属性。但是如果毫无原则的只强调文化属性，就会迷失政治方向，偏离政治宗旨。主要表现在以下三方面：

首先，政治属性决定彰显文化属性的目标和任务。彰显思想政治教育文化属性的目标和任务要受到国家政治取向的制约。一定的文化受制于当时的政治，不同的政治态度、立场造就了不同性质的文化。政治引导文化属性往哪个方面彰显，如何彰显。当前彰显思想政治教育文化属性必须遵循政治发展方向，即始终坚定社会主义的性质和方向，坚持马克思主义理论的指导地位，坚持习近平新时代中国特色社会主义思想为指导，这是不能违背的原则。思想政治教育的目标之一就是传递政治内容与引导政治取向。彰显文化属性的内容和任务受到一定政治条件的制约，政治引导教育内容与任务的方向。以爱国主义教育为例，爱国主义教育是一种观念形态，个体一旦内化形成爱国主义信念，就会成为支配人们思想和行为的持久精神力量。在中华民族五千多年的发展历程中，爱国主义维系着中华大地上各民族的团结统一，激励着代代华夏儿女为祖国的繁荣发展不懈奋斗。如果思想政治教育文化属性不受政治属性的制约，任其发展，就会迷失方向，脱离实际，不利于思想政治教育的发展。

其次，彰显文化属性的内容要受到政治属性的制约。虽然政治属性和文化属性的内容不尽相同，但是体现文化属性的内容也不能随便选择，必须加以甄别，并不是所有喜闻乐见、脍炙人口的文化内容都可以加以选用。文化属性在选择制定和更新内容的时候也要依据政治原则来制定。如果文化内容不符合我国政治的发展要求，就应当进行批判与抛弃。比如，我们在挑选与体现文化属性的相关内容时应选择先进的、优秀的歌颂当前社会主旋律的，弘扬增强民族凝聚力和自信心的文化内容，排斥和反对低俗文化、媚俗文化，还要批判地借鉴外来文化。要时刻保持清醒的头脑，防止削弱政治属性的文化渗透。

最后，政治属性决定彰显文化属性的资源。文化承载着大量的教育内容，这些文化产品和文化服务是人们日常生活中必不可少的一部分。思想政治教育必须汲取和利用丰富多彩的文化资源，但不能全盘吸收，不是所有资源都是合适的。为我国所利用的文化产品和文化服务必须符合我国的政治要求。当我们利用传统文化资源的时候，也应该保持扬弃的态度，合理地开发和利用增进中国特色社会主义和谐稳定与进步的优秀文化资源。增强民族凝聚力，增进民族团结统一，维护国家安全稳定，促进社会主义发展的优秀文化资源，摒弃那些有悖于我国社会主义精神的文化资源。在我们借鉴外来文化时更要谨慎，信息化时代的文化资源非常丰富，各种文化时刻需要交流与碰撞。要警惕西方文化的渗透对我国意识形态安全带来的影响，避免西方意识形态的陷阱，要保持高度的政治敏锐性和甄别性，防止西方一些弱化我国意识形态的不良思想被当作创新思想吸纳进来。必须以体现思想政治教育的意识形态为首要前提来借鉴和利用这些优秀的文化资源，这样才能保证思想政治教育不会误入歧途，保持其科学性和合理性。

2. 文化属性的彰显有利于政治功能的实现，政治属性可以渗透、浸润文化属性，帮助实现思想政治教育的目标。秉承文化理念与坚守政治原则并不矛盾。谈到政治就会被贴上“古板”“权威”“枯燥”“灌输”等标签。不接地气，让人敬而远之。如何让思想政治教育更加平易近人，产生亲和力与吸引力？如何坚守其政治属性同时也可以保持“机灵活泼生动有趣”？新时代的思想政治教育并不是阶级斗争，以丰富多彩的文化方式带动政治功能的发挥。比如，采取活泼形象的文化方式、文化资源，运用喜闻乐见的文化载体，营造文化环境，等等，可以最终实现教育的目的。主要表现在以下三方面：

首先，思想政治教育应利用丰富生动的文化育人方法。应该加以利用文化的各种力量。一个社会的思想政治教育的目标就是要培养社会成员形成符合本社会统治阶层利益的思想意识。思想政治教育的方式方法要随着社会不断地发展而改变，当社会处于比较保守与传统的阶段，社会环境比较简单，生产力发展水平相对落后时，采取单一的灌输模式可以在短期内使思想政治教育成效最大化。随着改革开放不断深化，市场经济不断发展，社会关系丰富多样、日趋复杂，个体开始强调主体性，要求张扬个性，过去单一的教育模式已经无法满足现在人们多样化的发展需求。新时代的人们更期盼一种民主平等、激发共鸣的教育模式。因此，思想政治教育应该改变策略，利用文化的软实力来凝心聚气、稳定社会，最终实现思想政治教育的硬要求。以文化人的方式并不是对灌输教育的否定，只是采取更加生动活泼的方法、具有吸引力的手段，运用文化潜移默化的力量来实现更有效的“灌输”，达到思想政治教育的目的。

其次，思想政治教育应拓展先进高效的文化活动载体。文化载体是文化的总结、凝练和固化。文化对人的影响是全面的，有形的科学文化知识会促进人的智育发展。无形的文化观念对人的影响也不容忽视，比如，人的思想意识、道德信念、价值取向可能会不知不觉地受到影响。因此，在思想政治工作中，我们要善于利用丰富多样的文化载体，占领有形的文化和无形的文化两块阵地，尤其注重发掘新兴的先进文化载体，挖掘其对思想政治教育有利的要素，这些文化载体具有渗透性、感染力和吸引力，可以大大提升思想政治教育的魅力，增强其实效性。在科技飞速发展的信息化时代下，互联网、智能手机、数字电视等新媒体的出现丰富了教育的媒介。思想政治教育应该同时利用好传统媒介和新媒体，在大力利用发展报刊、广播、电视等传统媒体的同时也要大力开发网络、微博、视频等新媒体的载体功能。这些新媒体使用人数众多，尤其是白领一族等年轻人，时下青年人交流和发表观点，甚至办公的主要方式已经变成微信、微博、论坛、社区等这些新媒体。腾讯 2023 Q3 财报显示，微信活跃用户数突破 13 亿，小程序交易额增加 40%，视频号总量播放量增加 50%，“搜一搜”月活跃用户量也突破了 8 亿。微信让随时随地办公成为可能。思想政治教育也要紧跟时代，与时俱进，适应社会环境的变化，充分利用时代的产物，增强创新能力。

最后，思想政治教育应打造积极的文化活动氛围。思想政治教育要想达到“春风化雨、润物无声”的教育效果，就必须重视环境和氛围的影响。人是社会环境的产物，人的发展离不开环境的作用，人必须生活在一定的环境中，思想政治教育也不可能在一个没有任何环境的真空状态中发展。文化具有人文性、无形性、民族性、时代性等特点，育人过程中文化环境的作用也是不容小觑的，例如，家庭文化、学校文化、企业文化、城市文化等都不同程度地影响着个体的发展，对每个人的世界观、人生观和价值观产生一定的教化。当今社会环境复杂，多种文化相互碰撞与交流，思想政治教育面临的文化环境也更加多样，电子信息传播更加迅速和透明，舆论环境更加开放。教育者与受教育者几乎可以同时收到各种信息与资源，这样容易降低教育者的威望，不利于教育者清除虚假信息，增加了传递正能量的难度。全体社会成员必须积极推崇先进高雅的优秀文化，抵制腐朽低俗的不良文化，打造积极又健康的文化活动氛围，为思想政治教育工作创造积极良好的大环境。

3. 政治属性与文化属性二者好比唇与齿的关系，唇亡则齿寒。二者相互依存，共同发展进步。政治属性为根本属性，文化属性作为基本属性，是从思想政治教育的不同维度来分析的。虽然在地位上，政治属性要高于文化属性，政治属性必须引领和支配文化属性。但是对思想政治教育的整体发展而言，二者的作用缺一不可。必须坚持政治属性，文化属性才不会迷失方向；文化属性也必须充分彰显，政治属性目标才能更好地实现。新时代要求增强思想政治教育的实效性，发挥其巨大的力量，就不能偏废其一，必须同时注重政治属性与文化属性的地位，一方面要坚守政治的根本底色，另一方面要善于涵养文化属性。二者相互统一才能形成强大合力。

（三）警惕现实生活中思想政治教育文化属性与政治属性的不平衡

思想政治教育区别一般教育的根本在于其政治属性。政治属性是思想政治教育存在的根基，文化属性是思想政治教育的基本属性，二者是辩证统一的。但是往往存在一些现实的误区，分离二者之间的关系，有的过于强调政治属性，而疏离文化属性；有的过于强调文化属性，而淡化了政治属性，导致二者顾此失彼。正确把握文化属性与政治属性的关系，就要警惕现实中二者关系的误区。

1. 过于强调政治属性，忽视文化属性

过于强调思想政治教育的政治属性，表现为高举“政治挂帅”的旗帜，以政治为最高的要求，一切都要服从政治的需要。第一，在对象化关系层面，把思想政治教育的教育者当作“主体”，受教育者当作“客体”。认为教育者就是绝对的、主动的、有话语权的，受教育者就是被动的、消极的、被改造的对象。教育过程中二者的关系没有对等。教育者不会考虑受教育者的感受，不会进行角色互换，没有看到受教育者的主观能动性。第二，在方法手段层面，只是单向灌输和空洞的说

教。教育目标的制定趋向国家与社会宏观远大的发展，没有过多考虑受教育者的实际，教育内容抽象、枯燥、不接地气，受教育者难以接受和服从。忽视了文化属性的思想政治教育变得呆板、教条、形式化。第三，在现实价值层面，片面强调政治属性的思想政治教育会加大宣传意识形态，忽视个体价值，片面重视国家和社会的利益，忽视个人利益。没有平衡社会利益和个人利益的国家会失去群众基础，失去根基，反而会动摇国家的上层建筑。

2. 过于强调文化属性，淡化政治属性

改革开放以来，各种社会思潮涌现，人们的思想得到解放，呈现出一些新的特点。人们开始追求自我价值，有的人主张思想政治教育要破陈除旧、标新立异，并开始重视思想政治教育的文化属性，但这容易陷入另一个误区。过分强调文化属性，淡化政治属性，认为文化属性可以代替政治属性，甚至认为现在可以完全摒弃思想政治教育的本质。不再强调意识形态属性的思想政治教育成为培育人思想道德的一种普通文化现象，像其他学科一样保持纯学术的研究。还有人把思想政治教育内容戏剧化、低俗化。由于受多元文化的冲击，各种价值观蜂拥而至。有的学者要革故鼎新，为了迎合大众口味，不加区分地吸收各种文化思想，片面强调人文主义精神，认为思想政治教育应该去政治化、去意识形态化，妄图用简单的德育思想代替思想政治教育。有的人过分强调文化属性，认为思想政治教育过程枯燥无味，为了增添趣味性，无底线、无原则地进行简单的文化传播，淡化了政治内容，动摇了思想政治教育的政治根基。

二、思想政治教育文化属性与经济属性的关系

思想政治教育除了有鲜明的政治属性，还有经济属性。上层建筑对

经济基础具有反作用，不论直接还是间接，思想政治教育具有经济方面的特征与关系，也会影响一定的经济发展。思想政治教育属于上层建筑部分的内容，看似与经济的关系甚远，其实对经济基础有一定的反作用，也能间接地产生或多或少、或大或小的经济影响。探讨思想政治教育的经济属性，分析文化属性与经济属性的关系，能够更加清晰地认识和把握思想政治教育的形势和任务，更好地彰显思想政治教育文化属性。

（一）思想政治教育经济属性的内涵与生成

思想政治教育也会产生经济效益吗？答案是不可否认的。虽然表面来看思想政治教育和经济没有太多关系，但是其内在蕴藏着巨大的经济潜力。到底什么是思想政治教育经济属性？所谓思想政治教育经济属性就是其本身所具有的经济特性和产生的经济关系，指思想政治教育产生了有利于社会经济发展的价值，有利于满足个人的物质需要和精神需要的价值。在思想政治教育过程中间接对经济发展方式或方向产生的作用与影响，可以推动或阻碍社会经济的发展，这就是思想政治教育的经济属性。习近平总书记在党的十九大报告中提出："健全现代文化产业体系和市场体系，创新生产经营机制，完善文化经济政策，培育新型文化业态。"[①] 文化经济的地位越来越凸显，成为中华民族伟大复兴战略驱动力量。思想政治教育也属于中国特色社会主义文化，虽然经济属性没有政治属性那么显而易见，但随着文化经济的力量日益强大，思想政治教育的经济属性也是不可小觑的。思想政治教育经济属性具有间接性，"即与智能教育、科技教育等直接对经济活动产生影响相比，思想政治教育对经济活动产生影响往往是通过改变构成经济活动的中介环节或相

① 中国共产党第十九次全国代表大会文件汇编［M］. 北京：人民出版社，2017：35.

关因素来实现的"①。也就是说思想政治教育虽然不能直接产生经济效益，但是思想政治教育可以作用于人，提升人的劳动技能与劳动素质，人又是经济活动中的主体要素，人可以改变经济发展的方向与过程。因此，思想政治教育间接对经济要素产生了影响，对经济活动的方向、环节、状态等活动因素产生影响，所以说思想政治教育的经济价值和经济作用是毋庸置疑的，可以从以下几方面论述其经济属性的生成。

首先，建立在经济基础之上的上层建筑虽然具有相对独立性，但是可以反作用于经济基础。恩格斯告诉我们不仅要看到物质生活的生产方式的基础性作用，经济基础可以决定社会意识形态的作用，还要重点从经济基础上看到思想政治、意识观念这些上层建筑的反作用。因为"经济运动会为自己开辟道路，但是它也必定要经受它自己所确立的并且具有相对独立性的政治运动的反作用"②。由此指出上层建筑具有相对独立性并对经济基础产生反作用，并且恩格斯反对将二者割裂开来，认为那些哲学家将二者对立起来看待的都是愚蠢的观念，他们否认意识形态领域的反作用是因为："由于通常把原因和结果非辩证地看作僵硬对立的两极，完全忘记了相互作用。"③ 再次强调经济基础和上层建筑是相互作用、不可分割的。思想政治教育的本质属性是政治属性，自然属于政治上层建筑的内容，因此对经济发展具有反作用。

其次，意识对物质具有反作用。恩格斯说："物质不是精神的产

① 裴学进，程刚，项久雨．论思想政治教育经济价值的特点与向度［J］．马克思主义研究，2008（8）：101-104.

② 中共中央马克思恩格斯列宁斯大林著作编译局．马克思恩格斯选集：第4卷［M］．北京：人民出版社，2012：609-610.

③ 中共中央马克思恩格斯列宁斯大林著作编译局．马克思恩格斯选集：第4卷［M］．北京：人民出版社，2012：643-644.

物，而精神本身只是物质的最高产物。"[①] 意识是客观存在于人脑中的反映。列宁说："观念、精神、意志、心理的东西是正常活动的人脑的机能。"[②] 意识对物质具有能动作用，意识不仅可以能动地认识世界，还可以能动地改造世界。马克思说："但是理论一经掌握群众，也会变成物质力量。"[③] 这正是说明了物质与意识的关系，体现了精神意识一经被群众掌握就可以变成物质发挥巨大的作用。毛泽东也说，"物质可以变成精神，精神可以变成物质"[④]，毛泽东认为这是日常生活中常见的现象。他还说"代表先进阶级的正确思想，一旦被群众掌握，就会变成改造社会、改造世界的物质力量"[⑤]。思想政治教育过程就是使社会成员学习先进阶级的思想观点、政治理论、道德规范等，掌握这些理论不仅可以保持人思想的先进性与纯洁性，还能进一步转变成物质力量对社会经济发展产生经济效应。也就是说，思想政治教育传递的政治观念、道德取向、价值观点等，会成为影响经济发展因素与具体环节至关重要的思想资源与道德基础，同时也是对人的智力投资，成为经济发展的重要因素，对经济发展起到必不可少的作用。

最后，"全人类的首要的生产力是工人、劳动者"[⑥]。思想政治教育就是育人的过程，是提升人综合素质的活动。马克思主义的生产力理论

---

① 中共中央马克思恩格斯列宁斯大林著作编译局．马克思恩格斯选集：第4卷［M］．北京：人民出版社，2012：234.

② 中共中央马克思恩格斯列宁斯大林著作编译局．列宁全集：第18卷［M］．北京：人民出版社，1988：239.

③ 中共中央马克思恩格斯列宁斯大林著作编译局．马克思恩格斯选集：第1卷［M］．北京：人民出版社，2012：9-10.

④ 中共中央文献研究室．毛泽东文集：第八卷［M］．北京：人民出版社，1999：321.

⑤ 中共中央文献研究室．毛泽东文集：第八卷［M］．北京：人民出版社，1999：320.

⑥ 中共中央马克思恩格斯列宁斯大林著作编译局．列宁全集：第36卷［M］．北京：人民出版社，1985：346.

中揭示了物质生产力是生产力的首要组成部分，其中物质生产力由物与人两大要素构成，明确指出人是主体，人是生产力中最具有决定性的力量和最活跃的因素，所以我们必须要坚持以人民为中心，坚持培养人，服务于人。思想政治教育可以从精神上激发人们的生产积极性和创造力，通过特殊的方式培养有一定政治观念、道德觉悟、高尚情操的劳动者。思想政治是一种服务型教育，可以帮助生产者保持良好的精神素质与精神状态顺利进行物质生产，进而产生经济效益。

（二）思想政治教育经济属性的作用表现

从现实角度更加理性地看待思想政治教育，探讨思想政治教育在经济方面表现出的特征与关系，这将对研究思想政治教育文化属性有重要意义。思想政治教育经济属性的作用主要表现在以下几方面：

首先，思想政治教育是经济的“方向标”，引导经济发展的科学方向。所有社会的统治阶级都要以代表自己地位的思想观念体系把握整个社会的发展方向。上层建筑是经济基础的意识形态体现，也是保证经济发展的强制力量。离开了政治的强有力保障，经济是不会良性发展的。思想政治教育就是运用党和国家的思想观念、政治观点和道德规范来教育社会成员，使其接受并受之影响，促使社会成员形成符合国家所要求的思想道德的行为，形成社会认同感，拥护和热爱国家，自觉进行社会主义经济建设。在经济发展中，尤其是经济转型期、改革的攻坚期，多种社会思潮的冲击，如果不进行正确的思想政治教育，容易出现不利于社会经济发展的思想因素，比如，享乐主义、拜金主义等腐蚀人们的思想意识，使人变得懈怠、懒惰，甚至产生偏离社会主义道路的思想，从而阻碍经济的发展。因此，必须通过强有力的政治保证，加强思想政治教育，传播先进的经济文化思想，促使人们在经济生活中凝结现代化经济精神，树立健康正确的经济文化观，保证经济良好顺利地生产、发展。

其次，思想政治教育为经济发展提供资源支持。经济发展的主体是人，整个经济活动的过程中人力是最活跃的决定性因素，先进的物质条件也需要靠人力的劳动才能转换为现实的生产力，创造出物质财富，产生具体的经济效益。思想政治教育的对象是人，要培育全面发展的人也就是经济发展中的优质人力资源，促使其潜在的生产能力转化为现实的生产力。人力资源转化为生产力的程度与人的综合素质息息相关。在经济活动中，人的素质除了表现在对科学知识和职业技能的掌握等这些科学素质，还表现在对事物的担当、工作的精神状态、人格品质、心理素质等人文素养。虽然科学素质是提高人生产能力的重要因素，但是人文素养的培育是人自由自觉能动性发挥的必不可少的重要保障。因此，智力投资和文化投资二者要齐抓共管，形成合力，才能促进人的全面发展。如果仅重视人的智力培养，忽视人文素养的培育，人的思想素质、道德品质就会下滑，从而也会影响生产发展，阻碍经济进步。思想政治教育通过培养个体的人文素养，使个人的专业素质和文化素养有机结合，这充分挖掘了人的潜能，提高了人的积极主动性，激发了人的创造能力，为经济增长提供了强大的精神动力。

最后，社会经济的顺利发展、良好运行离不开外部环境的保障，外部环境的高度不确定性会使经济发展面临巨大的风险和挑战。为推动国民经济的健康繁荣持续发展，保持稳定的好的外部环境是必不可少的。市场经济充满了机遇也带来了挑战，物质财富极大增长，生产力水平显著提高的今天同时也有一些腐朽落后的现象，比如，欺诈、假冒等各种不诚信现象出现，随意利用资源与权力等腐败风气盛行，拜金主义、恶性竞争、利己主义等不良的社会气氛形成。不加强社会的精神文明建设，不注意人们的思想变化，物质文明的建设就不会顺利开展，容易走弯路，甚至会遭到破坏。只有物质条件，没有精神保障，社会主义建设也不会顺利发展。思想政治教育是提升社会成员思想政治道德水平的重要途径，在精神文明建设的中心环节发挥着重要的作用。思想政治教育可以提升社会成员的思想道德水平。思想政治教育通过开展社会主义核心价值观教育使全体成员形成正确的价值取向，通过弘扬以爱国主义为核心的民族精神来增强社会成员的文化自信和民族凝聚力，通过改革创新时代精神来提高社会成员的创新力和时代精神品质，从而在经济发展中形成多维精神合力。思想政治教育创建了一个健康有序的道德环境、法治环境和文化环境，为经济发展提供了强有力的支撑。

（三）思想政治教育文化属性与经济属性的关系

首先，思想政治教育文化属性的彰显可以为经济属性提供条件。思想政治教育本身就是一种文化活动，具有文化传播、传递知识与价值等功能，其中包括促进经济发展的功能，思想政治教育经济属性的实现程度取决于它的文化属性如何彰显。思想政治教育文化属性通过传递正确的思想观念和价值取向，传播文化信息，实现自己的文化功能，从而转化为生产力以实现经济属性的发展。因此，思想政治教育文化属性有助于经济属性的彰显，可以为经济属性提供良好的基础和条件。人们在生产活动与经济活动中会不断地受到自身价值观和文化环境的影响，思想政治教育在塑造人们形成正确价值观的同时，也在无形之中改变着我们的文化环境。因此文化属性为经济属性创造了强大的智力和精神条件。

其次，思想政治教育经济属性的彰显对文化属性的彰显具有反作用。经济不仅是人类社会生活的物质基础，也是人类物质生产的发展动力。经济会对社会的文化发展、人们的思想观念产生深远的影响，也就是说思想政治教育经济属性的彰显也会推动其文化属性的发展。思想政治教育经济属性促进了文化产品的衍生和消费，促进了文化信息的传递。

三、思想政治教育文化属性与社会属性的关系

人总是生活在一定的社会关系中，思想政治教育是对人的思想的教育，思想政治教育活动是社会生活的规范性表达。因此，思想政治教育还具有社会属性。

（一）思想政治教育社会属性的含义

社会属性是指思想政治教育有利于社会发展的特征和社会相关的联系，可以整合社会资源、推进社会治理，进一步推动社会治理现代化的属性。具体体现在思想政治教育可以以正确舆论引导人，以高尚的情操影响人，从而得到社会的肯定，发挥思想政治作用尽力协调好各种矛盾关系，更好地完善社会治理体制、机制，处理好社会各方面的利益诉求，改善和保障民生，关注人的发展，消除社会不稳定因素，实现稳定团结，激发社会活力，实现社会进步与积极发展等方面。

（二）思想政治教育社会属性的作用表现

首先，思想政治教育可以凝聚社会价值共识。在各种社会思潮、文化相互影响和相互碰撞的今天，社会的价值观逐渐多元化，各种价值观念纷繁复杂，人们的价值取向容易出现动摇与混乱。在这种情况下，提高人民对党的认同感，加强社会主义核心价值观体系，坚持社会主义意识形态显得尤为重要。思想政治教育可以提升社会主义制度的吸引力和凝聚力，增强政治认同感。为了人们自觉有效抵御腐朽落后思潮的侵蚀

与威胁，抵制西方不良思想的渗透，从而造成思想混乱，就要加强思想政治教育，凝聚全社会正确的价值共识。保持社会发展与人的发展同步，通过思想政治教育理论的教育与传播，引导人们聚精会神搞社会主义建设，形成强大的凝聚力，为共同理想和共同目标携手并进。

其次，思想政治教育可以促进社会稳定和长治久安。不同利益主体进行利益博弈时，思想政治教育可以起到更加公平、公正的协调主体之间利益冲突与矛盾的作用。思想政治教育以政治教育为核心，利用思想教育和心理引导相结合的方法，尽力挖掘不同主体利益差异上的一致性，求同存异，加强主体间的沟通与信任，努力化解人与人之间的冲突与矛盾。在遇到突发性群体事件时，妥善引导人们看到整体的社会经济发展，加强共享教育，依法维护人民正当利益的同时又能维护社会稳定团结。

最后，思想政治教育引领社会新风尚。形成社会新风尚离不开每位社会成员的共同努力，全体社会成员的思想道德水平提高是社会和谐与团结的重要因素。思想政治教育是提升社会成员综合素质的主要途径，应开展一系列思想道德教育，加强公民道德建设，学习社会楷模，进行榜样教育、美德教育等提高社会成员的思想道德素质，形成社会文明新风尚。全社会加强中国特色社会主义教育，使社会成员接受并内化成自身的道德水平和行为方式，适应社会发展，和谐社会人际关系，形成全体成员互帮互助、诚实守信、平等友爱、融洽和谐、共同前进的美好社会。

（三）思想政治教育文化属性与社会属性的关系

首先，思想政治教育文化属性的彰显是社会属性彰显的基础。在党的十九大报告中，习近平总书记提出坚定文化自信时指出：“没有高度的文化自信，没有文化的繁荣兴盛，就没有中华民族伟大复兴。”[①] 思想政治教育本身就是一种文化传递活动，其文化属性的彰显是其社会属性形成的软实力，是重要的力量源泉。法律规章制度等强有力的手段是维护一个社会安定和谐有序的必备保障，但是并不是唯一条件，还需要思想文化的软力量。有国外学者指出社会共同的法律法规和社会价值共识是维系社会成员、稳定社会发展最基础的两个因素。思想政治教育就是传播思想文化、社会价值共识的主要渠道，即通过思想意识，价值观念教化社会成员以达到道德行为取向一致，从而提升社会整体认同感和社会整合性。“社会的整合、秩序的确立、生活世界与社会体制的合理运行等等，主要从人类的层面，展示了人的存在所有可能的条件。道德作为上述各个方面的内在担保，同时也在一个维度上，使自身的存在获得了根据。”[②] 社会主义核心价值观是我国文化软实力的灵魂，习近平总书记说过，“一个国家的文化软实力，从根本上说，取决于其核心价值观的生命力、凝聚力、感召力”[③]。思想政治教育文化属性的彰显，可以抵制腐朽落后的思想和西方意识形态的渗透，还可以传递社会主义正能量和主流文化，使社会主义核心价值观深入人心，成为社会成员的精神追求，并自觉形成社会主义道德规范和行为，凝聚社会意识，整合社会思潮，促进社会稳定长久发展。

其次，思想政治教育文化属性的彰显是社会属性彰显的基础。要想思想政治教育文化属性能顺利彰显，必须要有良好的外部环境来保驾护

---

① 习近平．决胜全面建成小康社会　夺取新时代中国特色社会主义伟大胜利：在中国共产党第十九次全国代表大会上的报告［EB/OL］．中华人民共和国中央人民政府，2017-10-27．

② 杨国荣．伦理与存在［M］．上海：上海人民出版社，2002：55．

③ 习近平．把培育和弘扬社会主义核心价值观作为凝魂聚气强基固本的基础工程［N］．人民日报，2014-02-26（1）．

航。社会稳定是一切工作与活动开展的前提条件。思想政治教育社会属性的充分彰显印证了社会环境的健康、稳定，也只有在一个稳定团结、健康有序的社会中，思想政治教育才能更好地传播文化活动，充分彰显其文化属性。社会的安定、和谐在某种程度上和当时统治阶级的政权稳定密切相关。如果作为国家意识形态的主渠道的思想政治教育不能充分发挥社会功能与价值，那么就会出现国家政权不稳、局势动荡、民心不固、内忧外患、社会秩序混乱、社会成员饱受侵扰、处境艰难、不能正常生活的局面，探讨思想政治教育文化属性也就没有任何意义。

第三章

思想政治教育文化属性的理论渊源

追根溯源才能探究理论最本质、最深刻的内涵。研究思想政治教育文化属性不能脱离马克思主义经典作家和中国共产党人的相关理论，不能忽视源远流长的中华优秀传统文化，也不能排斥西方德育中一些先进的人文教育思想。研究思想政治教育文化属性要坚持发展马克思主义经典作家的相关理论，传承创新中国共产党人的以文化人思想，汲取中华优秀传统文化的养分，辩证地借鉴国外人文教育理论中先进的思想。

第一节　马克思主义经典作家关于思想政治教育文化属性的理论

马克思主义是我们立党立国的根本指导思想。实现人的解放、自由和全面发展是马克思主义的理论精髓，也是经典作家孜孜以求的未尽的价值目标。马克思主义经典作家理论中丰富的文化思想及其他相关理论是我们研究思想政治教育文化属性的重要理论渊源。

一、马克思恩格斯关于思想政治教育文化属性的相关理论

西方没有“思想政治教育”这一概念，取而代之的是德育思想和相关理论。马克思、恩格斯也没有专门阐述过思想政治教育文化属性的具体概念和理论，但是马克思在其著作中使用过“宣传”“宣传工作”“理论教育”等词语，这些词语也是我国思想政治教育的开端。在关于“文化育人”“以文化人”方面，马克思主义文化观、历史观和人学理论等都是思想政治教育文化属性研究的思想渊源。

（一）马克思主义文化观

马克思的文化概念虽然是宽泛的，没有一个具体的明确定义，但是他并没有否认文化现象，没有否定文化行为。马克思在实践的基础上创立了新唯物主义文化观，成为马克思主义理论学说体系中不可分割的重要组成部分。

马克思揭示了文化的根基，即资本创造文化。他认为资本创造、生产了剩余劳动，进一步产生剩余价值，这种剩余价值虽然被资本家所占有，但实际上也是社会的劳动，所以说资本是“整个社会发展和全部文化的物质基础”①。同时，马克思也认识到文化对资本的反作用。马克思注意到文化对劳动力的价值、剩余劳动都会产生影响。马克思认为劳动力所有者进行劳动的过程中受到食物、衣服、取暖、居住等自然需求的制约，他认为这些必不可少的需求“多半取决于一个国家的文化水平”②。

① 中共中央马克思恩格斯列宁斯大林著作编译局．马克思恩格斯全集：第32卷［M］．北京：人民出版社，1998：221.

② 中共中央马克思恩格斯列宁斯大林著作编译局．马克思恩格斯全集：第23卷［M］．北京：人民出版社，1972：194.

马克思的文化观还体现在很多领域中，他经常用“文明”“文学”“艺术”“文化修养”“精神生活”“意识形态”等词语来体现、解释文化现象或文化行为。比如，“关于艺术，大家知道，它的一定繁盛时期决不是同社会的一般发展成比例的”①。这里马克思谈到了艺术生产与物质生产发展不平衡的问题，也反映出文化发展与生产力水平发展不一致的现象。马克思讲道：“物质生活的生产方式制约着整个社会生活、政治生活和精神生活的过程。”②《共产党宣言》中也指出不仅要重视经济和政治上的变革，也要注重对社会上的精神生活、文化生活和思想生活实行变革。

（二）马克思主义历史观

马克思主义历史观即历史唯物主义，主要包括人与自然的关系、生产力与生产关系、经济基础与上层建筑等有关社会发展一般规律的理论，也是马克思主义文化观的重要基础之一。马克思的历史唯物主义不是抽象的、玄奥的空洞理论，而是具体的、实在的落地生根的理论。不仅强调“物”，也强调了“人”。历史唯物主义认为我们应该尊重社会历史发展内部固有的客观规律，看到物质生活的生产方式和社会存在的基础性地位与作用，不能忽视社会意识的反作用，同时还强调要尊重人民的主体性地位，主张要把人的根本利益与根本发展作为社会价值判断的最高标准。

马克思主义的历史观启示我们要明确文化发展的根基，了解文化发展的来源。文化不是凭空产生的，有什么性质的社会存在和物质生产，

---

① 中共中央马克思恩格斯列宁斯大林著作编译局．马克思恩格斯文集：第 8 卷［M］．北京：人民出版社，2009：34.

② 中共中央马克思恩格斯列宁斯大林著作编译局．马克思恩格斯选集：第 1 卷［M］．北京：人民出版社，1972：10.

就有什么性质的文化。一个国家、社会的性质决定了其文化的性质。思想政治教育的文化属性也是有根基有来源的，是具有一定客观依据的，并不是孤立存在的，因此，要看到文化属性的生成基础。思想政治教育文化属性的彰显遵循社会规律的发展，但是社会意识与社会存在的发展不一定同步进行。社会意识虽然以社会存在为根基，没有完全的独立性，但是具有相对独立性，所以我们也要看到思想政治教育文化属性有时滞后于其物质基础的变化，有时也会超前发展和规划。历史唯物主义还启示我们在加强和改进思想政治教育的过程中，要加强关注思想政治教育的文化属性，既不能淡化文化属性，也不能忽视文化功能与文化价值。如果忽略文化属性，脱离文化属性，就会影响思想政治教育的实效性，阻碍思想政治教育工作的展开。只有正确认识文化属性缺失带来的不利影响，充分发挥文化属性的积极作用，才有利于促进思想政治教育工作的展开。

（三）马克思主义人学理论

马克思看待文化，从不局限于字面意思，而是把文化概念贯穿于全部理论之中，尤其是从来离不开人的发展。马克思在人的活动、人的发展过程中审视文化的地位与作用。思想政治教育是对有血有肉的人进行教育，根本目的是实现人的全面发展。思想政治教育以人为对象，把握人的本质、人的属性是研究思想政治教育文化属性的前提。实现人的全面发展，培育时代新人，是新时代思想政治教育文化属性更加关注的问题，因此要深入剖析马克思主义人学理论与思想政治教育文化属性的逻辑关系，这是本书研究的重要的理论基础。

关于什么是人的本质的科学界定。马克思指出：“人的本质不是单个人所固有的抽象物，在其现实性上，它是一切社会关系的总和。”[①] 不能把人看成抽象的、自然的，从本质上看，人具有社会关系，才能称之为人。马克思认为人是具有社会属性的，并指出社会属性是人的本质属性，自然属性是人的基础属性。人的社会属性是人区别于动物的根本属性。马克思认为“劳动”“实践”是人的属性。有劳动就会有社会关系，没有脱离一切社会关系的劳动。因此，马克思指出劳动是人区别于动物的标志，用劳动来解释人的本质问题。马克思还提出了在资本主义制度下劳动的异化问题。马克思认为解决异化问题就是要实现劳动的解放，这样人才能根本解放。“因为对于社会主义的人来说，整个所谓世界历史不外是人通过人的劳动而诞生的过程。”[②] 马克思批判了路德维希·安德列斯·费尔巴哈（Ludwig Andreas Feuerbach）的人本主义，他认为不能抽象地看待人的本质，要从实践角度去理解人的本质，从具体和现实角度去理解人，并指出人的基础是社会物质生活。

关于人的类本质的规定性。马克思阐述人的类本质的规定性即“自由自觉的活动”。马克思认为这是人类区别动物的重要本质特征。劳动生产是人的类本质的基本形式。马克思说：“一当人们自己开始生产他们所必需的生活资料的时候，他们就开始把自己和动物区别开来。”[③] 这说明，劳动既可以把人类与其他动物区别开来，又可以充实人的属性。人类有自觉的意识，并由自己的意识支配自己的行为可以自由自觉的活动、可以劳动，这便是人的类本质的规定性。劳动也可以促

① 中共中央马克思恩格斯列宁斯大林著作编译局．马克思恩格斯选集：第1卷［M］．北京：人民出版社，1995：56.

② 中共中央马克思恩格斯列宁斯大林著作编译局．1844年经济学哲学手稿［M］．北京：人民出版社，2000：92.

③ 中共中央马克思恩格斯列宁斯大林著作编译局．马克思恩格斯全集：第3卷［M］．北京：人民出版社，1960：24.

进人类的其他属性的发展，比如，语言、文字、使用工具。人类除了在劳动过程中发展自身的类本质特性，还发展了社会性以及其他属性。

关于人的客观需求的阐释。马克思、恩格斯写道："人们生产他们所必需的生活资料，同时也就间接地生产着他们的物质生活本身。"① 人与动物都有需求，人与动物的区别是人可以生产满足自己的需求，做到自给自足。人生产的所必需的生活资料，也就是生产人们的物质生活资料，即实践的过程。人的需求是不断发展变化的，物质需求满足后会产生精神需求，低级需求满足后会产生高级需求。人的需求不断发展、不断更新、不断变化的这个过程也可以促进人的实践活动能力的提升，促进人的本质不断完善。

关于人的全面自由发展。马克思主义人学理论的核心思想是实现人的全面自由发展。马克思有关人的全面发展理论中，提出要"实现个人的全面发展"，也就是人的劳动能力、智力和体力都要充分、全面、统一的发展。同时，还有人的思想、兴趣、志向、道德品质方面也要全面发展。1848 年，马克思在《共产党宣言》中对人的自由解放做了论述，指出："代替那存在着阶级和阶级对立的资产阶级旧社会的，将是这样一个联合体，在那里，每个人的自由发展是一切人的自由发展的条件。"② 只有社会中的每个人充分自由的发展，社会才能自由发展，个人是社会发展的先决条件。

马克思主义人学理论与思想政治教育文化属性的逻辑关系体现在以下几方面。

---

① 中共中央马克思恩格斯列宁斯大林著作编译局．马克思恩格斯全集：第 3 卷［M］．北京：人民出版社，1960：24.

② 中共中央马克思恩格斯列宁斯大林著作编译局．马克思恩格斯文集：第 10 卷［M］．北京：人民出版社，2009：666.

1. 马克思有关人的本质的论述是思想政治教育的基础。在新时代的背景下，社会关系越来越复杂，人与人之间交往范围逐渐扩大，交往频率逐渐增强，这对思想政治教育对象的思想观念及行为产生了重要影响。社会关系的具体表现形式是人与人之间的关系，了解思想政治教育对象的道德现状，把握其所处的社会关系，是认识、了解思想政治教育对象的前提条件，也是进行思想政治教育活动的必要前提。思想政治教育对象的思想产生的源泉直接受社会关系的影响，因为每个人都生活在一定的社会关系中。思想政治教育者要想了解他人的关系网，只有正确认识教育对象所处的社会关系，才能获得思想政治教育对象思想发展的状况，并且透析其产生这种思想的原因。每个人的思想品德形成的一个重要基础就是人的社会关系，通过在与他人的交际交往中形成一个人的认知、情感和行为。因此，要更好地了解其思想品德的现状必须要把握他们的社会关系。思想政治教育者和教育对象之间的关系也属于一种特殊的社会关系，思想政治教育者影响和引导受教育者的思想品德的发展，为了使受教育者树立正确的思想道德观念，教育者进行有计划、有目的的教育活动。受教育者行为的正确与否也受社会关系的制约。社会关系中积极的、有利的一面促进受教育者行为的正确发展，社会关系中消极的、不利的一面会影响受教育者行为的正确发展。因此，在思想政治教育客观实践中，教育者应充分地、全面地审视社会关系，进而能动地激发和运用社会关系的有利因素，戒备预防社会关系中的不利因素，全面了解思想政治教育对象及其社会关系。

2. 人的类本质与思想政治教育文化属性。思想政治教育活动的对象是人，人的类本质即“人自由自觉的活动”是人相对于其他物的根本性质，是思想政治教育活动的基础。不研究人的类本质理论就无从谈起思想政治教育活动，思想政治教育实践活动就是充分发挥“人自由自觉的活动”，是展现人的类本质的途径之一。思想政治教育文化属性的彰显可以激发人对思想政治教育活动的积极性与主动性，也就是充分展现人对思想政治教育的“自由自觉的活动”。这个过程也是提升受教育者的类本质特征。关注人的类本质理论，确保在思想政治教育过程中尊重受教育者的主体地位，依据受教育者自身的发展需求确立思想政治教育实践的目标和过程，选择与受教育者自身发展相适应的方式方法，保证教育活动的多样性和趣味性，这也是关注思想政治教育文化属性的表现。

3. 彰显思想政治教育文化属性能够提升人的社会属性并丰富人的精神生活。一方面，思想政治教育作为一种社会性的活动，其作用对象是具有社会属性的人，思想政治教育文化属性的有效彰显，根本上有利于完善和发展人的社会性。作为一种社会性很强的实践活动，思想政治教育为社会和国家培养出各种优秀的人才，在培养受教育者的社会化过程中发挥着巨大的作用。其中，彰显思想政治教育文化属性有助于受教育者充分理解社会要求和社会规范形成社会价值理论。彰显思想政治教育文化属性使受教育者接受的思想观念主动应用到社会实践中，使其内化于心、外化于行，实现自身价值的社会化。另一方面，思想政治教育是一种能够直接改造人的主观世界的特殊精神实践，充分彰显思想政治教育文化属性，能够丰富人的精神世界，促进人的价值实现。思想政治教育属于上层建筑的范畴，文化属性的彰显凸显了对人的关怀，为人的物质生产提供思想支持和精神动力，可以体现人的精神需要。思想政治教育精神文明活动可以满足和丰富人的精神世界，提升人的综合素质。

4. 思想政治教育文化属性的立足点是人的需要即人的自由全面发

展。思想政治教育文化属性更多关注的是人的精神需要、社会的需要，这些需求都会影响人的思想和行为。为了使思想政治教育工作顺利展开，就必须了解当前的实际需要，不仅是物质需求，更多的是精神需求和社会需求。思想政治教育文化属性没有只停留在自然层面，没有局限于物质层面的满足，更多追求的是精神层面的发展。随着市场经济的迅猛发展，人民生活水平的日益提高、生活观念的改变，人们容易产生一些精神问题。解决这些问题，要从源头上加强思想政治教育文化属性，更多地关注受教育者的精神需求。

5. 人的个性化培育是思想政治教育文化属性彰显的目标和方向。马克思主义强调人的个性化发展，强调人的主观能动性的发挥，强调人的自由全面发展，这些思想和彰显思想政治教育文化属性的实践方向是根本一致的。“人的全面发展”理论自始至终都贯穿于马克思的文化理论中，马克思主义强调要充分发挥人的主观能动性才能实现文化的充分发展。关注思想政治教育文化属性要充分尊重人，充分彰显人的主观能动性，全面关爱、尽力发展人的能力，尊重、支持人的发展，允许人的个性化发展和多样发展。恩格斯指出：“文化上的每一个进步，都是迈向自由的一步。”① 彰显思想政治教育文化属性的过程，也是文化进步的过程，也可以充分地挖掘和充实人类的本质。

二、列宁关于思想政治教育文化属性的相关理论

列宁的文化建设理论是列宁思想体系中的重要组成部分，是列宁着眼于俄国社会变革和社会主义建设的探究基础，在俄国特殊的历史文化

① 中共中央马克思恩格斯列宁斯大林著作编译局．马克思恩格斯全集：第 20 卷［M］．北京：人民出版社，1971：126.

背景下产生的。列宁的文化建设理论是对马克思主义理论的丰富、发展和创新。列宁站在马克思主义立场上，尤其是以马克思的“经济基础决定上层建筑，社会存在决定社会意识”“上层建筑反作用于经济基础”为基础展开论述文化理论。列宁的文化育人理论主要经历了以下几个阶段。

第一阶段是布尔什维克党的成立到1917年十月革命前，列宁提出了两种民族文化理论。列宁在《关于民族问题的批评意见》中提出“每一个现代民族中，都有两个民族。每一种民族文化中，都有两种民族文化”①。列宁认为文化不仅具有民族性特征，还具有阶级性特征。每一种民族文化里既包括无产阶级文化又包括资产阶级文化。在资产阶级和无产阶级的对立中，每个民族里面都有剥削者和被剥削者，这些处于社会经济关系中某一地位的人不可能没有明确的阶级站位，不可能“不为这个或那个阶级的胜利而高兴，为其失败而悲伤”②，不可能“不对敌视这个阶级的人和散布落后观点来妨碍这个阶级发展的人表示愤怒”③，列宁认为阶级之间的对立斗争必然会涉及文化领域，表现在他们的文化产品之中，使文化也具有相当程度的阶级本质。在此，列宁指出了文化的阶级属性。在列宁看来，与“气焰嚣张的资产阶级民族主义麻醉、愚弄和分化工人，使工人阶级听任资产阶级摆布”④ 的情况全

---

① 中共中央马克思恩格斯列宁斯大林著作编译局．列宁选集：第2卷［M］．北京：人民出版社，1995：344.

② 中共中央马克思恩格斯列宁斯大林著作编译局．列宁选集：第1卷［M］．北京：人民出版社，1995：135.

③ 中共中央马克思恩格斯列宁斯大林著作编译局．列宁选集：第1卷［M］．北京：人民出版社，1995：135.

④ 中共中央马克思恩格斯列宁斯大林著作编译局．列宁选集：第2卷［M］．北京：人民出版社，1995：337.

然不同，共产党人有自己明确的阶级立场，有自己明确的指导思想和根本宗旨，宣称就是为了“千千万万的劳动人民，为了这些国家的精华、国家的力量、国家的未来”① 服务的，在此，列宁提出了党性原则。列宁认为无产阶级在同资产阶级的斗争中要注重发展无产阶级的文化，在文化活动中也必须充分坚持党性原则，他将科学的社会主义意识传播到广大人民群众中去，提高人们的思想水平，展现了列宁最初的文化育人思想。

第二阶段是 1917 年十月革命结束到 1920 年苏俄内战结束，列宁开始逐步探索文化育人。十月革命胜利以后，列宁开始全面探索巩固新政权，除了加强政治领导和经济建设，列宁还开始重视文化建设，他意识到文化是国家软实力，并制定了一系列有关文化建设的措施。首先，建立和完善文化教育机构。列宁开始设立文化机构和教育局。其次，制定和健全文化教育的法律法规。1918 年 1 月，列宁签署了《关于教会同国家分离，学校同教会分离的命令》。列宁还签署了“扫除文盲法令”和“成立全俄扫除文盲非常委员会法令”。

第三阶段是 1921 年以后，苏维埃俄国进入新经济政策时期，列宁开始全面深入阐述以文育人思想。在这一时期，列宁十分注重以文育人对社会主义建设的作用。他提出在大力发展工业经济的同时，需要有更高水平的人力资源相配合，因此需要广大社会成员学习和掌握先进的科学文化知识，需要有更高的技术水平和文化水平。列宁强化青少年的教育，建设图书馆和阅览室，列宁还完善国家机关单位的工作制度，改进工作作风和方法，形成良好的机关制度文化。列宁十分重视文化建设的

---

① 中共中央马克思恩格斯列宁斯大林著作编译局. 列宁选集：第 1 卷［M］. 北京：人民出版社，1995：666.

重要性，把文化建设提高到文化革命的战略高度，针对文化对经济和政治的制约作用，他强调不要忽视文化的反作用，突出了文化的革命价值。

第二节 中国共产党人关于思想政治教育文化属性的理论

新中国成立以来，中国共产党人对社会主义文化建设进行了坚持不懈的探索，形成一系列的文化建设理论和文化育人理论，为思想政治教育文化属性的研究奠定了理论基础。

一、毛泽东关于思想政治教育文化属性的相关理论

毛泽东立足于建设社会主义新中国的时代背景，以高度的文化自觉和文化自信，深入思考和解决对我国文化建设具有方向性、战略性的问题，将清除落后的愚昧文化，稳步建设民主的、科学的、大众的文化作为社会主义文化建设的纲领。毛泽东强调要尊重人民在社会主义文化建设中的主体地位，要用先进的社会主义文化教育人民和引领人民。他确立了社会主义文化建设的“双百”方针和以马克思主义对社会主义文化建设加以指导的根本原则，为社会主义文化建设奠定了根基，开辟了社会主义文化建设的新路。毛泽东关于社会主义文化建设的态度、理论等为思想政治教育文化属性的研究提供了重要的理论依据。表现如下：

（一）文化发展态度：取其精华，去其糟粕

毛泽东对外来文化和传统文化提出的“取其精华，去其糟粕”的态度，不仅体现了辩证法的思想，还展现出了高度的文化自信。关于西

方文化，毛泽东指出：“一切外国的东西，如同我们对于食物一样，必须经过自己的口腔咀嚼和胃肠运动，送进唾液胃液肠液，把它分解为精华和糟粕两个部分，然后排泄其糟粕，吸收其精华，才能对我们的身体有益，绝不能生吞活剥地毫无批判地吸收。”① 对传统文化又说：“必须要把古代文化中封建腐朽的糟粕部分和优秀的多少带有民主性和革命性的精华部分区分开来，不能一概以论之。”② 也就是说我们在对待文化的时候，要辩证地看待，文化中有益的一面，我们加以吸收学习；文化中无益的一面我们要剔除。既不盲目服从，也不全盘否定。在思想政治教育文化属性的研究过程中，也要辩证地看待各种文化，不能不辨优劣，毫无底线地盲目引进吸收，也不能排斥一切，我们在借鉴其他文化思想时要避免落后迂腐的陈旧文化，要善于吸纳优秀的先进文化，为我国思想政治教育的发展所用。

（二）文化发展方针：百花齐放、百家争鸣；古为今用、洋为中用

为了促进社会主义艺术发展和科学进步，促进社会主义文化繁荣，毛泽东创造性地提出了“百花齐放，百家争鸣”的文化建设方针。随着社会主义的发展，当时的国家工作重心不仅是经济和政治的发展，人们的精神文化需求也需要得到进一步满足。毛泽东在中央政治局扩大会议上指出应该把百花齐放、百家争鸣作为我们的指导方针。这说明我国在文化建设方面，国家不仅要听到一种声音，还希望看到各种不同的思想理论相互交流与融合，主张不同风格的艺术可以共同发展，不同学派的学科可以竞相争辩。文学艺术方面的表现形式和风格应该多元化、自由化。科学学术方面提倡不能只有一种观念观点的存在，要互相发表各

① 毛泽东．毛泽东选集：第二卷［M］．北京：人民出版社，1991：708.

② 毛泽东．建国以来毛泽东文稿［M］．北京：中央文献出版社，1987：115.

自的意见，在自由和谐的讨论中可以汲取对方有益的观点，取长补短，共同进步，为社会主义文化事业发展贡献合力。毛泽东还指出："学术问题、艺术问题、技术问题，应该放手发动党内外知识分子进行讨论，放手让知识分子发表自己的意见，发挥个人的才能，采取自己的风格。"① 闭门造车，关起门来不与外界交流不利于发展。海纳百川才能迅速发展，要进行自由激烈的讨论，文学艺术科学才能快速进步。"百花齐放，百家争鸣的方针，是促进艺术发展和科学进步的方针，是促进我国社会主义文化繁荣的方针。"② 毛泽东在 1963 年同埃德加·斯诺（Edgar Snow）的谈话中讲道。毛泽东同志的主张指引了我国文化工作的发展方向，促进了社会主义文化繁荣发展。

1962 年 2 月毛泽东在中央音乐学院的来信上批示"古为今用，洋为中用"③。在对待传统文化和外来文化时，要辩证地看待外来文化，对待其中有益的部分要汲取精华。"百花齐放、百家争鸣；古为今用、洋为中用"这十六字文化发展方针体现了毛泽东重视文化建设的思想，体现了我国高度的文化自觉自信的理念，对今天我们进行思想政治教育文化属性的研究产生了重要的影响。

（三）文化发展方向：坚持为人民服务需要，服务社会主义发展

为人民服务是毛泽东的一贯宗旨，也是毛泽东对中国共产党重大的理论贡献，体现了中国共产党人的价值观，在文化发展方向上也不例外。人民是历史的创造者，在社会主义发展的过程中发挥着重要的作用。毛泽东指出文艺是为工人、农民、兵士和城市小资产阶级服务的，

---

① 中共中央文献研究室．毛泽东文集：第七卷［M］．北京：人民出版社，1999：229.

② 吴黎平．毛泽东一九三六年同斯诺的谈话［M］．北京：人民出版社，1979：39.

③ 中共中央党校科研办公室《毛泽东思想原理讲话》编写组．毛泽东思想原理讲话［M］．北京：中国青年出版社，1983：263.

明确指出这四种人是中华民族最广大的人民。一定的经济和政治环境决定着文化发展状况，反过来，文化对当时的经济和政治又会产生巨大的影响。进入社会主义发展探索时期，社会主义的文化发展要为社会主义建设服务，这一时期的所有工作都要围绕生产建设服务。“这样明确我们文化发展的方向，可以为全国各族人民集中起来一起奋斗打下坚实的思想政治基础。”① 明确文化发展的方向，才能切合时代发展社会主义文化，更好地推进社会主义的发展。准确把握文化发展方向，对今天我们研究思想政治教育文化属性有重要的意义。思想政治教育文化属性一样不能偏离当下新时代的发展要求，也必须适应习近平新时代中国特色社会主义思想发展。

（四）文化发展内容：德智体全面发展理论

毛泽东继承了马克思关于人的全面发展学说，强调要充分重视社会成员各方面才能的发挥，认为人的德行、智能、体能这些方面都应该全面发展。毛泽东说：“我们的教育方针，应该使受教育者在德育、智育、体育几方面都得到发展，成为社会主义觉悟的有文化的劳动者。”② 关注受教育者的各方面，受教育者要德智体协调发展，这是毛泽东教育改革过程中一个突出的特征。因此，我们也要保证思想政治教育各属性协调发展，才能对人进行全面培养。关注思想政治教育文化属性，使其各属性同步发展不能偏废，这样才能进一步适应社会发展的需要，促进受教育者各方面的发展，培养更加优秀的新时代合格建设者和可靠接班人。

---

① 梁海鹏．毛泽东的文化思想及其当代意义［D］．成都：西华大学，2013.

② 中共中央文献研究室．毛泽东文集：第7卷［M］．北京：人民出版社，1999：226.

二、邓小平关于思想政治教育文化属性的相关理论

改革开放拉开了中国经济社会变革的序幕，也为人的思想解放、素质提升提供了重要契机。改革开放伊始，邓小平强调物质文明建设和精神文明建设同时抓，二者相统一。1979 年邓小平讲道："我们要在建设高度物质文明的同时，提高全民族的科学文化水平，发展高尚的丰富多彩的文化生活，建设高度的社会主义精神文明。"① 邓小平在培养人、教育人方面提出了"有理想、有道德、有文化、有纪律"② 的"四有新人"理论。社会主义实践过程中要重视人民的科学文化素质和思想道德水平，在全社会形成人人向上、奋发有为的良好道德风尚。邓小平"四有新人"理论继承和发展了马克思的全面发展学说和毛泽东的德智体全面发展理论，彰显了以人为本的教育目标，对我们当下研究思想政治教育文化属性奠定了重要的基础。

三、江泽民关于思想政治教育文化属性的相关理论

以江泽民为核心的中央领导集体根据新的实践发展要求，继承和发扬我们党思想政治教育的优良传统。在马克思主义的指导下，创造性提出了中国共产党要始终代表中国先进文化的前进方向。他说："党的思想政治工作，从根本上说就是做人的工作，做群众的工作，涉及人民的思想、观念、意识等领域，也就是人民的精神生活。"③ 体现了他提倡在思想政治教育过程中要尊重人的本性的思想，用文化的方式去沟通、

---

① 邓小平．邓小平文选：第二卷［M］．北京：人民出版社，1993：208.

② 邓小平．邓小平文选：第三卷［M］．北京：人民出版社，1993：110.

③ 江泽民．论"三个代表"［M］．北京：中央文献出版社，2001：53.

理解、关心受教育者，特别关心受教育者的精神生活和人生境界。江泽民在十六大报告中强调，建设社会主义文化、精神文明与全面建设小康是统一的。他还强调要牢牢把握先进文化的前进方向，坚决抵制腐朽落后文化。江泽民秉承了我们党关于文化方面的态度，充分体现出中国共产党人高度的文化自觉和文化自信。江泽民同志在中央军委扩大会议上讲道："贫穷不是社会主义，精神生活空虚，社会风气败坏，也不是社会主义。"① 这充分体现了物质和精神要相结合。不仅要发展物质生活、经济生活、政治生活，也要发展精神生活、文化生活。他还提出依法治国应与以德治国相结合，他指出，"法治属于政治建设、属于政治文明，德治属于思想建设、属于精神文明。我们要把法制建设与道德建设紧密结合起来，把依法治国与以德治国紧密结合起来"②。社会主义建设过程中法治与德治要相结合，思想政治教育过程中，政治教育与文化教育也要相结合。江泽民的这些思想都表现出他高度的文化自觉和文化自信，对当前研究思想政治教育的文化属性具有重要指导作用。

四、胡锦涛关于思想政治教育文化属性的相关理论

党的十六大以后，以胡锦涛同志为核心的党中央，高举中国特色社会主义伟大旗帜，立足中国特色社会主义发展实际，提出了以"以人为本"为主旨的科学发展观。以人为本不仅是科学发展观的本质与核心内容，更是思想政治教育过程中必须奉行的教育理念与教育宗旨。"所谓以人为本，就是社会的一切发展既依赖于人的发展，又为了人的

① 中共中央政策研究室综合组．社会主义精神文明建设的理论与实践：学习贯彻党的十四届六中全会决议辅助读本［M］．北京：人民出版社，1996：33.

② 江泽民．江泽民文选：第三卷［M］．北京：人民出版社，2006：200.

发展，人既是发展的手段，又是发展的目的。”① 研究思想政治教育文化属性更多的是关注受教育者的综合发展。思想政治教育的过程中既要对受教育者进行有目的、有计划、有组织的教育，还要关注人性、尊重人性，关心人的身心健康。胡锦涛的“以人为本”理念，从理论上确定了思想政治教育的基础，奠定了人本思想，体现了中国共产党人的文化自觉自信；从实践上指明了思想政治教育发展的方向，体现了中国共产党人的实践自觉性。2006 年党的十六届六中全会指出，构建社会主义和谐社会，“必须坚持以人为本。始终把最广大人民的根本利益作为党和国家一切工作的出发点和落脚点，实现好、维护好、发展好最广大人民的根本利益，不断满足人民日益增长的物质文化需要，做到了发展为了人民、发展依靠人民、发展成果由人民共享，促进人的全面发展”②。进一步强调了以人为本的理念，并坚持要在一切工作中，思想政治教育工作中更要坚持以人为本，充分发挥人们的积极性和主观能动性，调动人们的文化自觉意识，让人们自愿自主参与到思想政治教育过程中。

五、习近平关于思想政治教育文化属性的相关重要论述

中国特色社会主义进入新时代，社会主义文化建设开启新征程，思想政治教育工作面临新任务和新挑战。习近平总书记勇立时代潮头，把握时代发展脉搏的律动，在系列重要讲话中强调要坚定文化自信、建设社会主义文化强国，创新性提出许多思想政治教育的新观点、新论断，

① 雷骥．现代思想政治教育的人性基础研究［M］．北京：人民出版社，2008：83.

② 中共中央关于构建社会主义和谐社会若干重大问题的决定［N］．人民日报，2006-10-19（1）．

确立了“以文化人”“立德树人”的培育时代新人的方法论，丰富和发展了马克思主义关于人的发展理论。习近平总书记的相关论述，是新时代加强思想政治教育文化属性研究的重要指南。

（一）习近平关于社会主义文化建设重要论述的时代背景

中国特色社会主义新时代，我国的综合国力显著增强，国际地位显著提高。中国的世界影响力与日俱增，国际话语权的地位也越来越高。中国对世界经济发展的贡献日益增强，对国际话语资源的贡献也越来越大。我们有足够的实力发扬中华文化，诉说中国故事，发表中国声音，展现中华文化巨大的信服力和感召力。

必须警醒的是，我国的快速崛起和巨大发展引起了外国势力的恐慌与敌视，一些西方资本主义国家向我国实施西方文化输入和价值观渗透，企图控制我国文化领域，给我国带来了意识形态领域的严峻挑战，对我国文化安全构成威胁。近几年才揭秘的美国对中国的《十条诫令》中就提到，尽量用物质来引诱和败坏他们的青年，鼓励他们藐视、鄙视、进一步公开反对他们原来所接受的思想教育，特别是共产主义。他们要利用各种手段和资源破坏我们的传统道德观念，瓦解我们吃苦耐劳的精神。可见，西方资本主义入侵我国意识形态领域的意图十分明显。对此，以习近平同志为核心的党中央集体以高度的历史责任感和使命感带领中国人民坚守我国意识形态阵地，维护中国话语体系，同时传播和弘扬中国声音，提出了一系列有助于促进文化发展、彰显文化自信的论断。

在当代多元文化下充斥着各种思潮，一部分人在多元思潮中思想受到冲击，感到困惑并产生了意识迷茫，甚至思想出现偏差，导致了一些价值观的迷失和品德下滑，引发了道德危机，需要正确的澄清和引导。

充分发挥文化的教化育人功能，是引领人们拨开思想迷雾，凝聚思想共识，统一思想基础，坚定文化自信的必然之举。正是在这样的背景条件下，习近平“以文化人”“文化自信”等论述应运而生。

（二）习近平关于在思想政治教育工作中发挥文化重要性的相关重要论述

2013年12月30日，习近平总书记在主持十八届中央政治局第十二次集体学习时就讲到“要以理服人，以文服人，以德服人，提高对外文化交流水平，完善人文交流机制”①，虽然没有明确表述“以文化人”这个概念，但这个时候已经出现“以文化人”思想的萌芽。2014年2月，习近平总书记讲到“努力用中华民族创造的一切精神财富来以文化人，以文育人”②。至此，习近平总书记正式提出“以文化人”这一命题。而后，习近平总书记发表了一系列有关“以文化人”“文化自信”的观点。2014年9月24日，习近平在纪念孔子诞辰2565周年大会上讲到“努力实现传统文化的创造性转化、创新性发展，使之与现实文化相融相通，共同服务以文化人的时代任务”③。习近平把“以文化人”上升到了时代任务，充分肯定了“以文化人”的重要性，明确了新时代我国文化建设的使命和任务。2014年10月，习近平总书记指出：“文化是民族生存和发展的重要力量。人类社会每一次跃进，人类文明每一次升华，无不伴随着文化的历史性进步。”④ 同时，习近平总书记还列举了许多国外经典案例来说明“以文化人”在世界历史上的

---

① 习近平．习近平谈治国理政：第一卷［M］．北京：外文出版社，2014：161.

② 习近平．习近平谈治国理政：第一卷［M］．北京：外文出版社，2014：164.

③ 习近平．习近平谈治国理政：第二卷［M］．北京：外文出版社，2017：313.

④ 习近平．在文艺工作座谈会上的讲话［N］．人民日报，2015-10-15（2）.

存在和积极影响，他明确指出“人类文明是由世界各国各民族共同创造的”①，谈到了古希腊的文明，俄罗斯、法国、英国、德国、美国的许多文学大师等“世界文明瑰宝比比皆是”②。一个时期的文化可以吹响时代的号角，习近平列举了欧洲文艺复兴运动中的一些文艺巨人，发出了新时代的声音，打开了人们的心灵之窗。习近平总书记还真诚地讲述了自己的亲身经历，让人们体会到了文化的伟大力量，从学习这些文学作品中感悟到了生活的真谛。同时还提到“古往今来，中华民族之所以在世界有地位、有影响，不是靠穷兵黩武，不是靠对外扩张，而是靠中华文化的强大感召力和吸引力。我们的先人早就认识到‘远人不服，则修文德以来之’的道理。阐释中华民族禀赋、中华民族特点、中华民族精神，以德服人、以文化人是其中很重要的一个方面”③。这句话不仅说明了我国在历史发展中就十分注重“以文化人”，“以文化人”是我国优秀的传统，还强调了“以文化人”在社会历史发展进程中起到的重要作用。2015 年 2 月 28 日，习近平总书记讲到“大力弘扬中华优秀传统文化，大力加强党风政风、社风家风建设，特别是要让中华民族文化基因在广大青少年心中生根发芽”④。习近平总书记再次强调文化的重要作用，要让优秀文化深入人心。2016 年 5 月 17 日，习近平总书记在哲学社会科学工作座谈会上又提到中华优秀传统文化是中国特色哲学社会科学应该具有的重要特点，提出要坚定文化自信，要利用文化的力量来发展哲学社会科学理论。2016 年 11 月，习近平总书记在中国文学艺术界联合会第十次全国代表大会开幕式上提出要有高度的文

① 习近平．在文艺工作座谈会上的讲话［N］．人民日报，2015-10-15（2）．
② 习近平．在文艺工作座谈会上的讲话［N］．人民日报，2015-10-15（2）．
③ 习近平．在文艺工作座谈会上的讲话［N］．人民日报，2015-10-15（2）．
④ 习近平．习近平谈治国理政：第二卷［M］．北京：外文出版社，2017：324.

化自信，讲到“希望大家坚定文化自信，用文艺振奋民族精神”①。习近平总书记再次强调“以文化人”的作用，要善于吸取文化中的能量来完善自身。2016年12月，习近平总书记明确强调文化的作用，指出“以文化人”对高校思想政治工作的重要性，他讲到要注重文化潜移默化的隐性教育，实现“如入芝兰之室，久而自芳”的效果。习近平引用古代经典词句指出思想政治工作要注重发挥文化的潜移默化的效果。2017年10月18日，习近平总书记在十九大报告中多次谈到文化，强调了文化自信的深刻内涵，进一步明确了新时代文化建设的定位、目标、着力点和要求。2019年3月18日，习近平总书记在学校思想政治理论课教师座谈会上强调要把立德树人当作思想政治教育的中心环节，进一步强调要以文化人，用习近平新时代中国特色社会主义思想铸魂育人。2023年6月2日，习近平总书记在文化传承发展座谈会上提出“建设中华民族现代文明”的重大时代课题，指明我们在新时代新的文化使命。在五千多年中华文明深厚的基础上开辟和发展中国特色社会主义，把马克思主义基本原理同中国具体实际、中华优秀传统文化相结合是必由之路。

（三）习近平“以文化人”等重要论述的时代价值

1. 有助于从文化的角度考查受教育者

习近平文化思想启示我们在研究思想政治教育文化属性时，教育者要丰富自身的文化涵养，提高文化决断力，从文化的视角考查受教育者，使受教育者在原有文化延续的基础上接受新鲜文化。教育者要了解受教育者自身熟悉的文化环境和文化方式，在引导和塑造受教育者的同

---

① 习近平．习近平谈治国理政：第二卷［M］．北京：外文出版社，2017：349.

时要重视与其产生共鸣，激发受教育者自身的积极主动性，使受教育者从被动转向主动，从而提升思想政治教育文化属性的含量。

2. 有助于以文化的方式塑造受教育者

在新时代的条件下，过去传统单一的灌输式教育方式已经无法满足受教育者的要求，成了思想政治教育发展的羁绊，束缚了思想政治教育的发展。当今受教育者的个性鲜明，独立自主性显著增强，必须创新思想政治教育的方式方法。在“以文化人”思想的启示下，思想政治教育过程中应增加文化的方式，体现人文情怀，通过文化的手段增加感染力，发挥文化潜移默化的功能来实现对受教育者的思想改造，让思想政治教育在悄无声息中发挥作用。在优秀文化的熏陶下，把文学艺术等形式融入思想政治教育的过程，做到寓教于乐，以理服人、以情动人，增强受教育者对思想政治教育的认同感和获得感。

3. 有助于发挥思想政治教育的文化功能

在“以文化人”思想的影响下，我们要尽可能地发挥思想政治教育的文化功能，思想政治教育不再是单单培养思想政治态度端正单一的人，还应培养思想、道德、文化等多方面合格优秀的全面发展的人。在思想政治教育过程中，注重文化属性的彰显，充分强调人文关怀，发掘文化对受教育者人格塑造、思想提升、道德培育的潜力，使受教育者综合素养不断得到提升。

第三节 中华优秀传统文化中的人文教育思想与借鉴

“中国特色社会主义文化源自于中华民族五千多年文明历史所孕育

的中华优秀传统文化，熔铸于党领导人民在革命、建设、改革中创造的革命文化和社会主义先进文化，植根于中国特色社会主义伟大实践。”①中华优秀传统文化历史悠久，博大精深，具有辉煌灿烂的成就，是中华民族应该坚定传承和大力弘扬的宝贵精神财富。中华优秀传统文化中蕴含着丰富的以文化人、以文育人的思想理念，奠定了本研究的文化底蕴，丰富了本研究的文化教化方法。

一、中华优秀传统文化中的人文教育思想

中华文化在遭遇多次外敌入侵、改朝换代中，经历了复杂的社会变迁、历史沉浮和兴衰成败，与各种文化的冲突和融合过程中历练出的哲学思想、政治观念、道德理念和精神生活等优秀的文化基因仍然保持着自身的完整性和延续性。华夏文明是唯一经历过五千年沧桑岁月仍延绵不绝的，相比人类历史上其他辉煌灿烂的如苏美尔文明、古埃及文明、古巴比伦文明、古印度文明、古希腊文明等，虽然没有一帆风顺，并充满了荆棘与坎坷，但是总能凤凰涅槃、浴火重生。西周时期，周文王姬昌就提出了“观乎人文，以化成天下”② 的观点，其中不乏以文化人的意思。从我国古代儒家文化思想到近代的新文化运动，再到现代的“坚定社会主义文化自信、建设社会主义文化强国”，中国文化思想不断发展演进，可供研究思想政治教育文化属性的资源日益丰富，其重要性也日益彰显。特别是党的十九大以来，思想政治教育的文化属性得到进一步关注，在教育方面更加关注呈现文化意蕴的内容，注重发掘文化

① 党的十九大报告辅导读本［M］. 北京：人民出版社，2017：40.

② 《易学百科全书》编辑委员会. 易学百科全书［M］. 上海：上海辞书出版社，2018：213.

资源，运用文化载体与文化方法，重视改善文化环境等，极大地增强了思想政治教育的实效性。

（一）春秋战国时期有代表性的人文教育思想

从我国人文教育思想发展史来看，古代思想家们提到“传道”“教化”等词语，我们总体概括为“人文教育”思想，其指向都是提高人的思想水平、道德水平、政治觉悟，与现代思想政治教育的实践方向一致。从先秦时期的诸子百家开始，随着每一个历史朝代的更替，都会出现具有代表性的学者提出丰富的人文教育内容，也会产生不同的思想理论流派。探究中国古代思想人文教育史，挖掘蕴含人文教育中的丰富的文化资源和文化遗产，能够为当下思想政治教育文化属性的研究提供历史借鉴。

1. 儒家的人文教育思想

（1）孔子的人文教育思想

孔子的人文教育思想理念和方法对世人产生了非常深刻的影响。孔子的人文教育理念是一种充满人文关怀的思想，体现了在育人方面的文化理念，逐步形成具有民族特色的人文教育理念。孔子十分注重关心每个人的内心世界，强调在社会生活中要积累道德。孔子认为人文教育的主要方法是要充分发挥人的内在自觉性，要做到自省、慎独、自我修养、自我反思。

孔子重视人格魅力的作用，经常用人格来感化别人，通过自己的行为举止，来引导和激励学生，从而达到潜移默化的人文教育效果。“君子之德风，小人之德草。草上之风，必偃”① 表明具有高尚道德情操的君子如风，感化力量很强大，一般人的品行如草，风在草上，草势必会

① 南怀瑾. 论语中的名言［M］. 上海：上海人民出版社，2014：90.

随风而倒，强调了榜样的力量是非常强大的。

孔子还倡导推己及人，即要设身处地地为别人着想，注重发展道德的自觉性。孔子还认为要激发学生的道德情感必须从改变情绪和陶冶心灵出发，仅有道德认知是不够的，具备道德情感和一定的道德认知才能形成稳定的道德品质。因此，孔子十分重视学生道德品质的养成。“君子无终食之间违仁，造次必于是，颠沛必于是”① 说的就是品行高尚的人在任何时候都要与道德情感同在。说明孔子强调要不断巩固和增强个人高尚的道德品行。孔子把对人的道德培养看成一个循序渐进的过程，主张要用发展的眼光看待人的道德教育。不同年龄阶段的教育，讲究因材施教、因地制宜。人达到君子和圣人的人格是教育的根本目标，也是教育的最高境界。孔子伟大的人格魅力受到大家的一致好评和钦佩。“仰之弥高，钻之弥坚，瞻之在前，忽焉在后。夫子循循然善诱人，博我以文，约我以礼，欲罢不能。”② 孔子的弟子颜渊这样感叹道。“无以为也！仲尼不可毁也。他人之贤者，丘陵也，犹可逾也；仲尼，日月也，无得而逾焉。人虽欲自绝，其何伤于日月乎？多见其不知量也。”③ 子贡认为孔子无能超越，把其比作太阳和月亮的光辉，十分敬仰孔子。

（2）孟子的人文教育思想

孟子认为人天生就是善良的，每个人的内心深处都有与生俱来的善，这种善的萌芽是人的本性和天赋，他写道：“人性之善也，犹水之就下也。人无有不善，水无有不下。”④ 孟子认为人的善良本性犹如水流朝向低处一样，人的本性没有不善良的，就像水没有不向低处的一

---

① 孔祥瑞．论语译注［M］．上海：上海社会科学院出版社，2020：71.
② 谢无量．孔子研究［M］．北京：北京理工大学出版社，2020：125.
③ 杨伯峻，杨逢彬．论语［M］．长沙：岳麓书社，2020：191.
④ 陈皓月．儒魂［M］．北京：人民东方出版传媒有限公司，2021：171.

样。孟子认为人的这种“性本善”是人区别于动物的本质特征，这也是孟子人文教育理论的基础。

孟子认为人之所以“性本善”是因为人有“四端”。“四端”人皆有之，如果没有“四端”就不能算作是人。孟子的“四端”理论是对儒家仁政学说的一种新发展，他指出“无恻隐之心，非人也；无羞恶之心，非人也；无辞让之心，非人也；无是非之心，非人也。恻隐之心，仁之端也；羞恶之心，义之端也；辞让之心，礼之端也；是非之心，智之端也。人之有是四端也，犹其有四体也”[①]。“四心”就是“四端”，也就是“仁义礼智”的萌芽阶段。有了善的萌芽，还必须进一步发展，才能表现为具体的善的德行。充实发展自己的“四端”，品行就会像熊熊燃烧的火焰一样光彩照人。孟子认为，人本身具有这些善良的品性，所以一些仁、义、礼、智等道德准不是外部强加于人的，而是人心固有的，自发出来的。孟子的“性善论”闪烁着文化自觉、文化自信的光辉，这也为孟子的人文教育理论提供了充分的内在依据和坚定的精神信仰。

孟子推崇“仁义”，主张“仁政”，这也是他道德教育和政治思想的核心。孟子常常将“仁义”并举，说道“人之所以异于禽兽者几希，庶民去之，君子存之。舜明于庶物，察于人伦，由仁义之行，非行仁义也”[②]。意思是人与禽兽的根本区别就只有一点，就是能否明白事情的道理，明察人伦关系，能否遵从内心按照仁义道德规范做事，而不是勉强的在表面上实行仁义之道。政治上，孟子反对暴政，提倡“以民为

① 天宜．孟子浅释［M］．济南：齐鲁书社，2013：90.
② 天宜．孟子浅释［M］．济南：齐鲁书社，2013：221.

本"，提出"民为贵，社稷次之，君为轻"①。可见，千年前孟子的观念与当代道德和民主观念不谋而合，这恰恰也是中华文明精髓的重要体现。

（3）荀子的人文教育思想

荀子是战国后期著名的儒家代表人物。虽然荀子继承了儒家思想观点，但是在人文教育方面又有其独到而深入的见解。荀子十分重视道德教化，他的人文教育思想的核心是"礼义"。荀子花了大量的篇幅讲礼的重要性，他认为对国家来说，"礼义"是治国安邦的重要保证；对社会来说，"礼义"是一种最高的社会道德准则；对个人来讲，"礼义"是个人追求的人格理想。荀子的人文教育思想不仅体现了丰富的政治内涵，还体现了社会功能和育人功能。荀子这样讲道："礼者，治辩之极也，强固之本也，威行之道也。功名之总也。"② 礼是分辨治理的至高顶点，是强大国家的根本，是威震天下的道法。"礼者，政之挽也。为政不以礼，政不行矣。"③ 礼是政治的指导原则，治国理政不按照礼义行事，政策就实行不通。"礼者，人道之极也。"④ 礼是做人的头等大事。荀子主张的"性恶论"是荀子人文教育思想的理论基础。荀子认为人性本恶，所以要实行人文教育，通过礼义道德教化人们，将人们的恶转化为善。荀子说："性也者，吾所不能为也，然而可化也。"⑤ 荀子还非常重视教育者的行为方式，重视其潜移默化的榜样作用。"得贤师而事之，则所闻者尧、舜、禹、汤之道也；得良友而友之，则所见者

---

① 天宜．孟子浅释［M］．济南：齐鲁书社，2013：420.
② 郭志坤．荀学论稿［M］．上海：生活·读书·新知三联书店上海分店，1991：131.
③ 刘延福．荀子研究［M］．济南：山东大学出版社，2017：196.
④ 廖名春．走近荀子［M］．济南：济南出版社，2020：98.
⑤ 廖名春．走近荀子［M］．济南：济南出版社，2020：79.

忠、信、敬、让之行也。”[①] 荀子认为得到了贤能的老师并且和他共事，所听到的就是尧、舜、禹、汤的正道；和品质优良的人交往，所看到的就是忠诚、诚信、恭敬、谦让的行为。荀子不仅承接了孔孟之道，而且还发展创新了儒家思想，具有综合创新的特点。

2. 墨家的人文教育思想

墨家思想代表了广大平民的利益，有着独特的风格。墨家的人文教育思想有一定的研究价值，对我们研究思想政治教育文化属性也有一定的启发。墨子人文教育思想的理想境界是“兼相爱，交相利”。墨子认为天下百姓不分亲疏、贵贱、贫富，人人都要相亲相爱，互相帮助，彼此有利，形成良好的社会氛围。墨子的这种人文教育思想体现了对人性的关怀和尊重，体现了人文主义精神的思想，对塑造当代人文主义精神提供了重要的资源。

3. 道家的人文教育思想

道家学派的创始人老子有自己独特的思想观点，其人文教育思想对当今思想政治教育的文化属性研究有着深刻的启迪。老子十分注重道德修养，“尊道贵德”是老子人文教育思想的基本理念，倡导“清静无为”。人文教育方面，老子提倡要顺应自然，不要过多强迫的训导与灌输。强作妄为、耳提面命并不一定能取得好的教育效果。教学相长、寓教于生活才是积极主动的教育。老子这样说道：“处无为之事，行不言之教。”[②] 老子认为潜移默化的作用很重要，这样才能让万物自由自在生长，发挥各自的特长和优势。“我无为而民自化，我好静而民自正。

① 荀况．荀子：精解典藏版［M］．张峰屹，校注．北京：中国三峡出版社，2009：286.

② 蔡希勤．老子说［M］．北京：华语教学出版社，2006：105.

我无事而民自富，我无欲而民自朴。”① 万事万物自由自在地发挥各自的特长和优势，不要过多干预生长，才能最终达到“无不为”的人文教育最高境界。在人文教育方法方面，老子提倡“行不言之教”，指的是从事道德教育的人，应该用一种潜移默化的方式引导受教育者，使其耳濡目染地受到教育者的熏陶，逐步确立道德意识并养成道德行为。老子的这种人文教育观念和人文教育方式对当下我们研究“以文化人”，思想政治教育的文化属性有一定的借鉴意义。

（二）汉唐时期有代表性的人文教育思想

汉代第一位倡导教化的思想家陆贾，也是首位提出要复兴儒学的政治家。他的思想体现出与儒家思想相融合的倾向。陆贾继承了先秦儒家“以民为本”的教化思想，强调国家应该树立起道德至上的观念。在政治教育方面，陆贾认为必须对百姓进行教化，强调人文教育的政治功能，他说：“曾、闵之孝，夷、齐之廉，岂畏死而为之哉？教化之所致也。故尧、舜之民，可比屋而封，桀、纣之民，可比屋而诛，何者？教化使然也。”② 君王的德行教化好，百姓也是风俗淳朴道德高尚。夏桀商纣时期所统治下的人民正是截然相反的。

汉代杰出的思想家贾谊，也是与陆贾齐名的儒家思想的代表。贾谊的思想主张和陆贾相似，也指出必须以仁义、德政来治理天下。他认为在治理国家和处理社会事务时，充分发挥强制力手段的同时必须高度重视人文教育教化，争取人民的拥护，赢得民心，国家才安全。“汤武置天下于仁义礼乐，而德泽洽，禽兽草木广裕，德被蛮貊四夷，累子孙数十世，此天下所共闻也。秦王置天下于法令刑罚，德泽亡一有，而怨毒

① 徐山．老子原义［M］．济南：齐鲁书社，2021：68.

② 万里，刘范弟．舜帝历史文献选编［M］．长沙：湖南大学出版社，2011：386.

盈于世，下憎恶之如仇，祸几及身，子孙诛绝，此天下之所共见也。"①商汤王、周武王把天下安置在仁、义、礼、乐之上，因而恩德滋润天下，禽兽蔓延，草木富饶，四方蛮夷都受到恩惠，王位留传子孙数十代，这是人所共知的。秦始皇把国家安置于法令、刑罚之上，德和恩没有一样，因而怨恨充斥天下，百姓憎恶他如同对待仇敌一样，几乎祸及自身，子孙被灭绝，这是天下人有目共睹的。贾谊十分重视对人民的教化。他认为，在处理社会矛盾，解决社会问题的时候，礼义与法令、人文教育教化与刑罚处置二者必须相互配合，缺一不可。他还提出："教者，政之本也。道者，教之本也。有道，然后教也。有教，然后政治也。"② 贾谊认为教化是政治之根本，道德是教育之根本。

西汉著名哲学家董仲舒，创立了汉代新儒学。他广泛吸收各家思想，融各家学说于一体，确立儒家学说为主导地位，重视人文教育，形成包容、进取的特色，为汉朝盛世奠定了坚实的理论基础。董仲舒强调必须对人民进行教化，才能引导人民性情向善。董仲舒把"教化成性"作为君主治国安民的根本，认为"教化"是仁政、德治的必经之路，他说："凡以教化不立而万民不正也。夫万民之从利也，如水之走下，不以教化堤防之，不能止也。故教化立而奸邪皆止者，其堤防完也；教化废而奸邪并出，刑罚不能胜者，其堤防坏也。古之王者明于此，故南面而治天下，莫不以教化为大务：立大学以教于国，设庠序以化于邑，渐民以仁，摩民以义，节民以礼，故刑罚轻而不犯者，教化行而习俗美也。"③ 董仲舒强调教育的力量，要通过教化来安定社会民众，百姓才

① 林聪舜．儒学与汉帝国意识形态［M］．上海：上海人民出版社，2017：120.
② 李英华．中国古代政教思想及其制度研究：上［M］．北京：九州出版社，2022：6.
③ 刘江，查谱华．资治通鉴精读［M］．上海：上海教育出版社，2021：111.

能心悦诚服地遵守封建社会的伦理道德。他还主张君主治国应该重教化、轻刑罚，德刑兼备，引导百姓向善向上，塑造高尚德行伦理。

唐宋八大家之一的柳宗元是唐代著名的思想家、文学家。仕途曲折的他留下了丰富的思想观念，其中人文教育思想很具有代表性，令人深思。柳宗元承袭儒家之道，强调人文教育在教育中的首要地位。他认为君子应该提高道德修养，扩大功业建树，这才是学习的根本。学习知识是为人文教育服务的。“君子学以植其志，信以笃其道。”① 通过学习树立自己的志向，以诚信认真履行自己的思想观念。在人文教育方法上，柳宗元提倡自然主义教育法则，反对抹杀事物特性的行为，他认为万事万物都有其自身的发展规律，顺应规律才能正常生长，违反其内在法则就会妨碍生长发展，人的成长发展也是这样。柳宗元认为在教育的过程中，不能强迫灌输，不能束缚其发展，应该自主发展。

（三）宋元明清时期有代表性的人文教育思想

宋明时期主要的教育思想是“程朱理学”。明代中期，程朱理学教育的对立面，以王守仁为代表的心学教育思想崛起。相较于理学的“存天理、灭人欲”等观点，心学教育更加人性化。王守仁是明代著名的教育家、哲学家，提倡“知行合一”，认为道德知识和道德行为要保持严格一致。重视人的主观情感、思想观念。教育内容上，主张学习内容不在多，而在精，并提倡结合不同学生的特点，因材施教。教育方式上，王守仁主张顺应人的成长规律，反对理学的违背人们自然天性的刻板教育。在教育的考核方式上，王守仁注重情感体验，通过设定情境，将学生所学的知识运用到模拟的情境中，不只看成绩，还十分看重平时

① 余冠英，周振甫，启功，等．唐宋八大家全集·柳宗元集［M］．北京：国际文化出版公司，1997：353.

的行为。

（四）近代封建社会转型时期有代表性的人文教育思想

近代中国灾难深重。从 1840 年的鸦片战争到 1919 年的五四运动，经历了太平天国、洋务运动、维新变法、辛亥革命、新文化运动等重大运动和变革。近代的中国社会动荡不安，矛盾重重，内忧外患，民不聊生，人民处于水深火热之中。动荡不安的社会现实，导致思想领域也是异常活跃，一系列的社会思潮竞相迸发。随着这一系列救亡图存革命的深入，越来越多的人意识到这 80 年来的国家危机，根本原因在于文化问题。从 1919 年五四运动到 1949 年新中国成立，中国共产党人在各种社会文化思潮的激烈逐鹿中，最终选择了马克思主义。其间革命和战争中的文化思想闪烁着思想政治教育文化属性的光辉。

1. 鸦片战争至五四运动时期的文化救国思想

鸦片战争一声炮响，开启了中国近代文明。在发达国家的枪林弹雨中，民族和国家临近灭亡的边缘，国家各个阶级带着各自的文化思潮开始表达自己的价值诉求。农民阶级带着封建文化掀起了轰轰烈烈的太平天国运动，太平天国的领导人洪秀全提倡一种完全不现实的“平均主义”理想国家，最后由于受到农民阶级的局限性和各种现实原因的制约，这场规模巨大、波澜壮阔的一次伟大的反封建反侵略的农民运动还是失败了。鸦片战争期间清政府官员开始抛弃骄傲自大的陈旧观念，看到了西方列强的坚船利炮和军事技术的力量，发起了学习西方文化与科学技术的先声，提出了“师夷长技以制夷”等思想。第二次鸦片战争以后，以曾国藩、李鸿章、左宗棠、张之洞等为代表的清政府官员发动了“自强求富”的洋务运动，他们继承了“师夷长技以制夷”的思想并发展为“师夷长技以自强”作为指导思想，并付诸实践，大肆引进西方先进技术，大规模建立军事工业，创办北洋海军等。但甲午海战的失败终结了洋务运动的救国之路，此后，民族危机继续深化，进而以康有为、梁启超、严复等人开展的维新变法运动在全国开展，代表民族资产阶级的改良派，试图效仿日本明治维新，实行“君主立宪制”，要形成一个人人平等、自由、自主的大同社会，树立国家意识，改变国家现状等启蒙思想。由于资产阶级的力量过于弱小，且具有软弱性，这些思想虽然具有进步意义，但终究无法与封建帝制所抗衡，仅维持了 103 天就失败了。辛亥革命推翻了几千年的封建帝制，开创了全新意义上的近代民族民主革命，实现了中华民族思想解放，孙中山先生试图通过三民主义的实施达到“人能尽其才，地能尽其利，物能尽其用，货能畅其流”①，但是结果却被袁世凯夺取，并没有改变落后的社会，中国没有走向富强独立的道路。辛亥革命直接影响了马克思主义中国化的历史进程，一大批进步人士掀起了新文化运动。新文化运动由陈独秀创办的《新青年》发起，运动初期高举民主与科学的大旗，宣传资产阶级民主思想，同封建迷信专制思想展开激烈的斗争。代表人物除了陈独秀，还有李大钊、蔡元培、胡适、鲁迅等人。新文化运动初期的基本内容是四个提倡和四个反对：提倡民主和科学，反对专制和迷信；提倡个性解放，反对封建礼教；提倡新道德，反对旧道德；提倡新文化，反对旧文化。蔡元培指出：“凡一种社会，必先有良好的小部分，然后能集成良好的大团体。所以要有良好的社会，必先有良好的个人，要有良好的个

---

① 广东省社会科学院历史研究室，中国社会科学院近代史研究所中华民国史研究室，中山大学历史系孙中山研究室．孙中山全集：第一卷［M］．北京：中华书局，1981：17.

人，就要先有良好的教育。”① 这一思想透露了他教育救国的主张。而后蔡元培从“养成共和国民健全之人格”的角度出发，提出了军国民教育、实利主义教育、公民道德教育、世界观教育和美感教育“五育并举”的教育方针。这是民国教育史上第一个完整的民主主义的教育方针。陈独秀还要求废除封建思想的落后礼仪和伦理，建立自由、平等独立的新伦理。在教育问题方面，陈独秀认为教育有狭义和广义之分，“自狭义言之，乃学校师弟之所授受；自广义言之，凡伟人、大哲之所遗传，书籍、报章之所论列，家庭之所教导，交游、娱乐之所观感，皆教育也”②。陈独秀认为狭义的教育出自学校教育，广义的教育包括哲学家等历史伟人遗留的文明成果，书籍报刊上所列的言论，家庭教育，休息娱乐之余的所观所想等。这一论点彰显了教育的文化属性。陈独秀一些教育方法也十分值得我们学习，比如，他提出中国教育应该向西洋教育学习，“一是自动的而非被动的教育，是启发的而非灌输的教育；二是世俗的而非神圣的教育，是直观的而非幻想的教育；三是全身的而非单独脑部的教育，共和国民主教育必须取法西洋”③。陈独秀反对被动的、灌输的教育，强调全面教育等思想对我们研究思想政治教育的文化属性具有重要启发。新文化运动的前期阶段动摇了封建思想的地位，为后来五四运动传播马克思主义思想奠定了基础。

2. 五四运动后至新中国成立时期的革命文化思想

五四运动后，中国社会迎来了马克思主义的春风，新文化运动也发

① 中国蔡元培研究会．蔡元培全集：第四卷［M］．杭州：浙江教育出版社，1997：291.

② 陈独秀文章选编：上册［M］．北京：生活·读书·新知三联书店，1984：84.

③ 黄宝春．陈独秀的教育方针思想论述［J］．浙江工业大学学报（社会科学版），2010，9（3）：260-263.

生了根本性的变化，新文化运动的性质由一个资产阶级文化革命变成了宣传马克思主义的运动。李大钊和陈独秀二人成为中国共产党的主要创始人。新文化运动的营垒也发生了分裂，马克思主义派的李大钊与反马克思主义派的胡适的“问题与主义”之争，进一步扩大了马克思主义在社会上的影响，吸引了很多青年知识分子，这对当时马克思主义者产生了重大的启发，使早期马克思主义者更加坚定只有马克思主义才能救中国，大批青年知识分子开始走上马克思主义的道路。李大钊认为祖国的青年是国家的灵魂、民族的未来，因此他十分重视青年教育的问题。青年的思想政治教育关乎着国家与民族的命运和前途，他提出：“国家不可一日无青年，青年不可一日无觉醒，青春中华之克创造与否，当于青年之觉醒与否卜之。”① 表达了他对青年知识分子无限的期望。

中国共产党成立初期，我国处于半殖民地半封建社会，中华民族当时面临的主要任务是实现民族独立和人民解放。中国共产党的思想政治教育工作的重点是宣传理论，组织工人，提高政治觉悟。主要有出版印发刊物，进行通俗的马克思主义的宣传；创办书社和社团，出售书刊和组织建党建团实践活动；开办文化补习学校，启发工人思想阶级觉悟；组织工人，成立工会组织等活动。

土地革命时期，为了挽救大革命的失败，发动南昌起义，打响了武装反抗国民党的第一枪。朱德率先带领起义军进入赣南山区，由于条件十分艰苦，朱德针对一些人破坏军纪、抢劫民财的现象，进行思想和纪律的整顿。随后，毛泽东发动了秋收起义，其间进行三湾改编，整顿组织，端正思想，破除军阀作风，开辟农村革命根据地，开展宣传教育等，确立了党对军队的绝对领导。古田会议中，毛泽东提出“政治工

① 中国李大钊研究会．李大钊全集：第一卷［M］．北京：人民出版社，2006：167.

作是红军的生命线”著名论断。而后在长征时期，为了纠正王明的“左”倾错误，振奋精神和鼓舞军队的斗志，采取了多种教育方式，比如，树立榜样，模范教育；发行红色刊物、编歌曲等一些红色文化产品；进行演讲、演出等红色文化活动；还有进行心理疏导；等等。

抗日战争时期，针对团结一致抗战的实际情况，思想政治教育方面也进行了一定的调整。主要是开展全方位的团结教育的工作，展现中国共产党的政治宣传。其中延安整风运动是中国共产党党内第一次大规模地运用马克思主义教育武装自身的思想运动。整风运动主要针对党的学风、党风和文风。此次整风运动不再是少数高级干部的学习，而是全党全范围的学习。政治路线由以学习为主转变为以思想方法和工作作风为主。延安整风运动全面加强了党员的党性修养，强化了党员的无产阶级意识，提升了党员运用马克思主义的立场、观点和方法去看待和解决问题的能力，提高了党员的思想意识和道德品质的修养以及艰苦奋斗的工作作风修养等。整风运动在方法上不再是单一的强制灌输，而是结合说服教育，用感化人、感染人的方式进行工作，这点彰显了思想政治教育文化属性。整风运动进入群众当中，走群众路线，深入基层，以身示范。整风运动采取“治病救人”的方针政策，既要弄清问题，又要团结同志。

解放战争时期，我们党的思想政治工作是团结各个阶层一切可以团结的力量争取作战。在农村中，为了动员农民阶级参与土地改革、支援前线，主要通过宣传教育，贴标语、发布告，开群众性大会，来提高农民的思想觉悟，激发农民革命的斗志。在城市里，讲究以理服人，通过思想政治教育扩大民主运动，掀起爱国民主的运动高潮。在军队里，为了调动战士的积极性和提高军队战斗力，完善军队的制度，调整战略战术，树立楷模人物，进行榜样教育，号召大家学习团结友爱，不畏艰难险阻，不畏牺牲，激发战士的热情和斗志。对待敌军进行说服改造，瓦解其敌对心理，进行改编争取团结。

二、中华优秀传统文化中的人文教育思想借鉴

历经几千年的中华人文教育思想，其中很多优秀的传统文化值得我们去探索和追寻。这些优秀的传统文化积淀着中华儿女最持久、最深层的精神追求，如同撒落在中华民族历史长河中的珍珠，散发着璀璨而独特的光芒。

（一）古代人文教育思想的价值借鉴

1. 儒家人文教育思想的主要内容是“人伦纲常”

先秦儒家的代表人物孔子、孟子、荀子一直提倡“仁、义、礼、忠、信、孝”等人伦道德规范，这是儒家思想的主要内容。《论语·述而》云：“子以四教：文、行、忠、信。”① 孔子教育学生有四方面：文化知识、行为规范、忠于职守、言而有信。既包括自身修养的文化知识，也包括个人的德行，还有社会实践中要遵守的道德规范。孟子说教以人伦：“父子有亲，君臣有义，夫妇有别，长幼有序，朋友有信。”② 孟子提倡加强人伦道德的教育，尤其是父子、君臣、夫妇、长幼、朋友这些最基本的社会关系之间。荀子提倡要修六礼明十教：“立大学，设庠序，修六礼，明十教，所以道之也。”③ 从表面上看，儒家思想所倡导的这些人伦纲常是在处理人与人之间的关系，特别是维护尊卑长幼的

① 陈桂生．孔子授业研究［M］．上海：上海教育出版社，2020：14.
② 吴迎君．《孟子》名句［M］．成都：天地出版社，2009：54.
③ 谢谦．国学词典［M］．成都：四川辞书出版社，2018：337.

道德观教育，但其实儒家思想不仅局限于道德观，在古代封建社会，以及家庭、家族和国家在组织结构方面都有共通性。儒家思想的道德性和政治性是相互贯通、相互融合的。所以儒家提倡的人伦纲常既包含道德规范，又渗透着丰富的政治观。比如，孔子的礼治思想不单纯指以礼治国，也指个体道德修养方面以“礼”来规范和约束个体，还指规范人与人之间关系的行为准则。日常生活中，儒家思想要求人们规范自己的行为就是“尽人伦守纲常”。

2. 儒家人文教育思想中提出了很多先进的方法

（1）注重启发教育而不是灌输。教育者不是单纯地向受教育者进行讲解和理论灌输，而是通过各种方法引导受教育者去主动思考，循序渐进地启发受教育者的思想使之升华。教育者与受教育者之间的教育地位平等，不分主次。教育者虽然有一定的威望，但并不是高高在上的绝对权威，受教育者也不是被动的绝对服从。教育者先知先觉，但仍有不足，也需要不断完善自身。受教育者虽然是后知者，但仍然是决定和掌握自我思想的主体。儒家思想文化要求教育者必须建立在充分尊重与了解受教育者的基础上，指导受教育者的思想进步。作为儒家学派的创始人，孔子生动地诠释了启发式教育的过程。孔子灵活的对话式启发教育在今天看来也是我们十分值得学习的。孔子的对话形式多样，除了一对一的形式，结合不同弟子和不同的现实情况，还有三五成群的探讨形式。孔子的弟子们以为孔子学问高深莫测、望尘莫及，觉得孔子可能有些窍门和方法没有传授弟子们，然后孔子讲道：“二三子以我为隐乎？吾无隐乎尔。吾无行而不与二三子者，是丘也。”① 孔子的意思：你们大家以为我对你们有什么隐瞒不教的吗？我没有什么隐瞒不教你们的。

---

① 栾锦秀．咬文嚼字读《论语》［M］．北京：中国青年出版社，2011：116.

我没有一点不向你们公开的，这就是我孔丘的为人。不管采取什么形式，孔子的对话式启发性教育都是开诚布公、毫无保留、真诚互动的。孔子通常不是直接回答问题，而是真挚地唤醒弟子内心深处的能量，将其思想引入更高的境界。启发式教学过程中，孔子对学生严格要求，十分重视学生的积极思考，讲究学习思考要“举一反三”。孔子说：“不愤不启，不悱不发。举一隅不以三隅反，则不复也。”[①]孔子认为应善于观察受教育者的思想动态，启发学生时要注重时机，不到他努力想弄明白而弄不明白的时候就不要去开导他，不到他心里明白却不知道如何表达的时候不要去启发他。孔子强调要充分调动受教育者的主动思考，使其恍然大悟，思维才能更加灵活。

（2）重视以身示范的不言之教。孔子十分重视“身教示范”，教化不仅是嘴上的长篇大论，更多是要坚持自身模范的作用。教育的内容更多地通过自身的行为举止来显现。古人云：“书不尽言，言不尽意，然则圣人之意，其不可见乎?”[②] 指的就是文字、语言不能完全表达作者的思想。孔子说：“政者，正也。子帅以正，孰敢不正?”[③] 意思是教育者一身正气，以身作则，学生哪有敢不正的呢？充分表明了率先垂范，发挥示范带头的作用。孟子也讲：“天不言，以行与事示之而已矣。”[④] 意思是天虽然不说话，却通过四季更迭、万物生长这些现象诠释着自然规律。孟子讲究“以德服人”也是重视表率作用的意思。

（3）强调修身自省。不管是言语上的启发式教学，还是行动上的以身作则式教化，都不是教育者与生俱来的，都要经过不断地修身自省

---

① 王育颐．中国古代文学词典：第 4 卷［M］．南宁：广西教育出版社，1989：104.

② 刘君祖．易经密码全译全解：第 9 辑［M］．北京：团结出版社，2022：28.

③ 陈琦萍．论语与生活［M］．北京：教育科学出版社，2014：151.

④ 张定浩．孟子读法［M］．南京：译林出版社，2020：318.

才能成就。孔子云："修己以敬，修己以安人，修己以安百姓。"① 意思是修养自己，才能更好地起到模范带头的作用，才能使得百姓安乐。"古之欲明明德于天下者，先治其国；欲治其国者，先齐其家；欲齐其家者，先修其身。"② 这里的"修身"就是修养品行，完善与涵养自己，是"齐家治国平天下"的前提。

中国古代人文教育很多有价值的思想对我们的研究有重要启发，但是我们也要看到其落后局限的一面。

（1）道德和政治相混淆。由于封建社会的客观性，我国古代人文教育思想和政治思想紧密相连，很多普通民众的道德准则和约束统治者行为的规范趋向一致。孔子提倡的"礼"既是个体行为准则，也是国家治理规范。儒家思想过分重视提高人的修养道德，在政治方面，也把社会治理过多寄望于教化，导致法治的忽视。因过于抬高人的自觉性，缺少了强有力的法律保障。孟子主张实行"仁政"，虽然有可取的一面，但是最终目的也是维护统治者的利益，仍然是为封建君王所服务的，具有浓厚的复古保守色彩。

（2）拘泥于等级观念和秩序。在儒家思想观念下，每个社会成员都有明确的社会角色和等级，每位社会成员必须按照各自的社会地位各尽其责。整个社会也是尊卑有序等级分明的。儒家思想所要求的"人伦纲常"也是为了社会等级制度。荀子云："礼者，贵贱有等，长幼有差，贫富轻重皆有称者也。"③ 人有高低贵贱之分，贫富轻重之分。董仲舒也说："礼者，继天地，体阴阳，而慎主客，序尊卑贵贱大小之

---

① 钱逊．读《论语》学做人［M］．沈阳：辽宁人民出版社，2021：78.
② 刘家望．止于至善［M］．长沙：湖南科学技术出版社，2022：2.
③ 萨孟武．儒家政论衍义［M］．北京：生活·读书·新知三联书店，2022：398.

位，而差外内远近新故之级者也。”[①] 荀子和董仲舒思想内容都体现了维护封建社会森严的等级制度的观点。

（二）近代人文教育思想的价值借鉴

西方的大炮打开了古老中国封闭的大门，近代中华民族面临着前所未有的民族危机。古老的东方大国在一次又一次的列强侵略中处在内忧外患、水深火热之中。一代又一代的进步爱国人士不断探索着救国图存的道路。在这个历史嬗变时期，随着政治和经济结构的不断变化，思想文化领域也发生了根本性的改变。其当代价值表现在以下几方面：

1. 民族精神的复兴。在近代中华民族救国救亡的道路上，志士仁人在文化思想方面最突出的表现就是以爱国主义为核心的团结统一、爱好和平、勤劳勇敢、自强不息的伟大民族精神。中国近代民族的反省与复兴就是民族精神的复兴。著名的禁烟英雄林则徐，提出了“苟利国家生死以，岂因祸福避趋之”[②] 的豪言壮语，表达了他愿意为国捐躯的爱国主义精神。声势浩大的太平天国运动，农民阶级凝聚了意志和力量，为了反帝反封建同心同德，体现了农民阶层的团结统一。洋务运动为了挽救清政府，抵御外侵，实现强兵富国，挽救民族危机体现出强大的爱国主义精神。维新运动中，特立独行，百折不挠，志在变法的康有为；披荆斩棘，敢于冒险的梁启超；不畏生死、立志为国的谭嗣同等人，彰显了以国为重、忧国忧民的强烈爱国主义情怀。辛亥革命中为了国家甘于流血、英勇牺牲的将士们，爱国主义是他们共同的理想信念，是他们为革命奋斗终生的精神动力。中国共产党人在几十年艰苦奋斗的革命时期表现出了优良传统和作风，以及勤劳勇敢、自强不息的精神。

---

① 刘琅．精读康有为［M］．厦门：鹭江出版社，2007：99.

② 游光中．历代诗词名句［M］．成都：四川辞书出版社，2023：526.

在不同革命时期形成的井冈山精神、延安精神、长征精神等进一步丰富了中华民族精神的主旋律。

2. 明确了思想文化的社会推动作用。几千年的封建帝制，儒家思想一直是社会文化的主流。文化上长期的故步自封，导致了社会经济发展的停滞。随着西方文化向中国的传播，在救国救亡的运动中，迫使国人开始“睁眼看世界”。许多进步人士意识到思想文化的封闭僵化是中国经济社会落后的主要原因，认为我国应该接受西方文化的洗礼，于是掀起了学习西方思潮的热情。鲁迅弃医从文，陈独秀大力提倡民主与科学，蔡元培提出的教育救国主张等，都是看到了思想文化对社会的推动作用。而后正是由于思想文化的激烈论战，推动了社会的发展，为我们带来了马克思主义。

3. 思想政治教育工作要坚持党的绝对领导。近代各种运动和革命的失败告诉我们，改革思想文化建设，要有强有力的政治做保障，事实证明农民阶级、资产阶级都具有局限性，都不是中国发展的出路，只有坚持党的领导，坚持无产阶级领导进行人民武装斗争才能开创中国的未来。在土地革命、抗日战争、解放战争时期思想政治工作都是为党的中心工作服务的。坚持党的领导，加强各个时期党的建设，进行思想政治教育工作，为无产阶级领导人民走向中国革命的新道路提供了力量源泉。

第四节 西方德育中的人文教育思想与借鉴

思想政治教育是整个人类社会中一项非常普遍的社会实践活动，并不是社会主义国家所独有的，资本主义国家也有思想政治教育活动。西方国家虽然没有“思想政治教育”之称，但其道德教育、公民教育中所包含的人文教育思想，我们应该辩证地看待，取其精华、去其糟粕。

一、古希腊时期的人文教育思想及借鉴

著名的“希腊三贤”即苏格拉底、柏拉图和亚里士多德，他们是古希腊杰出的思想家、哲学家和教育家。他们思想中蕴含着的人文智慧对我们研究思想政治教育文化属性具有深刻的借鉴意义。

（一）苏格拉底的人文教育思想理论与借鉴

苏格拉底之前的哲学家都是注重对自然本身的研究，很少关注人类自身的研究，几乎没有对人的思想和精神的研究。后来出现智者学派才开始转向关注人的研究，可是也仅停留在表面与感性的基础上。从苏格拉底开始才是真正对人类的研究，他提出要做“心灵的转向”，并对自然研究的人说：“完全忽略了人类事物而研究天上的事情，他们还以为自己做得很合适。”① 苏格拉底一个著名的哲学观点就是“美德即知识”，他注重要把个人美德与学习理论知识同等看待，也就是不仅要关注对知识的获取和对自然知识的研究，还要注重培养个人的具有高尚道德、理想的情操。还有著名的“苏格拉底法则”，也被称为“苏格拉底法”，也是十分值得我们在教育方面借鉴的。“苏格拉底法则”表现在对知识的诘问，也就是事物表示有所疑问，进而引出问题，经过对方的回答后再反问，回答后再进一步进行引导，反复几个来回。通过这种循序渐进地让对方不断深化思考，加以点拨的对话交流提问法引出真理，启发受教育者，激发他的主观能动性，最终使其思想升华得到真理。

---

① 色诺芬．回忆苏格拉底［M］．吴永泉，译．北京：商务印书馆，1984：4.

（二）柏拉图的人文教育思想理论与借鉴

柏拉图作为著名的哲学家和教育家，其一生的思想理论也十分丰富。柏拉图的《理想国》后来被学者称为具有里程碑的划时代意义。柏拉图是个非常重视教育的学者，尤其重视美育的作用。作为西方第一个系统地论述美育教育的哲学家，他提出要让自然的美引发人思想与心灵的美。他还注重文学艺术对人的影响，比如，对人的性格培育、提升人的思想境界等。在教育内容方面，柏拉图是西方历史上第一个提出学前教育思想的人，他建议学龄前的儿童在受到监护的前提下，可以聚集一起听故事等形式的受教，这样对个人以后的发展有很大的意义。柏拉图还建立了完整的教育体系，指出教育要根据不同的年龄和阶段进行不同的教育内容，选择不同的教育方式。教育方法方面，柏拉图也继承了老师苏格拉底的教育方式，反对强制灌输，提倡启发式教学，主张诘问法等。

（三）亚里士多德的人文教育思想理论与借鉴

亚里士多德并没有完全继承柏拉图的思想，他将柏拉图的思想进行了创新并推向一个更高的水平。在教育方面，亚里士多德提倡要保证个体的身体、品德和智力和谐的发展，不能片面地强调知识的发展，主张“德、智、体、美”全面发展，而且要因材施教，分阶段分重点地施教。亚里士多德列举了幼儿时期、少年时期、高年级阶段分别侧重学习哪些具体的知识理论，他认为应该尊重人的身心发展规律，按阶段、分步骤地去学习。亚里士多德不仅注重德行的培养，而且还十分注重对品德的践行。他认为良好的品德要通过社会实践才能实现价值，“例如，建造房屋，才能成为营造师，弹奏竖琴，才能成为操琴手。同样，我们做公正的事情才能成为公正的，进行节制才能成为节制的，表现勇敢才能成为勇敢的。”① 在美育教育方面，亚里士多德有着更为深刻的论述，他认为要树立一种教育不仅以功利和实用为目的理念，还要注重培育人们的道德情感与道德品质，提高人对认识美和创造美的能力。亚里士多德尤其重视音乐的作用，还论述了音乐对个人的陶冶和熏陶的作用。

二、文艺复兴时期的人文主义思想及借鉴

文艺复兴是在 14 世纪到 16 世纪的以意大利为核心发源地的欧洲思想文化运动。文艺复兴运动从以前“神本位”思想转变为追求文学、艺术、真理与科学的思想运动，在文学、艺术、建筑、哲学、政治、音乐等各方面都产生了非常重要的影响。人文主义思想是文艺复兴的核心思想，主要有以下几点内容：第一，提倡关注人性与人权，反对神为本、神的权威。人文主义反对以前只关注神，关注宗教的生活世界，提倡回归到以人为中心，主张对人的关怀。人才是生活的重心与全部，要从神、宗教中解放出来，摆脱束缚，生活是人自身的生活。第二，尊重人格与人性，肯定人的价值。反对神权的禁欲主义，主张要释放人性，尊重人对幸福生活的追求，关注人的情感、情绪、意志等非理性心理因素，尊重人格尊严，提升人的地位，肯定人在社会中的价值。第三，强调人的自由与平等，承认人的创造力，反对神学的愚昧，尊重科学与知识，关注人的能动性，注重激发人的潜能，提倡要靠文学、艺术、哲学与科学等教育唤醒人的能力与价值。

在人文主义思想的作用下，文艺复兴时期出现了不同于以往“神本位”时期的教育理念、教育内容和教育方法。主要表现在以下几方

① 苗立田．亚里士多德全集：第八卷［M］．北京：中国人民大学出版社，2016：27-28.

面：第一，教育的目的是回归人的本性。教育的目的是对知识的加工与消化，但最终目的是丰富人的精神世界。教育首先要以人为中心，以人为根本目标，知识只是人提升思想水平的工具，要摆脱教育的工具性与功利化，注重培养人的想象力、创造力与创新精神，唤醒人的心灵，重塑人的精神。第二，教育内容转向人文知识。关注人性，尊重人的发展，在教育内容上要更加突出人文知识的作用。人文知识能够丰富人的精神，充实人的思想，完善人的心智，美化人的心灵。增加人文知识的教育，有利于促进人的全面发展。第三，教育方法要尊重规律与差异。关注人性就要发掘人成长发展的客观规律，人与人之间的差异。不同的学生采取不同的教育方法，因材施教才能体现尊重每个人的天性与成长规律，才能实现人顺利发展。如果违背人的天性与规律，就是一种畸形的教育，是不健康的发展。第四，教育过程提倡公正与平等。教育的整体体现为尊重每个人的权力，过程中公平地对待每个人。

三、启蒙运动时期的人文教育思想及借鉴

启蒙运动是继文艺复兴之后发生在 17 世纪到 18 世纪的又一次较大的思想文化运动。相比文艺复兴，启蒙运动随着科学技术的进步发展，对人性的思考形成了具体的科学体系，对宗教教会、封建专制的批判也更加尖锐。启蒙运动强力批判了宗教愚昧落后的特权主义和封建专制主义，倡导自由、平等与民主的思想，涌现出大批的思想家，形成“百花齐放”的思想局面。结合本书的研究，在此简单阐述一下维科（Giambattista Vico）和伊曼努尔·康德（Immanuel Kant）的文化教育思想。

维科是意大利的哲学家，在“科学理性”作为主导时，他强调人文科学的价值。维科继承了文艺复兴时期的人文主义思想，强调以人为

本，注重人的全面发展，形成了自己独特的“新科学”思想。维科提出教育首先要指明公民全面发展的目标，还列出了具体的学科来分门别类地对公民进行教育，培育公民各方面的素质和品格。他主张教育不仅要发展智育，也要注重德育，同时培养公民的智慧与品德才能促进人的全面发展。维科在教育方法上注重人性的发展原则，也强调了要分阶段对人进行教育，注重培养人的记忆力、想象力和创造力。维科的教育思想强调要把人文科学和自然科学相结合来培养“完整人”，尖锐地批判了只注重自然学科的理性主义学派。维科还十分重视对公民意识和公民道德的培育，注重培养人的美德。维科对审美教育也非常重视，引导公民要追求美好生活。

康德作为18世纪古典哲学的创始人是西方最有影响力的哲学家之一。康德不仅给我们留下了大量的哲学财富，在德育领域也有很多我们值得借鉴的地方：首先，康德重视道德实践教育。不仅注重道德品质的形成，还注重道德的践行。康德指出德育的本质是道德性的实践教育，并且注重人的自由，培养自律的品质，也就是注重培育人自发自觉地践行道德，使个体成为一个有道德的文明人。康德德育思想最终的指向是人，强调人的价值，德育是为了完善人的各方面，使人过上幸福美好的生活。在教学方法上，康德主张“苏格拉底诘问法”，通过对话教学启发学生。还提倡榜样的模范作用，提出教师本身要做好示范作用。通过榜样的作用，引发学生的共鸣与热情。他还提出要在愉悦的环境中对道德情感进行陶冶，从而对人的意志产生一种持久的、稳定的熏陶作用。

四、西方现代公民教育中的人文教育思想及借鉴

众所周知，西方没有“思想政治教育”这一概念，但是西方有统

治阶级对社会成员实施政治思想观念、道德意识规范等教育，只是内容更加全面，方式更加隐蔽，手段更加间接，统称为“公民教育”。西方公民教育主要指培养具有公民意识和公民技能的教育，为西方社会培养具有高度社会责任感和高度自觉意识的积极主动投身于社会公共事务的优秀公民。西方现代公民教育为我们研究思想政治教育文化属性提供了一定的借鉴价值。

社群主义公民教育是20世纪80年代在西方出现的公民教育的主要流派之一。社群主义在不否认公民个体价值的前提下，主张关注共同体的价值，注重个人与国家的关系，反对自由主义主张的个人利益绝对优先。社群主义强调国家共同体价值与个人自我价值之间的平衡，寻求社会成员的普遍利益，并促使社会成员对社会共同体与普遍利益表示认同。社群主义公民教育的主要内容：一是在处理国家利益、社会利益和公民利益关系上，认为个人利益的实现是建立在社会利益和国家利益之上的，个人利益依赖于国家利益，国家利益和社会利益发展要优先于个人利益，个人只有通过社会和国家才能实现生活目标和生命的价值。所以要积极培育个人对社会、对国家的归属感和认同感。二是强调国家的积极引导作用，承认国家在培育公民意识、价值观方面的积极作用。要充分发挥国家的作用，来引导公民、培育公民形成爱国主义精神，减少个人主义和自由主义带来的弊端。爱国主义教育是社群主义公民教育的主要内容，教育公民要有关心国家安危，维护国家利益的坚定信念。充分发挥国家政府的责任，设立多种教育模式，使全体社会成员享有均等的受教育机会，从而提高全民的社会意识。三是倡导公民积极参与国家公共事务，这是享有公民资格最基本的前提。“在小社群主义的小共同体中，既不会出现‘搭便车’问题，也不会有人想方设法逃避其个人应承担的义务，更不会出现某些人的义务负担过重问题，因为每个成员都愿意为共同体作出牺牲。”① 参与社会公共事务是每位公民应该履行的义务，因为这也是公民享有的权利。

20世纪90年代多元文化主义公民教育逐渐成为西方国家公民教育的重要流派之一。多元文化主义是在人们联系日益紧密，文化呈现多样性的背景下形成的。多元文化主义重视不同民族、不同文化的差异性，主张要增加包容性，反对对少数民族的歧视、反对不公平的对待。面对不公平的问题，多元文化主义倡导可以给予一定的特殊权利。多元文化主义的公民教育在教育目标方面，培养具有尊重、包容多元文化差异的意识，化解矛盾与冲突能力的公民；在教育内容方面，除了主流文化的价值观，还讲授多种文化的思想观念，让受教育者学习和理解不同文化的差异。在教育权利方面，注重教育公平，给予足够的教育保障，注重培养受教育者尊重差异的意识。

现代西方人本主义思潮也是西方现代公民教育的主要代表思想之一。现代西方人本主义思潮代表人物众多，每位代表人物的研究主张也各不相同，内容十分广泛，但有一个统一的特征是由理性主义演变成非理性主义，关注人的生活，重视人的地位和价值，强调人的主体性、能动性、实践性。现代西方人本主义思潮主要表现在以下几方面：一是把人提高为教育的中心地位。人本主义的公民教育强调人是教育的起点和终点，教育的最终目的是人的全面自由的发展。教育不能只关注成绩和结果，更多的要关注人的思想与智慧。把人的发展、尊严、自由作为教育的主要目标。二是更加注重“非理性”。不仅重视理性、重视自然科学，更加重视“非理性”，认为人文学科的研究才能涵括人生价值。强

① 姚大志．正义与善：社群主义研究［M］．北京：人民出版社，2014：302.

调必须注重对人文价值、人文精神世界、人的生活世界进行研究。教育内容上更加注重人文社科类的教学，重视文学、历史、艺术等课程对人的精神的影响。三是注重平等、民主的教育方法。人本主义教育注重人的信仰，关注人的价值、尊严和真理问题。在教育关系方面，是平等民主的对话关系，教师不再是权威者，而是伙伴。教育方法上也尊重受教育者的自主选择，不再是毫无选择的被动灌输，而是具有主体性、自主性。同时也侧重培养受教者的人格，不再是单纯知识化的教育，而是更加注重人的精神、人的能力的实现。

第四章

思想政治教育文化属性的特征及其价值意蕴

本章主要对思想政治教育文化属性所具有的外在特征和内在价值进行分析。在文化的视野下，思想政治教育应体现人文关怀、具有民族风貌、回归生活世界、以文化人。具有文化意蕴的思想政治教育，对个人、社会、国家的发展都具有重要的价值。

第一节 思想政治教育文化属性的特征

思想政治教育文化属性的特征是指充分彰显文化属性的思想政治教育应具有的发展特性，即借助文化的作用，思想政治教育可以更好地发挥作用特定的外在表现。体现文化属性的思想政治教育应具备以下特征。

一、彰显人文关怀

文化是人利用自身的能力，把自然世界改造成人文世界的结果。“人利用其独有的得之于自然的能力，把自然世界的物质作为原料，加以改造，塑成为足以满足他们生活上一切需要的那个人文世界，即所谓‘文化’。”① 文化是人类特有的活动，是人类区别于动物的本质。人类创造了文化，但人也是文化的产物，也被文化所创造，二者相互影响、互相作用。思想政治教育的对象是人，作为一种特殊的文化活动，对人的关怀是其工作的基本要求，而不应该把人当成是思想政治教育工作实现政治目标的工具。思想政治教育工作者应认识到，思想政治教育不仅是传授理论知识，更是双方心灵深处的沟通、情感上的交流对话，让智慧在交融中擦出火花。思想政治教育的教育理念、教育内容、教育方法等都应充分融入人文精神。思想政治教育者应充分尊重、理解、关爱、帮助受教育者，使受教育者自然地感受到人文关怀。

（一）思想政治教育应坚定坚持促进人的全面发展的教育理念

任何实践活动都需要有正确的理念来指导，思想政治教育活动也需要合理的理念来指引。以往的思想政治教育更多关注的是国家发展和社会需要，很少关注受教育者的个体现实需要。在这种情况下，思想政治教育必然变成强制的理论灌输和空洞的理论说教，导致教育过程产生异化现象。在人全面发展理念的影响下，思想政治教育应具有这样的功能，即用文化的力量唤醒受教育者心灵，淬炼其思想、涵育其品行，使受教育者能够成为心理健康、人格完善、思想境界不断提升的人，成为能够实现自我价值和社会价值统一的人。在人全面发展理念的影响下，思想政治教育不仅是社会教化用来传授社会发展的思想、道德和规范的工具，还应该关注人的价值、生存的意义，教化人们实现生命的价值，引导人们追求真善美。

---

① 费孝通，刘豪兴．文化的生与死［M］．上海：上海人民出版社，2009：75.

（二）将人文关怀贯穿于思想政治教育的内容中

生命是个体最基础的保障，对生命的关注是人文关怀的基本。强调生命教育，个体要学会享受生命的过程，不仅要努力追求生命的长度，还要尽可能延展生命的宽度，自觉追寻、实现生命的价值。思想政治教育实践中，教育者应充分尊重受教育者，使受教育者感受到尊严。尊严的核心是平等，尊严关怀是教育双方要互相尊重，在社会人际关系中，要学会维护别人的尊严；在社会生活中，要学会认同，讲究平等，承担责任，争做典范。人不仅要活出精彩的人生，还要活得有尊严。价值关怀是人文关怀的目的。注重人的发展，实现人的价值，是思想政治教育的方向与目标。品德、体能、真善美的发展是思想政治教育的终极目标。将价值关怀贯彻到思想政治教育过程中，才能提高受教育者的积极性和主动性，激励其人生价值的发挥。

（三）把人文关怀贯彻到思想政治教育的方法中

除了在思想政治教育理念和内容上强调人文关怀，还要利用一些生动活泼的人文方式。长期的简单传授知识，灌输思想已经不适应新时代的思想政治教育工作了。随着人的思想越加开放，个体的意识逐渐增强，思想政治教育方法也应该多样化。尊重个性，注重发掘人的潜能，探索新鲜有趣的教育方法，加强思想政治教育的人文关怀。比如，创建情景式教学法。模拟设定一定的场景，让受教育者进入其中的某个角色，创立较为真实的体验感受，引导受教育者学习思想观点。充分把人文关怀理念融会贯通到教育方法中，有利于提高受教育者的自主创新能力和促进自身的全面发展。

二、呈现民族风貌

文化具有民族性，体现文化属性的思想政治教育应该呈现一定的民族风貌。思想政治教育承载着传承和发扬民族精神的使命，所以必须呈现民族风貌，为中华民族伟大复兴服务。思想政治教育过程中所体现的民族文化、民族风格、民族内容、民族精神这些稳定、深厚并持久的特性就是思想政治教育的民族风貌。民族性是文化属性的根本底色，如果失去民族风貌，思想政治教育就会失去底蕴，方向就会偏离，也就没有了存在的意义。思想政治教育应呈现民族风貌，就是要展现出我国独特的文化，特别是有着深厚文化底蕴的优秀传统文化。所以思想政治教育必须坚持民族路线，积极呈现民族风貌，保持自身民族性，这也是思想政治教育文化属性特征的彰显。表现如下：

（一）思想政治教育通过呈现民族风貌可以凝聚国家意识形态

我国是一个多民族的国家，现代民族国家的构建经历了一个波折的长期过程。从 1840 年鸦片战争开始一直到 1949 年新中国成立，中华民族发展的过程复杂而曲折，充满着苦难和屈辱。而后的现代化建设到改革开放，一直到中国特色社会主义新时代，中华民族的发展不断加速向前，呈现出波澜壮阔的新景象。思想政治教育实践中，通过对受教育者进行系统的民族历史文化教育，使受教育者增强民族自信心和自豪感，认识到中华民族共同体的重要性，自觉弘扬伟大的中华民族精神，自觉传承民族文化，自觉维护民族的共同利益。思想政治教育在积极呈现民族风貌，坚持民族文化的发展，维护民族国家利益的同时，无形中增进了受教育者对我国意识形态的认同感。

（二）思想政治教育能够塑造现代公民，激发民族主体自觉性

全面建设社会主义现代化国家，是我们每个人都应该肩负起的历史使命。现代化国家的构建需要能够把握新时代发展要求，具有现代化素养的公民积极参与。塑造什么样的新时代公民，如何塑造新时代公民是

当前思想政治教育的重要任务。在文化的视域下，思想政治教育，就是要培养出能够笃信社会主义核心价值体系，自觉践行社会主义核心价值观，有着强烈的时代感、使命感、责任感，为推动社会主义现代化建设而奉献的人，有着强烈的愿望为实现中华民族伟大复兴贡献智慧和力量的人。不难想象，缺乏民族自觉意识，对国家社会冷漠麻木，势必会阻碍国家民族统一意志的形成，制约经济社会发展。正如钱穆先生所言："中国史之隆污升降，则常在其维系国家社会内部的情感之麻木与觉醒。"① 为了避免相应问题的发生，思想政治教育应充分展现民族风貌，塑造具有民族精神的人，积极激发民族主体自觉性，为社会主义建设提供精神动力。

思想政治教育呈现民族风貌主要需要把握以下两方面。

1. 坚守中华优秀传统文化

中华优秀传统文化是中华民族共同拥有的宝贵精神财富，是保证中华民族代代相传生生不息的血脉。中华优秀传统文化从根本上影响着人们的思想和行为。一方面，思想政治教育从优秀传统文化中不断汲取养分，进行归纳、概括、提升，形成新生思想的同时，也在保持自身的民族性；另一方面，思想政治教育民族风貌的凸显，促使优秀传统文化价值观潜移默化地成为我们的行为准则，塑造出符合社会发展要求的人。优秀传统文化精神增强思想政治教育文化底蕴的同时，也能培育高尚的人格品质。在各种文化接踵而至、相互碰撞的新时代背景下，保持自身文化的纯洁性，坚定本民族的价值取向，坚持自身民族精神不动摇，进而增强民族自尊心与自信心，提升文化信心与自觉是新时代思想政治教育研究的重要任务。以宽广的视野和开阔的胸怀批判借鉴西方文化，同

① 钱穆．国史大纲［M］．北京：商务印书馆，1994：24.

时坚守我国优秀传统文化，共同创建新时代文化，有利于更好地彰显思想政治教育文化属性。

2. 建构思想政治教育话语权

建构思想政治教育的话语权不仅是思想政治教育创新发展的需要，也是应对全球话语体系挑战的要求。一方面，新时代思想政治教育只有不断建构和完善科学的话语权，才能更加彰显理论魅力，才能以理服人，并更好地传播和落实国家方针政策。另一方面，随着全球化浪潮不断加剧，世界日渐成为一个“地球村”，国与国之间的交往日益频繁，西方意识形态的渗透越来越隐蔽和复杂，思想政治教育作为维护我国意识形态的主要阵地和主要渠道，其话语权的建立直接关系到国家的安危。只有不断构建和完善思想政治教育的话语权，充分发挥其意识形态领域的力量和作用，增强人们敏锐的鉴别力和战斗力，防止西方进行“和平演变”，才能在多元意识形态较量中把握主动权，占领制高点。

三、走向生活世界

思想政治教育的对象是人，人不是抽象的，而是生活世界中具体的存在。生活世界作为思想政治教育的重要领域，与个体的思想观念、道德情操的发展休戚相关。思想道德教育只有着眼于人们的生活世界，才能挖掘出与社会个体息息相关的契合点，促使社会个体更好地理解和接受思想政治教育。“生活世界”是西方现象学家最先提出的概念，而后不同的西方哲人从不同角度对“生活世界”进行了各自的阐述，虽然研究的视角和外延不同，但内核都是反对实证主义、科学主义、科技理性。马克思说："社会生活在本质上是实践的。"① 实践是生活世界理论的出发点，马克思把生活世界立足于社会实践和社会现实，超越了西方传统哲学，开启了"生活世界"新的大门。马克思从本质的、内在的视角对"生活世界"进行高度概括和阐释，虽然没有明确"生活世界"的具体概念和内涵，但他经常用"现实生活""能动的生活""日常生活"等概念形容"生活世界"。所以，"生活世界"就是人们赖以生存的境域，人们在这个"生活世界"中存在、交往，相互产生关系，并且不断被生成新的生活世界，而不是意识上的抽象世界。思想政治教育是帮助人认识世界、改造世界的一种客观的教育实践，要达到预期的教育目标，就要贴近生活世界，从生活世界中来，到生活世界中去，实现理想和现实的整合。表现如下：

1. 思想政治教育只有扎根生活世界才能生成和实践，生活世界为思想政治教育提供了教育内容。思想政治教育的内容对思想政治教育而言至关重要。思想政治教育的教育内容不是凭空产生的，思想政治教育所传导的政治观点、思想观点、道德规范，全部来源于客观的生活世界，都是为了满足客观实践的发展需要，满足个体及社会的发展需要。客观的生活世界是思想政治教育赖以生成和运行的土壤，客观生活世界为思想政治教育提供丰厚滋养，离开了客观生活世界的思想政治教育犹如虚幻的空中楼阁。因此，有什么样的客观生活，就会有什么样的思想政治教育。客观生活世界的经济发展状况、社会治理水平、人民生活水平、人的精神风貌等因素都会对思想政治教育实践的展开以及思想政治教育目标的实现产生实质性的影响。

---

① 中共中央马克思恩格斯列宁斯大林著作编译局．马克思恩格斯选集：第 1 卷［M］．北京：人民出版社，1995：56.

2. 思想政治教育只有立足生活世界才能有活力，生活世界为思想政治教育提供原动力。思想政治教育是在生活世界中进行的，生活世界是其赖以依存的环境。人通过实践的方式改造生活世界的同时，也是在改造人自身。陶行知提出“生活即教育”“社会即学校”的观点。他说“生活无时不含有教育的意义”，他认为生活中每时每刻都有教育现象发生，教育不仅在课堂和学校，生活随处都有教育。“是生活就是教育，不是生活的就不是教育；是好生活就是好教育，是坏生活就是坏教育。”① 什么样的生活就有什么样的教育。生活世界成为思想政治教育活动的动力。思想政治教育不能孤立于社会生活之外，不可能存在真空中，必须融入生活世界才能进行。首先，思想政治教育是在一定的社会条件下，在人与人的交往中实践的。思想政治教育是为了促进教育主体，即人的发展。人的发展是在交往中才能实现的，思想政治教育的过程就是通过人的不断交往，人融入社会中，外化思想政治教育的内容，来体现思想政治教育的功能。教育者和受教育者通过交往互动的社会实践进行思想政治教育，相互沟通与交流，从而促进自己的思想政治德行发展。如果没有交往互动的过程，就不存在真正意义上的教育，也不可能共同发展。思想政治教育不应该是单向的信息输出，而应该是双向的交往互动。不仅传授知识，更要注重培养品质，只有通过交往互动，双方个体达到精神与心灵的深入交流，才能达到教育的目的。“没有交往，教育关系便不能成立，教育关系便不可能产生。一切教育不论是知识教育还是品格教育都是在交往中实现的。”② 人与人心灵上的碰撞只

① 董宝良．陶行知教育论著选［M］．北京：人民教育出版社，1991：390.

② 金生鈜．理解与教育：走向哲学解释学的教育哲学导论［M］．北京：教育科学出版社，1997：125.

有在互动交往中才能实现，单一的物质方式不能丰富人的精神世界。社会交往互动活动也是思想政治教育有效性的反馈与检验。其次，思想政治道德在社会生活的实践体验中生成。随着社会的发展，思想政治教育必须由过去填鸭式的灌输方式，转变为重视受教育者的体验感。一个人思想政治品德的形成与发展必须要有体验的环节，仅仅靠灌输和盲目的接受知识，没有个体真实的实践体验去养成，是不可能形成真正的思想政治品德的。通过社会生活中真实的实践体验，使受教育者的主体意识增强，心理世界更加丰富，增加自我认同感，感受到思想政治教育的知识不再是理论化的教条，体会到教育的生命化、人性化和个性化，促使教育知识真正成为自己的知识。最后，思想政治教育理论与实践在生活世界中相统一。思想政治教育活动的理论要与实践相统一，必须要在生活世界中完成。思想政治教育的终极目标是人的全面发展，是一种人在生活世界中更好的生存与发展的理论，是为生活所准备的。个体获取知识固然是必要的，但是获取的理论知识要为生活所服务，更重要的是可以提升自己的生活实践能力，不能“读死书，死读书”，空谈理论也没有任何意义。“没有生活做中心的教育是死教育。没有生活做中心的学校是死学校。没有生活做中心的书本是死书本。”① 直接获取的理论知识有时候并不能直接指导个体的生活与发展，要在不断发展变化的社会实践中学会融会贯通，培养自身选择的能力和批判的精神，不断地自我实现，完善自己。

3. 思想政治教育随着生活世界的变化而变化，变化着的生活世界为思想政治教育实践提供牵引。思想政治教育是从生活中来，又在生活中发生，最终目的是要指导人们过上更加美好的生活。习近平总书记

① 陶行知．中国教育改造［M］．北京：东方出版社，1996：150.

说："人民对美好生活的向往，就是我们的奋斗目标。"① 引导人们过更有意义和价值的幸福生活，是思想政治教育的目标走向，是最终旨归。生活世界反过来又牵引着思想政治教育前进。一方面，我国社会主义的目标就是满足人们的合理需求，使人民过上幸福美好的生活，推动社会的进步发展，促进人的全面发展，这也是发展先进生产力的重要途径。我国思想政治教育就是为社会主义服务的，所以促进人的全面发展，使人过上更美好的生活也是思想政治教育的最终目标。同时，过一个什么样的生活，有什么样的生活世界，也是思想政治教育研究的内容。之前我们需要过好物质文化生活，新时代我们需要美好生活，这也指引着思想政治教育的改进与前进；另一方面，维持民族的血脉，构建人民的精神家园，先进文化是必不可少的有力支撑。文化是一个国家竞争力的重要体现，先进的文化体现着一个国家的生命力、凝聚力和创造力。对整个人类的发展进步来讲，不仅要体现在物质生活水平的极大提高，还要追求更加高尚的精神世界。人们追求的崇高精神世界在无形中牵引着思想政治教育的改进和前进。同时，思想政治教育不断丰富和提升人的精神世界，增强人民精神力量，是提升国家软实力的重要方式。

走向生活世界的思想政治教育，是为了避免与实际相疏离，防止从抽象的人或事出发谈空洞的理论，陷入形而上学唯物主义的窠臼。然而，需要说明的是探讨思想政治教育应该走向生活世界，并不是完全摒弃或否定前人对思想政治教育的价值探讨，而应该从文化维度出发、用哲学方法分析思想政治教育；不是从抽象和理想出发，走向教条主义、抽象主义或理性主义，而是把思想政治教育奠定在现实存在的根基上，

① 习近平．习近平谈治国理政：第一卷［M］．北京：外文出版社，2014：424.

从生动鲜明的生活世界去考察思想政治教育。

四、涵养以文化人

党的十八大以来，以习近平同志为核心的党中央把文化育人工作摆在了突出重要位置，习近平总书记多次发表有关以文化人的重要论述。习近平总书记强调："做好高校思想政治工作，要更加注重以文化人、文化育人。"① 2018 年，他在全国宣传思想政治会议上指出："育新人，就是要坚持立德树人、以文化人，建设社会主义精神文明、培育和践行社会主义核心价值观。"② 当代社会文化功能越加重要，文化地位显著提升，思想政治教育作为一种文化现象，应涵养"以文化人"，以完善思想政治教育的建构。思想政治教育中的"育人"和以文化人中的"化人"虽然有一定相通之处，但是具体到二者的内涵、外延和作用上，还是有一定的区别。以文化人就是用人类丰富的精神文化成果来教化、感染人，不是简单的教育，而是注重运用自觉的、间接的、浸润的方式。思想政治教育增强文化底蕴，涵养"以文化人"，需要从以下几方面考察。

1. 思想政治教育以"文"为内核。具有浸润力、感染力、熏陶力。"文"是思想政治教育取得实效的重要前提。从宏观上讲，"文"是整个人类文明的成果，是人们思想智慧、智力情感和精神世界的结晶，包

① 张烁，鞠鹏．习近平在全国高校思想政治工作会议上强调：把思想政治工作贯穿教育教学全过程开创我国高等教育事业发展新局面［N］．人民日报，2016-12-09（1）．

② 张洋，鞠鹏．习近平在全国宣传思想工作会议上强调：举旗帜聚民心育新人兴文化展形象　更好完成新形势下宣传思想工作使命任务［N］．人民日报，2018-08-23（1）．

括物质上、制度上、精神上所有刻有人类烙印的产物。思想政治教育的"文"要选择积极的、健康的、先进的内容，主要有以下几方面：一是中华优秀传统文化。中华优秀传统文化是先人们思想智慧的精华和中华民族的价值源泉，延续了中华民族的文化血脉。中华传统文化中蕴含着极其丰富的人文关怀精神和道德修养准则，能够增强个体的情感共鸣和归属感。中华优秀传统文化为现在思想政治教育而服务，彰显了民族特色、增添了民族活力、奠定了文化根基，体现出独具特色的中国精神和中国风格，彰显了中国气派。二是革命文化。革命文化是在中国共产党领导下，人民在艰难困苦的长期革命时期和社会主义建设时期形成的克敌制胜的精神力量，革命文化是中国共产党人革命和建设的精神产物，是优良品德和良好作风的集中体现，是我国政治文化的源泉。以井冈山精神、长征精神以及延安精神为代表的革命文化可以增强人们建设社会主义的热情和凝聚力，激发人们的爱国主义情怀和艰苦奋斗的精神。以革命文化滋养思想政治教育，使其展现出顽强的生命力和强大的创造力，是塑造人们崇高坚定的理想信念和顽强拼搏的意志精神的重要旗帜。三是社会主义先进文化。社会主义先进文化引领着时代的进步，代表着社会文化发展的潮流与方向。先进文化作为思想政治教育的重要内容，把中国文化的发展推向了新的高度，开启了社会进步的新篇章。先进文化引领着我国社会文化发展的思潮，是人们进行文化滋补，开展文化实践的精神旗帜，对促进人的全面发展，提升人的整体精神境界具有重要作用。习近平总书记在"七一"讲话中强调"在5000多年文明发展中孕育的中华优秀传统文化，在党和人民伟大斗争中孕育的革命文化和社会主义先进文化，积淀着中华民族最深层的精神追求，代表着中华民族独特的精神标识"①。绵长悠久的中华优秀传统文化、厚重的革命文化、焕发生机与活力的社会主义先进文化，共同给予思想政治教育"以文化人"最丰厚的文化滋养。

2. 思想政治教育以"化"为方式。能动地"化"是思想政治教育的方式、方法。"化"是指"教化""润化""渐化"，不完全同于"育"。"化"作为动词，本义是变化、改变的意思，《说文解字》解释为："从七从人，七亦声。"现在引申为教化。在以文化人的语境中，化作为"文"作用于"人"的中介，是一种方式和手段。"化"的过程具有逐渐、渐进的特征。从"教化""润化""渐化"以下三方面可以更好地诠释"化"的作用。首先是"教化"，主要是理论灌输的方式，是现代教育过程中最常用的教育方法，比较直白、实际的教育方法，可以集中管理并且可控性较强。以文化人的过程离不开这种理论灌输的形式，适合绝大多数人，效果也比较明显。其次是"润化"，是指运用思想政治教育的魅力来滋养、滋润受教育者，使受教育者受到浸润与熏陶，达到一种"润物细无声"的效果。"润化"具有润泽的作用，指个体在滋润中成长。将教育内容与个体相互渗透，悄无声息地影响人的精神世界，潜移默化地改变着人的思想观念和行为规范。"润化"对于陶冶个体的情操，塑造个体的品性和养成个体的行为具有重要的作用，这种隐形的、无意识的教育方式效果往往更稳定、更持久。最后是"渐化"，罗马不是一天建成的，人的性格培养更不可能立竿见影，这是一个逐渐、渐进的过程。渐化的过程犹如涓涓细流，深入人心。古人云：

---

① 在庆祝中国共产党成立95周年大会上的讲话［EB/OL］. 求是网，2021-04-15.

"四海从风，八垠渐化。"① 在逐渐获得知识和精神满足的过程中，可以激发个体的满足感和成就感。这种逐渐感化的过程也更容易被接受，让人乐此不疲，同时也促使思想政治教育水平不断提升。

3. 思想政治教育以"人"为目标。"化"字最早始见于商代，是正反两个人形的组合，可以看出古代人就有以人为目标的雏形。不论是博大精深的内容，还是独具特色的方法，都要围绕"人"来设计思路，最终目的都是以"人"为目标。一方面，提升人的思想道德素质是基本目标。思想道德素质是规范个人言论与行为的准则，是做人的基本要素。思想道德素质综合反映了人的世界观、人生观和价值观。以文化人，发挥文化的基本作用，用文化去感化人，凝聚道德力量，涵养道德水平，提高思想道德素质。习近平总书记指出："一个民族的文明素养很大程度上体现在青年一代的道德水准和精神风貌上。"② 社会主义合格的建设者和可靠的接班人需要具备优良的思想道德素质，这也是社会主义建设宏观战略目标的要求；另一方面，提升科学文化素质是现实目标。习近平总书记指出："要勤于学习、敏于求知，注重把所学知识内化于心，形成自己的见解，既要专攻博览，又要关心国家、关心人民、关心世界，学会担当社会责任。"③ 提升科学文化素质，提高理论文化水平是关乎个体、关乎社会、关乎国家最直接、最现实的目标。只有具有高水平科学文化素质的人民，才能体现一个国家的生命力、责任力、创造力。最后，坚定理想信念是重要目标。树立崇高理想，确立坚定信念是思想政治教育以文化人的重要目标追求。习近平总书记指出："理

① 曾国藩，乔继堂．经史百家杂钞：上［M］．上海：上海科学技术文献出版社．2020：321.

② 习近平．习近平谈治国理政：第一卷［M］．北京：外文出版社，2014：52.

③ 习近平．习近平谈治国理政：第一卷［M］．北京：外文出版社，2014：172.

想指引人生方向，信念决定事业成败。”① 实现思想政治教育的目标，必须坚定为实现中华民族伟大复兴而团结奋斗的崇高理想信念。坚定理想信念既指明了个体的人生方向，也为国家培养时代新人提供了精神支撑。

总之，思想政治教育文化属性应涵养“以文化人”，将思政中的“育人”和以文化人中的“化人”二者相结合统一，充分促进人的全面发展和社会主义全面建设。习近平总书记说：“儒家思想和中国历史上存在的其他学说都坚持经世致用原则，注重发挥文以化人的教化功能，把对个人、社会的教化同对国家的治理结合起来，达到相辅相成、相互促进的目的。”②

第二节　思想政治教育文化属性的价值意蕴

思想政治教育文化属性的价值意蕴是从文化视角阐释其功能的外在表现。思想政治教育作为一种文化现象，在与文化的融合中不应该是盲目的，需要强化对文化的鉴别性、批判性，筛选出积极向上的价值，维护思想政治教育的良性发展。在个体层面，能够以文育人；社会层面，引领文化发展方向；在国家层面，可以维护国家文化安全。

① 中共中央宣传部．习近平总书记系列重要讲话读本［M］．北京：学习出版社，2014：159.

② 习近平．在纪念孔子诞辰 2565 周年国际学术研讨会暨国际儒学联合会第五届会员大会开幕会上的讲话［N］．人民日报，2014-09-25（2）．

一、个体维度：能够以文育人

思想政治教育用文化涵养、化育人，促进人的成长与发展。文化包括两个层面的内容：“人化”和“化人”。“人化”强调了人的先决作用，即人类自觉能动的认识客观世界并在此基础上对客观世界进行改造。“化人”强调了物的先决作用，即人自由自觉主动创造的这个客观世界反过来也会对人的发展、变化与进步产生影响，就像沈壮海教授所说：“教育过程实质上就是文化化人的过程，是将人类已经发展起来的先进文化成果转化为个体内在本质力量，促进人的精神生活全面发展的过程，是引导个体能够驾驭外部世界，对个体才能的实际发展所起推动作用的过程。”① 思想政治教育形塑人的精神，促进人的全面发展，使之成为有意义、有价值的主体。对人的有用性也是思想政治教育最根本的价值。从文化视角来探究思想政治教育的价值，即在思想政治教育的全过程和各方面用文化的力量提升人、改造人、塑造人，使之成为“完整人”。以文育人，促使人从“自然人”向“完整人”转化，从以下三方面分析。

（一）思想政治教育文化属性能够促进个体正确价值取向的养成

以文育人的“文”不仅指科学知识文化，还指价值思维。思想政治教育的基本是要学习一定的思想观念、政治制度和道德知识等，不仅要熟识熟记，还要把其内化为相应的精神价值。掌握知识不是思想政治教育的唯一，还要内化于心，心悦诚服，形成相应的价值观。思想政治教育的内容包括哲学知识、政治观念、道德规范、心理学知识、法制知

① 沈壮海．思想政治教育的文化视野［M］．北京：人民出版社，2005：26.

识等，掌握知识不是思想政治教育的唯一，思想政治教育文化属性体现在我们应该在思想上归化，形成正确的世界观、政治信仰、道德情感、健康的心态和法治观念等。文化的根本内核是价值取向，人们以此做出对待世界和看待问题的认知与理解、判断与抉择的向导和依据。一个文化系统中内含的价值取向决定并体现着其性质，造就与凸显了其张力，规范与引导着其发展方向。思想政治教育如果仅注重传授知识，抛弃了自身的精神内核，就会失去自身存在的基础。华夏文化是我们的基因与文脉，早就植根于我们的内心，不知不觉地影响着我们思维与行为。个体正确价值观的养成必须植根于思想政治教育这片沃土中，从其中汲取丰富的养分。思想政治教育文化属性培育我们把获取的知识形成正确的价值思维，促进我们形成正确的三观，这也有利于维护其本质属性，即意识形态属性。

（二）思想政治教育文化属性丰富个人精神生活，提高人生境界

以文育人的“文”不仅包括物化的文明成果，还包括精神上的文化成就。人类改造自然的物质都属于物化的文化，这些物化的文化都含有丰富的育人内容，比如，我们日常学习的理论知识、规章制度、礼节仪式等都是培养个体素质的文化成果。思想政治教育可以丰富个体精神，提升人生境界，是人们寻求精神归宿、构建精神家园的重要途径。人作为社会存在物，每个人都有自身生存的意义，探索人生的意义也是我们思考的永恒话题。每个人的地位、处境、成长方式不同，对待人生的态度也不同。思想政治教育工作通过提高人的综合素质来处理人生所面临的各种问题，提升人生境界。以文育人不仅运用文明成果培育个人，还运用更深层次、更持久、更稳定的精神世界培育个人，比如，引导人们对真善美的追求，引导人们追求正确的价值观，维护自身与国家

的尊严，坚定信仰与理想，等等。这些都是以文育人要传递的重要内容。充分彰显思想政治教育文化属性，可以提升个人的精神境界，引导个人追求生命的意义与价值，追求丰富圆满的精神生活。关注个人的理想、信念、价值思维等精神生活，关注个人的主体意识，为个人提供精神归宿，增强精神支柱，是思想政治教育义不容辞的时代责任与历史使命。

（三）思想政治教育文化属性还关注个人的心理需求

以文育人的“文”除了指文化理论还包括文化心理。思想政治教育是一项做人的思想的工作，不仅体现在可以武装人的头脑，还体现在可以影响人们的心理活动。教育工作包括教育个人的脑力和心理。教育的过程离不开个人心理因素的参与作用。个体道德品质构成的5个要素是知、情、意、信、行。“知”是道德认知，“情”是道德感情，“意”是道德意志，“信”是道德信念，“行”是道德行为。这5个基本要素在品德形成中缺一不可，相互制约、相互影响，共同促进道德品质的形成和转化。在这5个构成要素中，情、意、信三个要素都是非理性因素，就是说在道德品德的形成过程中非理性的心理因素起了很大的作用，除了道德认知，理论知识是最首要、最基本的因素外，其他还需要有良好的情感、坚强的意志、坚定的信念等非理性心理因素的制约，如果没有这些非理性心理因素的参与就会像一个冷漠的机器人一样，只是具备道德的认知，但不足以构建道德品质，所以必须关注情感、意志、信念等非理性心理因素。非理性心理因素中的各要素并不是固定不变的，会随着自我思想、心理的发展而变化，可以在经历各种实践活动中逐渐坚定与成熟起来。

在社会实践里，人在面临困境，克服困难的过程中，可以逐渐培养起来意志、信念等非理性心理因素并使之发展强大。因此，思想政治教育过程中要加强对非理性因素的关注。一方面，以文育人的内容上，增加一些更加贴近生活、贴近个体的教育内容和活泼生动的事例，可以激发个体强烈的感情，掀起学习的热情，使个体在放松、愉快的心情中接受知识的传授；另一方面，以文育人的方法中，像榜样示范、环境熏陶等方法，更容易引起情感上的共鸣，并且赋予感染力。不论是什么方法促使情感、意志、信念的培育，都是为了使这些非理性心理因素可以促使教育对象真正实现从知到行的转化。

二、社会维度：引领文化前进方向

充分彰显思想政治教育的文化属性不仅可以以文育人，还可以促进社会文化的进步，引领社会文化的前进方向。思想政治教育根本上是做人的思想的工作，是关于人的发展，关于人的实践，所以还是一项特殊的社会实践活动。思想政治教育是从社会实践的基础上不断发展起来的，对社会发展产生作用是显而易见的。思想政治教育传播先进思想观念，从根源上讲也是一种文化传播活动，思想政治教育文化属性的价值映射到社会层面就在于其能够引领文化发展。

培育社会主义核心价值体系是思想政治教育文化属性的集中体现。在文化选择方面，必须坚持和维护社会主义主流文化。运用社会主义主流文化的内容，比如，文化知识、思想观念、价值取向和道德情操等来培育社会成员，促使每个人形成正确的文化价值取向，从而达到整个社会思想文化的和谐与稳定。应该大力弘扬与培育我国主流思想的社会主义核心价值体系，充分发挥其引领社会文化前进方向的功能。有以下几方面：第一，必须毫不动摇巩固马克思主义的指导地位是社会主义核心价值体系培育的根本。坚定马克思主义的立场，才有力量坚持抵御不良文化的侵蚀。善于运用马克思主义的方式方法，面对培育主流文化过程中出现的问题才不会手足无措。第二，加强舆论宣传，增强社会主义核心价值体系的传播与主导。当下社会发展多样化和丰富化，受教育者也充分展现自我，张扬个性，以往单一的舆论宣传方式已经不能满足社会成员的需要。培育社会主义核心价值体系，在坚持党性原则的前提下，要采取灵活多样的、生动活泼的方式。第三，加强文化熏陶，善于“古为今用，洋为中用”。提高传统文化和西方文化的现实性和有利性。我们要善于发掘传统文化和西方文化中对社会主义文化建设有益的成分，结合主流文化，创新培育主流文化的方式。利用喜闻乐见的形式开设精神文明活动，要贴近生活，接地气，大众化，但又要反对“三俗”，在优良的文化熏陶下，使人们在潜移默化中提升自身的价值观念和思想品质。第四，深化养成教育，促进价值观和行为自觉的知行统一。将社会主义核心价值体系深入人心，做到知行合一，是一项长期的伟大工程。“知”是深知、透知，一知半解，那是假知、伪知。知必须行，不能知而不行，要做到知中有行、行中有知，最好知中有新行、行中有新知，避免知行不一。保持社会主义核心价值体系培育和实践的常态化，培养行为规范自觉，从生活中做起，不忽略一点小事。从自身做起，形成良好的社会氛围。第五，健全相应的制度体系。培育社会主义核心价值体系需要高效、科学、系统的强有力制度作保障。完善健全的制度是一切工作顺利开展的重要前提。缺乏制度的保障，各种思想观念和方式方法犹如一盘散沙。法制保障推动活动进行，各部门承担起相应的责任，保证组织化、科学化，各项工作才能顺利运转。习近平总书记强调：“要用法律来推动核心价值观建设。各种社会管理要承担起倡导社会主义核心价值观的责任，注重在日常管理中体现价值导向，使符合核心价值观的行为得到鼓励、违背核心价值观的行为受到制约。”① 也就是要善于运用各种手段，形成总体规划，统筹协调，从各领域保障培育社会主义核心价值体系活动的开展。

推进主体教育能力的常态化建设，有效确保文化发展的正确路向。通过各种方式各种途径加强社会主义核心价值体系的大众化宣传和教育是保证文化发展方向的应然之举，要确保两大教育主体的培育和建设，强化受教育者主体意识，增强发展主流文化的内生动力。一是充分发挥社会主义核心价值体系教育者正确示范、教化、引领作用。思想政治教育的内容应是丰富的、科学的，社会主义核心价值体系是思想政治教育的核心内容之一，它的宣传和教育离不开一支德才兼备、素质过硬的教育队伍。教育者不仅要具备传授科学文化知识的专业素质，还要具备传道塑魂的道德品质。广大教育者要坚持社会主义核心价值体系的引领，遵循正确的价值准则，自觉践行社会主义核心价值体系，起到模范带头，榜样教育作用。教育者要同时关注校园和社会，不要把学校当作唯一的教育渠道，在社会上也要自觉承担义务，主动服务社会，热心公益，也要做好社会的老师，奉献自己的专业知识和道德品行于社会大众。广大教育者要把正确的价值取向与自觉的道德实践结合起来，成为社会文明新风尚的引领者和助推器。二是发挥社会主义核心价值体系遵从者和践行者的作用。受教育者不仅是被教育的对象，同时也是能动地认知和实践社会主义核心价值体系的主体。必须充分尊重受教育者的主体地位，积极参与为主体创建健康向上的社会氛围，充分发挥思想政治教育的教育功能，提升受教育者的个人精神文化素养，教育和引导他们

① 习近平．习近平谈治国理政：第一卷［M］．北京：外文出版社，2014：165.

笃信社会主义核心价值体系，抵制落后低俗腐朽文化的侵害。提高受教育者的文化甄别分析和选择能力，提升其文化标准，树立有品位的价值思维。除了对受教育者进行宣传教育，还要努力引导受教育者自我教育和自我感化，将社会主义价值体系转化为自身的价值取向。

三、国家维度：提升国家软实力

思想政治教育作为国家软实力的一部分，体现的是国家意志。主要任务就是维护国家稳定和社会发展，维护国家文化安全是义不容辞的责任。意识形态领域、文化领域的斗争是场没有硝烟的持久战争，维护国家文化安全的任务依旧任重而道远，不能松懈。要重视发挥思想政治教育的文化功能，提升国家软实力、维护国家文化安全。软实力就是文化力，是指一个国家的文化力量，文化方面的综合实力。一直以来，思想政治教育被单一化为“政治教育”，常常被认为是古板的灌输教育，脱离了文化属性，忽视了其对我国文化软实力建设的作用。思想政治教育中的思想观念、政治观点和道德规范都具有深刻的文化烙印和文化底蕴，其本身也是一种文化实践活动。因此，思想政治教育文化属性的有效彰显能够使国家文化软实力得到提升和增强，切实有效维护国家文化安全。

思想政治教育本身就是国家软实力的部分。从内容上看，国家软实力包括思想政治教育以及各种文化形态，有思想观念方面的价值体系，也有文化产业方面的文化产品、影视作品等，还有文化事业方面的图书馆、博物馆等公益组织。思想政治教育属于能够影响人思想观念的上层建筑的一部分，是国家软实力的重要组成部分，主要任务就是传播主流文化，即社会主义核心价值体系。思想政治教育宣传国家的路线方针政策，代表国家意识形态，体现国家意志，构成国家软实力的重要内容。从作用上看，思想政治教育对国家软实力的发展起到引领带头作用。中国特色社会主义共同理想，以爱国主义为核心的民族精神和以改革创新为核心的时代精神以及社会主义核心价值体系都是国家软实力建设的重要依托，照亮国家软实力前路的灯塔，这些也正是思政工作的重要内容。思政工作作为一种意识形态的教育活动，为一个国家文化力量的提升、文化安全的维护发挥着重要导向作用。

提升文化软实力，维护国家文化安全离不开思想政治教育强大的引导与支持。思想政治教育为提高国家软实力提供了重要资源，是国家软实力的施展平台，为维护国家文化安全提供了精神动力与文化支撑，是促进国家稳定、维护国家文化安全的应有之义。思想政治教育提升国家软实力，维护国家文化安全的路径离不开以下两方面。

从内容上考虑，坚持马克思主义指导思想，运用马克思主义中国化最新成果，传播主流价值取向、政治观点，培养政治认同感和正确价值观，巩固政权，促进社会稳定与发展。坚定的理想信念是进行社会主义事业奋斗的精神支柱，用共同理想培育我们的政治认同，使我们有了共同的目标，有利于社会成员形成统一的正确价值取向。民族精神和时代精神是我们凝神聚气的重要思想，在为社会主义事业奋斗的道路上，需要有中国精神的鼓舞为我们提供源源不断的动力。中国精神引导全国人民形成价值共识，使各族人民展现出坚不可摧的磅礴力量。营造良好风气，创建社会主义道德新风尚离不开社会主义荣辱观的教育。“社会主义荣辱观”纠正不良风气、抵制歪风邪气，肯定社会新风、褒扬社会文明，有助于我们树立正确的道德思想，提高我们的道德修养，促使我们具有高尚的道德品位，营造学习先进高雅、抵制落后低俗的良好社会氛围。

从作用上考虑，充分发挥思想政治教育的文化宣传导向作用和文化整合创新作用。首先，一个民族文化对外的辐射力是一个国家软实力的重要表现之一，一个国家文化在全世界产生的强大魅力和吸引力体现了这个国家软实力的强大。为了增强国家文化的魅力，提升本国文化的影响力，扩大本国文化的辐射面，所有国家都使出浑身解数进行文化建设，并把此作为提升综合国力的重要战略任务。充分发挥思想政治教育文化宣传导向作用，努力传播中华民族优秀文化，弘扬民族精神和时代精神。文化因为互相交流变得多姿多彩，因为互相借鉴变得洋洋大观。坚持我国文化“走出去”，展现出我国文化的亲和力以及中国智慧。其次，任何一种文化都不可能是封闭起来，孤立存在的。每种文化都要与外界产生交流，在互相碰撞与沟通中，不断吸纳和整合其他的文化，创新成为自我文化的因子，从而推陈出新。思想政治教育要在批判的基础上继承与吸纳，进而整合创新我国的文化。稳固根基，树木才能更加茂盛；疏通源泉，水流才能更加长远。对文化进行批判整合，本着科学的精神，理性地看待传统文化和西方文化。从历史维度上看，中华优秀传统文化是中华儿女的根与源，是中华儿女共同的魂，摒弃优秀传统文化就是割断了自己的精神命脉。由于历史的局限性，对待传统文化也不能不假思索的全盘接受，更不能全盘否定，要坚持“扬弃”。思想政治教育的过程中批判的借鉴前人留给我们的思想理念和价值规范，吸纳优秀的内容和方法，并将其发扬光大，增强国家对内文化的感召力。从国际维度上看，对待外来文化也要辩证统一，同样要坚持“扬弃”。全球经济化、信息化加速发展，各地紧密联系，国与国之间经济、政治相互依存，文化也不可避免地有了更多的联系与交流。文化方面我们不能故步自封、裹足不前，应该乘风破浪，积极追求文化之间的相互沟通。在警惕文化侵略和文化霸权的前提下，提升国家对外文化的吸引力，辩证地看待外来文化，积极吸收外来文化中优秀的结晶，进而为我所用，融会贯通于自身文化中，提升我国文化的魅力与光彩，并且我们还要进一步诉说中国故事，传播中国文化，要让世界知道文化上的中国，坚持“引进来”和“走出去”。对传统文化，西方文化要取其精华、去其糟粕，进行整合创新成为我们共同的价值，增进我们对国家的文化归属感和认同感。如何让文化创新成为国家发展的不竭动力，如何保证国家发展的文化创新力，是新时代思想政治教育工作者绕不开的一个时代性问题。思想政治教育要推动文化整合创新，在传递优秀传统文化和碰撞外来文化的过程中实现新的文化创造，推动社会主义文化繁荣兴盛。

第五章

思想政治教育文化属性淡化的现状及成因

善于精准定位和发现问题是分析及解决问题的先决条件，将发现的问题加以科学分析、有效解决就会促进事物持续不断的发展进步。对思想政治教育文化属性的研究应坚定以树立问题意识、坚持问题为导向。前文我们已经阐明，思想政治教育的属性是多维的，文化属性是其中的一种，文化属性是思想政治教育的基本属性。文化属性的彰显有着重要的对象化价值，文化属性的彰显有利于促进个人自我价值实现、有利于促进社会文化的进步、有利于提升国家文化软实力。但在思想政治教育的发展历程中，在思想政治教育的教育理念的时代流变中，文化属性存在被弱化、被淡化的现象。本章我们首先将对思想政治教育文化属性淡化的问题进行全方位考察，并从人文教育的价值理念进行引导，人文的经典熏陶与人文精神的支撑，思想政治教育本身文化功能式微等角度加以问题归因，进而系统的探讨思想政治教育文化属性淡化的缘由。值得注意的是，研究思想政治教育文化属性被淡化的现状以及原因并不是在驳斥思想政治教育，而是从思想政治教育的文化角度透视出一些影响其感染力和实效性的因素，进而为彰显思想政治教育文化属性提供学理基础。

第一节 思想政治教育文化属性淡化的现状

一直以来，作为党的政治优势、基本经验及优良传统，思想政治教育服务于国家革命、建设、改革和发展，展现出了强大的力量。中国特色社会主义进入新时代，世界处于百年未有之大变局，不断变化的时代环境为思想政治教育提出了许多新的具有历史性的课题。从外部环境来看，世界多极化、经济全球化、文化多样性、社会信息化、价值多元化加快演变，世界发展的现实问题和解决之道需要加快明确；从内部环境来看，经济社会发展处于加快转型时期，一些重大理论热点问题亟须解答。思想政治教育所面临的历史性课题，需要从文化的视角加以分析，运用文化的力量，彰显文化属性才能更好解决。目前，思想政治教育文化属性存在被淡化现象，有多方面的具体表现。

一、思想政治教育缺乏人文关怀的价值理念

从历史上来看，思想政治教育模式都是“政治主导型”。封建社会时期，为了维护中央集权的统治和封建贵族的利益，家庭伦理道德与政治集权统治是相统一的，形成了政治道德统治思维。近代的革命动荡时期，革命斗争成为社会中心工作，思想政治教育紧密围绕革命斗争工作而展开，发挥了重要的作用。进入社会主义加快发展阶段，思想政治教育在很大程度上仍然沿用了惯常的实践模式。不可否认，这种“政治主导型”的思想政治教育是适应以往社会环境的，也确实为当时的社会稳定与发展贡献了一定的力量。但是，这种模式的思想政治教育文化

属性较为淡化，缺乏人文关怀的价值理念，即缺乏从文化的视角审视教育目标、教育对象、教育实践等。缺乏人文关怀价值理念的思想政治教育有以下几方面的表现：

（一）缺少对受教育个体价值的关怀

在以往传统的教育理念下，思想政治教育一直遵循培养“政治人”“社会人”的宗旨，培育具有社会价值的人，为社会、国家的发展服务。在工具价值理念主导下，思想政治教育脱离了“人的发展”这个主题，只重视人对社会发展的有用性，没有对受教育者做到真正的尊重、理解、关怀，忽视受教育者自身的情感、心理需要和对理想价值的追求等个体价值。在缺乏人文关怀理念的指导下，思想政治教育不“务实”，严肃性的政治说教用语生硬、态度强硬，忽略了人文情怀，容易出现一些教条、呆板的情况，缺乏生活的趣味性，不够关心个体的思想价值，不常理解个体实际生活，无法真正唤醒个体的内心情感，不易自觉转化为行为规范。思想政治教育目标过于强调经济、政治、文化的推动作用，目标过于远大、过于理想，忽视了受教育者成长的特点和个人需要，脱离常人的感情，无法引起共鸣。这些过于完美的形象让普通民众望尘莫及，不利于学生自觉接受正确的世界观、人生观和价值观。

（二）忽视受教育者的主体地位

在缺乏人文关怀的价值理念下，以往的思想政治教育过于强调教育者的主导地位和作用，将教育者列为教育的主体，忽视受教育者的主体地位。教育者高高在上，照本宣科，充分展现了权威性和控制性，受教育者被动地接受却不知所云。教育目标和教育效果不相吻合，出现了“两张皮”现象。“主客二分”的模式下，教育者和受教育者之间缺乏平等的沟通和交流，导致形成了畸形的教育关系，打消了受教育者接受教育的主动性和积极性，不利于受教育者能动性的发挥，影响了思想政治教育育人的效果。

（三）淡化受教育者的社会实践体验

现实中，思想政治教育被不少人认为是脱离实际、不接地气的理论说教。思想政治教育的本质属性是政治属性，即传播意识形态的教育，具有浓厚的政治色彩，内容方面具有一定的抽象性和严肃性。传统重视理论教育的思想政治教育，理论意识较强，较为注重讲授理论的形式与内容，侧重追求理论知识的积累，实践环节略显薄弱。理论与实践脱节，表现在教育过程中对专业知识的讲解和理论阐述时，由于缺乏人文关怀理念，文化底蕴不足，文化视角相对缺位，空谈理论，不切合学生实际。受教育者缺乏相关的文化实践活动，没有进行生动活泼的深刻体验，受教育者表示只是知晓皮毛，没有真正入心。脱离受教育者的实际生活，也难以形成深刻理解并引发共鸣，即便有些校园活动和社会实践活动涉及思想政治教育的相关主题，可是在真正实践时也是流于形式，并且倾向于政治化，缺乏一些专业的实践指导，不能起到抛砖引玉的作用，对受教育者的思想政治教育认同感作用不大，达不到应有的教学效果。思想政治教育工作是对人的思想观念进行改造，人的思想观念的真正形成还是要回归生活实践。要做到知行合一，才可以说是真正的塑造价值观。如果脱离实践活动，没有实践体验的思想政治教育难以真正入耳、入脑、入心。

二、思想政治教育缺乏人文经典熏陶与人文精神支撑

人文经典和人文精神的内涵较为丰富，在此不做过多的探讨，简言

之，笔者认为人文精神是指人类在进行文化实践活动过程中体现出来的价值观点、思想道德、理想信念等意志的总称。这种人文精神可以体现在具体的文化实践活动中，比如，城市人文精神、红色人文精神、道家人文精神、体育人文精神、京剧人文精神等，也可以总体表现为整个国家，整个民族的思维方式，价值观念和行为方式等意志。在这里不对具体的分类作研究，只指国家具有民族性和独特性的中华人文精神。人文经典就是展现优秀人文精神的典范性的作品或成果。思想政治教育虽然意识形态性明显，但从广义来看，它也属于一种教育形态，更属于一种文化现象，因此思想政治教育的过程与发展同样离不开它所处的文化发展与积淀。文化的魅力为思想政治教育的改革创新提供了新视角，中华文化中的人文经典和人文精神对人们正确价值观的生成维持着高度的熏陶性、支撑性、自觉性，是思想政治教育的血与肉。目前，思想政治教育活动缺乏人文经典熏陶与人文精神支撑，有以下几方面的表现。

（一）理想信念教育无力

理想信念是人们对于世界观、人生观和价值观的判断和选择。理想信念是人生旅途的启明灯和指挥棒。理想信念正确、科学、崇高可以引导人生走向前进正确的道路。理想信念模糊、混乱、卑下就会使人生活迷茫，甚至走向邪路。"传统的思想政治教育模式无法形成浓厚的人文氛围，无法真正达到引导价值理念、启迪也灵的教育意义。"① 传统的思想政治教育淡化文化背景，倾向政治性，理想信念教育缺乏人文经典熏陶与人文精神支撑，脱离实际，过于抽象和空洞，让人难以理解和认可。随着文化产业的兴起与快速发展，世界联系紧密加强，各种文化纷至沓来，通过互联网，现代媒体占领了一席之地，拓展了自身的发展空

---

① 薛赛男．大学生思想政治教育人文关怀研究［D］．沈阳：辽宁大学，2017.

间。思想政治教育话语权逐渐弱化，理想信念教育被享乐主义、感官娱乐所制约，由于缺乏人文经典熏陶与人文精神支撑，理想信念教育失去了文化的支撑，思想政治教育只能被认为是冷漠宣教的机器，不接地气，没有人文情怀，发挥不了文化的魅力与力量，在人们快节奏的生活里被漠视。人们对崇高的理想、高尚的信仰嗤之以鼻，取而代之的是物质主义，及时行乐等思想。剥离人文经典熏陶与人文精神的深厚底蕴，理想信念教育更感到无力。

（二）对人格培育、道德培养乏力

中华文化中的人文经典十分注重人格培养和修身教育。“修身齐家治国平天下”，修养身心，自身人格修养是做人、做事的第一步，是人生的第一粒扣子。“吾日三省吾身”，曾子强调自己每天要反省多次，强调严于律己。传统文化中的很多人文经典代表无一例外都在强调个人良好的人格和道德是建功立业的重要基础和前提。但目前思想政治理论课中恰恰缺乏这些人文经典的熏陶，缺乏人文精神的支撑。教学过程中没有增加人文底蕴，思想政治教育成为对主流意识形态的阐释、传播、灌输，成为国家政策观点的复读机。缺乏人文经典熏陶与人文精神支撑的思想政治教育只是重视理论知识的传授，忽视了人文精神的引导和人文经典的熏陶与感染，不能很好地起到“以文化人”作用，尤其表现在道德方面，在引导人们正确处理社会道德问题时略显无力。这种忽视人文精神的思想政治说教弱化了人们的人格和德行培育，受教育者只是被动地接受理论知识和思想观点，没有情感体验，缺乏理性判断和自主能力的培育，无法把思想道德观念内化于心。社会风气出现一定的问题，社会公共道德失范时有发生。究其原因，教育过程中对受教育者的心理感受、情感需求、思想指引，品格塑造等方面的教育乏力，导致个体出现精神空虚，理想信念不够坚定，甚至模糊动摇，价值取向迷茫困惑，价值思维混乱等部分个体精神文化失衡。人们心中的信仰塌陷，个体文化精神沉沦与萎缩于社会生活中。缺乏人文经典熏陶与人文精神支撑的思想政治教育容易导致道德认知与道德行为失衡，从而引发社会公共道德问题。

（三）思想政治教育工作者人文精神有待持续提升

思想政治教育工作的主要对象是青少年，他们是实现民族复兴和中国梦的主力军，思想政治教育工作者就是“筑梦人”。中国教育家陈鹤琴有句名言“没有教不好的学生，只有不会教的老师”。部分教育者人文精神略显欠缺，只重视“知识化”的传递过程，关注对受教育者知识的教育，忽视了对受教育者心灵世界的理解与引导，忽视了育人、化人的过程。还有部分高校教师对教学草草了事，不注重对学生进行人格魅力的感化和崇高精神的熏陶。在多元价值的冲击下，更有部分教育者不注重自身人文精神的涵养，当受到功利主义、享乐主义的冲击时就会出现道德偏离。

三、思想政治教育的文化功能发挥式微

随着社会的进步和时代的发展，思想政治教育的功能除了单一的政治说教，宣传政治理论，还有促进经济建设、社会建设、文化建设等，也就是说，思想政治教育的功能是多向度的。文化属性是思想政治教育的基本属性，思想政治教育具有重要的文化功能、文化作用和文化价值，相应的功能、作用和价值是思想政治教育文化属性的体现。思想政治教育的文化功能包括两方面：第一，对内具有文化传承、选择、整合和创新等文化发展功能。第二，对外有维护国家文化安全的功能。疏离

文化力量的思想政治教育表现为一方面，对文化的传承、选择、整合与创新等文化发展功能不强；维护国家文化安全功能削弱为另一方面。表现如下：

（一）思想政治教育文化传承、选择、整合和创新等文化发展功能衰微

思想政治教育本身就是一项特殊的文化传播活动，对本民族文化进行传承是最基本的功能。从一定角度来看，文化传承不仅是思想政治教育的出发点，更是落脚点。习近平总书记讲道："要结合新的时代条件传承和弘扬中华优秀传统文化，传承和弘扬中华美学精神。"① 中华优秀传统文化是中华民族最独特最鲜明的精神标识，是渗透进民族灵魂和血液里的因子，是激发人民为实现中华民族伟大复兴献智出力的不竭精神动力。思想政治教育结合新时代的特点传承中华优秀民族文化，培育华夏儿女文化精神，增强我们的文化精神能量。思想政治教育的文化传承过程中，不应是简单的、不假思索地照样学样、生搬硬套，而是需要选择与整合。当前社会除了存在主流文化、优秀文化外，还有一些宗教文化、外来文化，网络文化等，其中不乏有些落后迂腐低俗的文化因子。主流文化与非主流文化存在共生共存、相互交融的发展态势。思想政治教育充分发挥文化的选择与整合功能，展现扬弃的精神，正确甄别、取舍当前的多元文化。在对多种文化思潮进行筛选与重组的过程中，要坚定正确的"是非观"，以肯定的方式积极主动汲取与当前主流文化思想方向一致的文化因子，面对一些与当前主流文化相悖的观点，甚至妄图破坏主流意识形态的文化因子，保持高度的警觉性，擦亮双眼，坚决与不良文化彻底划清界限，在选择与整合的功能实现中不断实

① 习近平．在文艺工作座谈会上的讲话［N］．人民日报，2015-10-15（2）．

现文化的融合与创新。如果剥离了思想政治教育的文化属性，思想政治教育的文化功能遭到侵蚀与消解，文化的传承、选择、整合与创新等功能就会受限，出现消解和颠覆传统文化的现象。传统文化会被认为不符合新时代，不能与时代融合，发挥不出其应有的力量和作用。在与非主流文化做斗争的时候，主流文化受挫，缺少文化底蕴的支撑，传播方式和手段落后，不能深入人心，传播能力下降，从而导致主流文化淹没在各种文化浪潮中。文化整合创新功能不足，文化产业拓展能力下降，思想僵化、不能被认可，会导致整个民族文化产生认同危机。

（二）思想政治教育维护文化安全功能削弱

文化安全指的是国家文化安全，与国家的命运息息相关。消灭一个国家不仅可以从武力上、军事上进行消亡，还可以通过非暴力的形式，即文化上进行同化、融合，使国家不复存在，比如，苏联的和平演变。国家文化安全主要包括意识形态的安全和民族文化的安全。意识形态是国家上层建筑，宏观角度来说也属于文化的范畴。意识形态是维护国家政权的文化基础，是国家政权巩固与稳定的重要保证。意识形态出现危机意味着国家政权的动摇。社会成员没有统一的认同感会直接威胁国家政权的生存。民族文化是一个民族的根与魂，是国家的血脉，民族的精神脊梁。思想政治教育的主要任务之一就是维护国家文化安全。思想政治教育通过传播政治观点，引导价值取向，进行巩固国家政权和文化传播。以往世界的联系没有如今这么密切，不同文化体系交往贫乏，冲突较少，文化安全问题没有那么凸显。如今世界全球化浪潮高涨，文化全球化趋势日益加强，文化碰撞与交流频繁。国家利益之间的竞争与掠夺，除了表现在经济与政治方面，还体现在文化方面。文化的魅力和经济实力是成正比的，一个国家的经济强大，其文化也受到崇拜。一些西方强权国家凭借自身经济的发达和强大的信息传媒实行文化霸权政策，妄图把本国文化建立为全球文化的尺度。在西方外来国家文化的进军中，最具有代表性的是美国为首的发达资本主义国家。长期以来美国为首的西方国家利用新媒体，通过文化产业优势进行文化产品输出和文化思想渗透，通过各种手段和方式对我国青少年鼓吹他们的生活方式、价值观念和意识形态，企图培养西方价值取向，妄图瓦解我们的文化精神根基。

思想政治教育文化属性薄弱就会导致文化力不足，面对西方价值观的渗透，思想政治教育工作者可能有心无力，思想政治教育维护国家文化安全、维护意识形态安全的功能就会受到削弱。

第二节　思想政治教育文化属性淡化的成因

坚持问题导向，发现问题并分析问题成因才能够找到解决问题的办法。在整体把握思想政治教育文化属性淡化现状的基础上，要进一步分析思想政治教育文化属性淡化的原因。首先，在思想政治教育发展过程中，政治属性强调较为充分，文化属性强调不够、文化含量不足，文化属性与政治属性发展不平衡，这些问题导致文化属性的特征无法释放。其次，在文化多元化背景下，多元文化对先进文化、主流文化形成强力冲击。思想政治教育实践中，社会主义核心价值观等先进文化、主流文化对多元文化的引领不足。最后，在科学主义思潮盛行的当代，科学思维占据绝对主导地位，文化思维、文化属性被遮蔽，思想政治教育实践过程中，缺乏文化目标的设置、文化方法的运用。

一、文化属性与政治属性发展不平衡

思想政治教育的本质是政治属性，即意识形态属性。从古至今，发展意识形态教育一直是亘古不变的话题，是每个阶级社会的重要责任和历史使命。从历史上看，我国从汉代董仲舒的“罢黜百家，独尊儒术”开始形成了政治上“大一统”的思想统治政策，其中很多政策都体现着思想道德教育的政治化，为维护封建阶级统治起到了巨大的作用。革命时期，宣传教化思想政治观点的理论是稳定党心、军心、民心，巩固和壮大党的力量的重要途径，为最后革命的胜利起到了重要的作用。社会主义建设时期，面对内忧外患的形式，加强意识形态的教育是坚定人民跟党走社会主义道路信心的必由之路。改革开放以来，我们不断深化意识形态教育，为目前的思想政治教育工作提供了十分宝贵的经验。习近平总书记曾强调：“意识形态工作是党的一项极端重要的工作。”① 重视意识形态教育对巩固国家政权，稳定民心具有非常重要的作用。必须高度重视意识形态教育，坚定意志，才能避免在全球化的大风大浪中失利。党的十八大以来，党和国家领导人前所未有的高度重视主流意识形态教育，习近平总书记反复强调指出：“必须把意识形态工作的领导权、管理权、话语权牢牢掌握在手中，任何时候都不能旁落，否则就要犯无可挽回的历史性错误。”② 思想政治教育作为意识形态教育的主渠道，必须牢牢守住政治属性，坚持政治属性的主导作用，但同时在复杂多变的今天也不能轻视文化属性的影响，过分强调政治属性，淡化文化

---

① 习近平．习近平谈治国理政：第一卷［M］．北京：外文出版社，2014：153.

② 中共中央文献研究室．习近平关于全面深化改革论述摘编［M］．北京：中央文献出版社，2014：86.

属性，遮蔽了文化在思想政治教育中的作用，容易陷入意识形态庸俗化，是思想政治教育文化属性淡化的重要原因。文化属性和政治属性发展不平衡主要表现在以下几方面。

1. 教育目标上，注重“政治人”轻视“文化人”的培育。教化人做一个“政治人”是思想政治教育的基本任务，人也有政治性的需要，有享受政治性的权利，也有履行政治责任的义务，还有政治安全意识。但如果把受教育者当成绝对的、抽象的“政治人”去培育就会陷入片面化的怪圈。剥离了文化属性的思想政治教育过程中，教育者和受教育者的关系是不平等的，教育者认为自身是绝对唯一的教育主体，受教育者是教化和改造的对象，是教育客体。教育者的目标就是把受教育者改造成一个具有丰富政治理论知识的“政治人”，这样就不会顾暇教育者的思想感受，心理感情等，忽视了其个性和主观能动性。思想政治教育的根本任务是以人的全面发展为视角培育有理想、有道德、有文化、有纪律的社会主义新人，割裂了文化属性，教育目标就变成抽象的政治目标，边缘化人的综合素养目标，不尊重人的全面发展，再加上人文素养目标培育和考核过程比较复杂，操作较为不易，思想政治教育就完全沦为政治说教的工具。抽离了文化属性的思想政治教育对人进行系统的教育和刻意的塑造，带有明显的阶级意识和政党化的特点，缺乏人文情怀，普通民众望尘莫及，容易沦落到被边缘化的境地。

2. 教育过程中，注重“单一灌输”轻视“潜移默化”。灌输理论本没有错，错的是把灌输单一化、绝对化、强迫化。列宁的灌输理论也是讲究方式方法的，不是单一片面地强调灌输。任何教育都需要用到灌输这个最基本、最简便的方法，灌输的过程中要结合各种方法，要“因材施教”的灌输、要“寓教于乐”的灌输、要“情理交融”的灌输，要“落地生根”的灌输。就是说在灌输过程中要根据不同的对象采取不同的内容和语言，灌输的内容要具有人文性，有情有理，注重从精神层面感化人，并且最终要把灌输落实到实践中去，在实践中践行思想政治内容，引导人们在潜移默化中提升人的精神境界和综合素质。如果片面地强调单一灌输，教育过程是机械的，教育双方缺乏交流与互动，教育者不去关注受教育者的心理需求和反馈，受教育者只能被动地接受，这种教育是一种僵化的不健康的教育活动。灌输方法在强化理论知识方面起到巨大的作用，在特定历史时期确保意识形态教育也发挥重要的作用。但在新时代的今天，人民生活水平日益提高的背景下，受教育者获得感、幸福感日益增强，要求教育思维的创新，传统片面的教育模式与社会主义新时代产生了矛盾。

3. 在教育效果评价上，注重“政治效果”，轻视“人文效果”。脱离了文化属性的思想政治教育最终只能演变为单一的政治说教，教育效果也只有政治性效果，而且认为政治可以主导一切，政治好的受教育者其他方面也都好，把政治效果看成评测一切的依据，只看重政治成绩，看不到其他别的文化素养，政治成绩圆满就片面地认为是对他思想政治教育的成功。但事实是，任何事物都不能完全由另一个事物所代替，人文不能完全由政治代替，政治素养较好的个体并不代表人文素养就高尚，文化建设也不能完全被政治建设所取代，上层建筑制度优越也并不能完全代表社会文化发展就先进。过于注重“政治效果”，片面强调“人文效果”，思想政治教育就会流于表面，陷入被动的形式主义境地。面对改革开放的巨浪，人们的自我意识，个性意识越发凸显，思想政治教育如果只重视政治效果，而忽视人文效果就会脱离实际，被新时代所抛弃。

二、文化多元化对主流文化的冲击

文化多元化是在多元文化这个概念上发展而来的，多元文化是个舶来品，最早出现在西方，后来被我国学者所关注。刚开始指不同民族，不同国家的文化，随着社会的发展与进步的需要，后指在一个国家发展中出现的不同文化。一个社会的各阶层，各构成要素都会形成自己的文化，这些文化在社会中共同依存、相互影响，推动社会发展的状态称为文化多元化。随着我国改革开放的不断深化，社会的快速发展也衍生出各种文化类型，文化多元化时代的巨浪扑面未来。价值观是文化的深层内核，之所以会产生各种不同的文化，是因为不同阶层所处的高度不同，对待事物有不同的观点和态度，就会产生不同的文化，简言之就是不同的价值观产生不同的文化。任何一种事物都有它存在的意义和价值，文化多元化给人们提供了极大的精神财富，充盈了人们的精神世界，有利于拓展人们价值观的空间，价值观的选择也更加多样自由，不同文化之间的相互作用，相互交流与融合，可以推动社会的发展。每个国家都要接受不同文化的存在，如果一味安于现状、闭关锁国，就会阻碍国家的发展。但是面对形形色色的文化，不同价值取向的纷纷扰扰会对我们形成正确的价值观带来困惑，不同价值观之间的矛盾容易使人产生思想偏差，主流价值观会受到严重的冲击。“尤其是利用其中的文化传播之类的无形力量，从观念上、感情上、心理上去影响别国人民，是一种代价小而收获明显的软力量的资源。这种无形的力量没有导弹驱逐舰护卫下的货轮那样气势汹汹，但是它却能够散布在全球性的广阔空间，影响千百万人的思想感情，从而最终改变导弹和货轮的归属。”①可见文化的力量有时会比坚船利炮的作用更大。

根据本书研究的内容，主要有以下几种文化的价值观对主流文化产生冲击。

（一）西方资本主义文化的冲击

从全世界看，我国外来文化中最具有代表性的就属西方资本主义文化。西方资本主义国家经济发达，率先走上了工业革命的道路。西方历史虽然才几百年，但是经济基础决定上层建筑，经济基础在一定程度上决定着文化的自信。西方发达国家的文化也有很多值得我们学习的地方，但是西方资本主义一直觊觎我国的方方面面，虎视眈眈地盯着我国的发展，想方设法对我们进行文化渗透，影响我国人民，尤其是青少年的价值取向。由于东西方文化差异明显，西方文化进入我国后，对我国主流文化，尤其是传统文化产生了强烈的冲击，很多思想观念都出现了矛盾和冲突，比如，在消费观方面，西方崇尚超前消费、过度消费，我国传统文化提倡勤俭节约的合理消费；在家庭伦理观方面，西方家庭观念淡薄，父母与子女之间比较独立，与我国家庭观念强烈，看重血缘、亲情关系的文化完全不同；西方文化中追求个性与自由，而我国提倡乐于奉献，集体观念等。其中有些思潮严重蚕食着我国的民族文化，影响着青少年对主流文化的认同和对传统文化的传承。一是新自由主义思潮。顾名思义，主张绝对的自由，不受任何约束，不仅指个体方面，还包括经济方面，比如，反对公有制，反对国家对经济的干预，强调市场自由，是一种抛开生产关系的抽象的市场主义理论。倡导个人主义，强

---

① 约瑟夫．美国定能领导世界吗［M］．何小东，盖玉云，译．北京：军事译文出版社，1992：190.

调个人利益为首，这对我国主流文化中倡议的集体主义和责任意识是严重相悖的。新自由主义中这些绝对自由，放任自我的思想严重冲撞了我们的思想。二是功利主义思潮。功利主义强调效果，强调事物的功效或者利益。追求功利与利益是人们活动的首要目标，也是人们的行为标准，是人们获得幸福的基础。功利主义虽然比较注重人的本性，但是它过分强调利益至上，功利是最高原则的极端思想十分不利于我国思想政治教育的建设。三是拜金主义思潮。拜金主义是私有制的特征，资产阶级以崇拜金钱为核心思想观点，即所谓的"一切向钱看""金钱是万能的"等说法。拜金主义认为金钱是最重要的，人的一生奋斗目标就是为了金钱，为此可以不惜一切代价，不惜任何手段，无视社会公德，不惜损害国家和集体的利益。拜金主义者还把金钱看作是衡量一切是非丑恶的标准，这是一种扭曲的人生观、价值观。拜金主义的蔓延，严重违背我国主流文化的核心思想，对我国青少年的心理发展产生恶劣的影响。

（二）封建主义文化的冲击

中国传统文化经历几千年的发展，历史悠久、博大精深，但其中不乏一些不适应现代社会发展的思想观点，尤其是一些残留的封建迷信思想腐蚀着人们的精神世界，危害着社会主义事业，对弘扬优秀传统文化带来了挑战。一方面，从社会发展来看，封建主义文化中是大力主张封建专制的，是牺牲绝大多数人民的利益满足少数封建统治阶级的，与我们现在"一切以人民中心"的思想严重相悖离。封建主义思想中过分强调等级制度，认为人有三六九等，人生来就是不平等的，每个人在各自的位置上要保持绝对地服从，如"父为子纲，君为臣纲，夫为妻纲"。这样的社会是不和谐的，与主流价值观倡导的平等背道而驰，破坏了公平公正。另一方面，从人的发展来看，封建文化主义忽视人的思想情感，缺乏人性关怀。“存天理，灭人欲”“饿死事小，失节事大”等都是泯灭人性的观点。在封建礼治秩序下，个人的尊严、欲望、独立等都被抛到脑后，在严酷的封建伦理道德中，人们唯命是从，思想被禁锢，失去了活力与创造力。还有些封建迷信思想严重毒害着人们的思想精神，荒唐无稽的“算命、看相”等现象屡禁不止，弥漫在城市和农村深处。大量唯心主义的歪理邪说麻痹着人们，使人们忠于追求迷信，不思进取、安于现状。封建低俗的靡靡之音，糟粕落后的文化产品侵蚀着人们的主流价值观。封建主义文化还衍生出各种邪教组织，制造并散布一些歪理邪说、邪教谣言，蛊惑人心，骗取钱财，不仅从精神上毒害人的思想，还教唆人们有病不要医治，损害人们的身体健康，更有甚者引发社会冲突与暴力，导致家破人亡。

（三）网络庸俗文化的冲击

随着信息技术的深化发展，互联网也成为我们生活中的重要组成部分。我们上网不再是为了休闲娱乐聊天，还有一些网上学习、视频会议、网上办公等，网络已经逐渐成为我们生活中密不可分的一部分。随着网络文化产品、文化方式、文化活动的增多，网络文化也悄然形成。网络文化是社会文化的外延，同时也形成了自身的文化思想观念。网络快捷、便利的条件，为我们的工作与学习节约了时间与精力；网络中开放、自由、多样等特征，给我们带来了更多的想象力、创造力，人们可以跨越空间和时间的局限来进行交流与学习，充分展示自己的思想观点，实现自我价值。但任何事物都是一把双刃剑，网络文化的错综复杂，网络秩序的混乱不堪，给我们主流文化的传播带来了巨大的冲击。网络文化产业为了增加吸引力和感染力，不可避免地会产生一些庸俗文化，影响我们主流价值观的形成。比如，各种网络游戏弥漫在网络上，大到电脑游戏，小到手机游戏，随时随地可以玩要，种类也是五花八门，部分人沉迷游戏，不务正业。游戏的感官娱乐吸引着人们不能自拔，对人们的生活态度、身心健康产生了严重的不利影响。更有甚者痴迷游戏、逃避现实，活在虚拟世界，没有正确的人生目标与追求，通过游戏麻痹自我，模仿游戏中的暴力行为从而产生违法犯罪行为。还有一些传播的外国影视，部分人爱上了追美剧，看日剧，充斥着暴力、犯罪、色情等一些带有国外价值思维和道德标准的影视与我国提倡的社会主义核心价值观严重相悖。更有甚者，一些发达国家带有“文化渗透”的目的来摧毁我们主流文化。

（四）宗教文化的冲击

宗教文化是一种影响人的思想观念和行为方式和以信奉和敬仰为主的特殊的文化。我国依据历史原因和现实国情，实行宗教信仰自由的基本政策。浩如烟海的宗教文籍，丰富了传统文化的宝库。宗教文化对信徒的社会和精神文化生活都产生了重大影响。其中不乏有些打着宗教旗号进行违反我国法律法规和政策的反党反人民的活动，包括宗教渗透、宗教极端主义和非法宗教活动。宗教文化的冲击体现在这三方面。第一，宗教渗透行为影响着我国民众，尤其是大学生群体主流价值观的形成。一些西方敌对势力利用宗教特殊的性质和功能在社会上，尤其是高校校园中通过各种手段进行宗教渗透。有的直接散发宗教教义和传单，通过劝说、纠缠、拉扯等直接手段进行宗教传播，还有的利用网络平台和学术讲座等文化平台伺机变相进行传播意识形态和价值观念，还有披着高雅文化外衣的宗教书籍、画册等宗教渗透作品悄然流入社会成为通识读物等隐性手段。这些反动行为都影响着我们的宗教观念，威胁着我们意识形态的安全。第二，宗教极端主义以宗教为幌子进行一些蛊惑人心的行为活动，破坏一些地区的稳定和安全，尤其是边疆地区。宗教极端主义歪曲宗教内容，加入极端化的思想，煽动人们对宗教的信仰，刺激人们对宗教的狂热，故意挑起事端，制造矛盾和仇恨，引发暴动，对国家的意识形态安全和人民的身体健康安全构成了极大的威胁。第三，随着社会转型时期，部分地区经济发展不平衡、不充分，导致部分农村地区精神文化生活不够丰富，人们出现精神迷失、价值迷茫等社会不良风气。一些打着合法宗教幌子的不良分子进行骗钱敛财等活动，他们曲解合法教义，传播歪理邪说，打着正义的旗号进行封建迷信活动，让村民信奉“入教会保平安幸福”等歪理邪说，使村民深信不疑，奉献全部家当甚至生命，严重危害了人们的生命财产安全。

三、科学主义泛化对人文性的遮蔽

科学主义就是把科学当作唯一标准，崇尚自然科学并当作整个人文领域的基础。科学主义认为自然科学的方法可以应用于一切研究领域，解决一切问题，人文领域的研究方法也应该用自然科学的方法，甚至试图把人文达到科学化的水平。20 世纪初的新文化运动高举“民主”与“科学”两大旗帜，为传播马克思主义提供了思想文化条件，在一定程度上也使得科学主义深入人心。在我国教育事业的发展中，科学主义推动了思想知识的科学化发展，推动了教育的进步。随着科学主义的盛行，科学主义的负面作用也日益显现，比如，科学主义本身的局限性，再加上在现代教育中对科学主义过于重视，导致在教育实践中对科学主义的偏离，使得教育在一定程度上不够全面。科学主义的泛化对人文的遮蔽致使思想政治教育在现实生活中面临着一些困境。

（一）思想政治教育陷入唯科学境遇并体现出唯知识化的倾向

长期以来，我国一直对科学表示重视和推崇，科学技术对我国的发展产生了巨大的推动力量。但有些人文领域陷入了“科学境遇”。思想政治教育讲求“知”与“情、信、意、行”等多要素的统一，要达到理想的教育效果，每个要素都不可或缺，因为每个要素在受教育者思想品德的形成过程中都有其存在的意义与价值。然而，随着科学技术对社会生产生活的影响日益广泛，科学无所不能、科学至上的思潮逐渐流行开来，思想政治教育也受到了影响。思想政治教育越来越强调“知”，即知识的掌握，而忽略其他四个心理因素的作用，把掌握知识作为评价思想政治教育育人效果的唯一标尺，这必然陷入唯知识化的泥沼而不能自拔。前文讲过，思想政治教育应该是培育人的思想政治素养、思想道德素养，以提升人文素养，实现人的全面发展为目的的教育。思想政治教育不仅是培养政治型人才，还必须注重个体道德品质和人格素养的塑造。然而，近些年来随着科学主义思潮的兴盛，思想政治教育唯知识化倾向越加明显，集中体现为对思想政治教育的评价与考核采用单一知识测试的方法。“唯知识化”的思想政治教育不再是一种文化传递过程，而成了知识传授过程。科学主义的理性特征，实证特色，都简单的套用到思想政治教育过程中，在道德与情感方面的培育也是置于自然科学的秩序之中，完全忽视受教育者的心理和情感因素。思想政治教育丧失了吸引力和感染力，教育双方都流于形式化，教育进入了恶性循环的怪圈，达不到应有的效果。割裂了“知”与“情、信、意、行”等要素之间的联系，思想政治教育剥离了人的情感世界和生活世界，以理性的研究和实证的方法使思想政治教育变得模式化、标准化。思想政治教育是对人的精神世界做工作，人的精神世界千差万别，如果用科学主义那样的统一标准模式就会使思想政治教育变成“符号”“标签”，与丰富多彩的精神生活相疏离就会变得流于形式，成为纸上谈兵。

（二）思想政治教育体现出社会价值取向和功利化倾向

思想政治教育要培养社会主义可靠建设者和合格接班人，但这并不是唯一目的。培养满足社会发展需要的人才是教育的重要任务，这一价值取向体现在教育目标、教育过程和手段，乃至最后的教育评价与反馈，但是如果一味地追求社会价值，注重是否有用，而忽视了人的情感与心理，漠视对人的关注，不免陷入功利化的倾向。马克思曾发表一个慷慨激昂的演说：“我们的一切发现和进步，似乎结果是使物质力量具有理智生命，而人的生命则化为愚钝的物质力量。”① 思想政治教育的最终目的是促进人的全面发展，但在现实中却偏离这一目标。课堂沦为制造“知识人”“政治人”的加工厂，人类灵魂的工程师变成了麻木冷漠的制造工人，受教育者也不免带有功利化、物质化、工具化等特点。人们也不再去追求精神价值与人生意义，只为追求利益，变得更加功利性。人生价值取向越来越淡化，社会价值取向却备受关注，学生学习一技之长不再为了丰富个人生活，而是为了加分、为了进名校、找工作，也不再去注重自身的兴趣爱好，而是以高薪作为判断标准；甚至人与人之间的交往也存在目的性和功利性。功利化的思想政治教育会把培育的目标集中在社会与外部，而不是人本身，社会需要什么就去教育什么，个体学习的目的也是迎合社会的要求，并不是真正的要体现自我价值，一切都是以社会发展为目的，忽略自我价值，人本身的情感需求被淡化。这样脱离文化属性的思想政治教育难免陷入社会价值和

① 中共中央马克思恩格斯列宁斯大林著作编译局．马克思恩格斯全集：第 12 卷［M］．北京：人民出版社，1962：4.

功利化倾向，最终被社会边缘化。只有兼顾社会取向和个体取向相结合，兼顾效用与价值，追求“真、善、美”的教育才会走得更长更远。

第六章

有效彰显思想政治教育文化属性的多维举措

彰显思想政治教育文化属性是一项复杂的、全面的、系统性的工程。充分挖掘和彰显思想政治教育中根本的、深沉的、持久的文化力量，需要从多维角度进行宏观考量。彰显思想政治教育文化属性应该从坚定正确的目标方向，树立新时代教育理念，凝聚各方面的力量，概括有效原则，丰富文化内容，巧用方法策略，优化结构设计等方面加以推进，使思想政治教育“光彩焕发，转动照人”①。思想政治教育文化属性的充分彰显有利于思想政治教育守正创新、立德树人，为培养堪当民族复兴重任的时代新人提供不竭的内在驱动力。

第一节　确立彰显思想政治教育文化属性的目标

人类任何实践活动都有其本身的目标追求，有价值追求的实践活动才有存在的意义。马克思指出：“在社会历史领域内进行活动的，是具有意识的、经过思虑或凭激情行动的、追求某种目的的人；任何事情的

① 吕薇芬．全元曲典故辞典［M］．武汉：湖北辞书出版社，2001：284.

发生都不是没有自觉的意图，没有预期的目的的。"① 思想政治教育最基本的目的是培育符合社会和阶级要求且具有一定的政治素养、道德品质的人。关注文化属性的思想政治教育目标应该既强调政治属性、社会属性又重视人的精神生活，培育具有人文精神的人；培育主体性与社会性相统一的人；还要引导人们追求"真、善、美"，提升人们追求幸福美好生活的能力。

一、培育具有人文精神的人

关于人文精神的概念没有具体的统一界定，不同学者从不同角度对人文精神有不同的阐述。有学者指出："人文精神，是一种关注人生真谛和人类命运的理性态度，它包括对人格、个性和主体精神的高扬，对自由、平等和做人尊严的渴望，对理想、信仰和自我实现的执着，对生命、死亡和生存意义的探索，等等。"② 在这里，笔者认为人文精神是与科学主义精神相对的，主要侧重对人的精神世界的自我关怀，表现为对人的个性、尊严、内心价值和精神生活等方面的关注，也是人区别于动物的主要方面。每个人不仅有物质方面的需要，还有精神方面的需要。思想政治教育是改造人的世界观、人生观、价值观的实践活动，培育一个什么样的人是首要思考的目标，除了要培育满足阶级社会所需要的具有一定政治素养和道德品质的人外，还应该引导人们过健康向上的精神生活。蔡元培先生早年对教育做过这样的阐释："教育是帮助受教育的人，给他能发展自己的能力，完成他的人格，于人类文化上能尽一

---

① 中共中央马克思恩格斯列宁斯大林著作编译局．马克思恩格斯全集：第 8 卷［M］．北京：人民出版社，2018：356.

② 吴毅，朱世广，刘治立．中华人文精神论纲［M］．北京：人民出版社，2011：7.

分子的责任；不是把被教育的人造成一种特别的器具，给抱有他种目的的人去应用。”① 社会转型时期，在经济发展和物质利益的驱动下，一部分人的目标都在瞄准物质与财富，把精神生活和人生价值抛到脑后。财富成为衡量人是否成功的重要标准，人生意义都被消解在追求利益中。面对社会中浮躁与逐利风气的盛行，思想政治教育建设应该因势利导，培育具有人文精神的人，关注人文性、文化性，净化社会不良风气，坚守立德树人的旗帜。

（一）培育具有人文精神的人是人全面发展的要求

马克思对共产主义的设想就是要实现人的全面发展，思想政治教育以马克思主义为指导，把促进人的自由全面发展作为终极目标。在培育为阶级社会服务的人的同时，应该满足人的精神世界的需要。人不仅需要生存技能和物质基础，还需要精神支柱和心灵寄托。思政工作要发挥建构精神家园的重要作用。思想政治教育的根本就在于化人、育人，使单一的“政治人”“社会人”等成为全面发展的“完整人”，不仅要传授政治知识等生活的技能，还要润化人心、以德育人。缺少人文精神的教育，不是在培育全面发展的人。人的全面发展不仅包括人改变世界的实践能力和人认识世界的思维能力的发展，还有人的精神世界的发展。人的精神世界作用于人的思维能力和实践能力，没有积极健康向上的精神世界就不具备全面发展的因素。市场经济虽然对社会和人的发展起了一定的积极作用，但其中庸俗化的力量溶解了人的理想信念和对人文精神的追求。在这个背景下，关注个体理想信念的培育和个体自我价值的实现是思想政治教育责无旁贷的使命，只有注重培育物质与精神同步发展的人才能使思想政治教育焕发生命活力。

---

① 高平叔．蔡元培全集：第四卷［M］．北京：中华书局，1984：177.

（二）培育具有人文精神的人是传承中华民族精神的要求

传承中华民族精神必不可少的是具有人文精神的人，具有人文精神的人是传承民族精神的主体。民族精神中那些民族价值观、民族文化、民族意识都是具有人文精神的先人们在长期的历史进程中沉淀下来的。科学技术是标准化、统一化的，谁都可以掌握和拥有。民族精神象征着一个国家的特征和民族的特质，民族精神是国家屹立不倒的精神支柱。自古以来，我国就有重视培育人文精神的文化传统，如今在民族伟大复兴的关键阶段促进民族精神和民族文化的传承，更要重视人文精神的作用。思想政治教育中强调要培育具有人文精神的人，提升整个民族的精神追求，使每个人都具有民族使命感。在全球化和多元化的背景下，加强培育具有人文精神的人，有助于维系我们各民族人民共同的精神纽带，促进各民族团结。如果个体的人文精神消亡，就意味着整个民族精神的湮灭，整个国家文化的湮没，个体失掉了每个民族独具特色的人文精神，民族也名存实亡，所以培育具有人文精神的人，关系民族精神、关系国家存亡，意义重大。

（三）培育具有人文精神的人是落实社会主义民主法治的要求

社会主义民主，即社会主义人民民主，就是人民当家做主。国家权力属于人民，并在法律的保护下在经济、政治、文化等方面享有广泛的权力与自由。社会主义法治，即保证社会主义民主的制度化和法律化，二者相辅相成，不可分割。社会主义民主和社会主义法治是在践行以人民为中心的发展理念、加快推进全面依法治国、建设社会主义法治国家的重要目标和内容，是实现中国梦的车之双轮，鸟之两翼。民主政治和法治国家的建设不仅要靠强有力的法律法规做外部保障，最主要还是要有自觉落实的主体，人是执行制度的主体。根据内外因辩证关系原理，我们知道事物的内因是事物变化发展的根据。强有力的法律制度虽然有一套完备的惩恶系统，但却无法使人自觉自主自为地追求真正的“真善美”。党的十八大以来以习近平同志为核心的党中央以踏石留印、抓铁有痕的精神深入推进反腐败斗争，制定了一些强有力的举措，反腐败斗争取得了压倒性胜利。但有一些贪官缺乏对法制应有的敬畏，缺乏对党的绝对忠诚，依然敢于铤而走险。一系列省部级的高官纷纷落马，难道他们不懂法律法规吗？当然不是，可见发展社会主义民主政治、推进全面依法治国实践，只靠刚性的外部制度硬约束是不够的，还要注重对人的崇高理想信念、现代人文教养、内在思想境界的提升，让公平、正义、平等、民主等理念深入人心。在完善的民主法制监督体系下，在形成社会化、全民化的保障氛围中，每个人都树立追求生命价值和承担时代责任的崇高信念，自觉抵制物欲横流思想的侵蚀，坚决同扰乱法纪，破坏公平正义等行为划清界限。

二、培育个人本位与社会本位相统一的人

本位原本的意思指本来的位置，原始的地位，在这里引申为主体或中心的意思。个人本位，就是以满足个人需要、谋求自我价值实现为先决的一种价值倾向。社会本位，就是以满足社会中绝大多数人的需要、满足社会发展需要、社会发展目标实现的一种价值导向。个人本位侧重个人的发展，更多考虑的是个体的需要，社会本位侧重社会的发展，更多考虑的是社会的需要。思想政治教育到底是培育以个人本位为目的的人，还是以社会本位为目的的人一直是教育理论界不断争论的话题。以个人本位为目的的教育强调个人的发展。教育目的要以满足个人需要为根本前提，将人的价值作为教育活动的尺度，主张教育是为了人更全面

的发展。反对一切影响和阻碍人发展的因素。以社会本位为目的的教育强调社会的发展，教育目的要以满足社会需要为根本前提，将社会价值作为教育活动的尺度，不在意个体自身的价值与发展，认为个体只不过是广袤社会中的微粒因子，个人必须依附于社会，个体要社会化才能真正体现价值。个人本位与社会本位从表面上看，似乎是相矛盾的，是因为割裂了社会范畴与个人范畴的联系，双方都片面地只强调个人或者社会，固定、僵化地理解个人本位与社会本位。客观地讲，个人本位和社会本位并不矛盾，二者是辩证统一的关系，个人与社会互相促进，相辅相成。

具体地说，一方面，人是一切社会关系的总和。人具有社会性，人不是孤立的存在物，人与人之间的关系组成整个社会。人是社会的主体，是社会进步与发展的根本力量。另一方面，社会不是独立存在于人之外的抽象社会，社会的发展要通过人来促进，人的社会实践活动推动了社会的发展，社会由低水平不断向高水平发展跃进，是人类认识和改造自然、改造社会、改造人类自身的实践能力不断提升的重要象征。社会发展迟缓甚至是倒退，则能够说明人类认知能力和实践能力出现退步。马克思说："首先应当避免重新把'社会'当作抽象的东西同个人对立起来。"① 所以，不能把社会与个人割裂开来。人们在新时代社会中既要具有适应社会发展的能力，也要承担社会发展的使命，还要具有完善个体发展的能力；既要尊重自然与社会的发展，在社会中树立主人翁意识，也要强化与完善自身的发展，提升个人价值。思想政治教育在目标上应该是培养具有社会本位与个人本位相统一的，个人发展与社会

① 中共中央马克思恩格斯列宁斯大林著作编译局．马克思恩格斯全集：第 42 卷［M］．北京：人民出版社，1979：122.

发展相同步的人。思想政治教育的目标不应该只从社会维度对受教育者进行改变，还应该尊重个人的内心世界和生命价值；不应该只为社会和国家的发展需要，还要兼顾人的全面发展的需要；不仅是知识的加工厂，还是人获得精神圆满的力量。所以，思想政治教育的目标既关注人的现实情况又看到长远趋势，既要积极适应社会的发展又要推动社会的发展，个人要成为社会的主人翁，更要创造社会历史的发展。个人与社会的关系不再是两极对立的关系，而是可以相互交融、相互进步，一种人与人、人与自然、人与社会的和谐关系的存在。由单一的个人本位或者社会本位向二者相统一的目标转换，社会和谐进步发展的同时个人也能达到一个全面发展的过程，最终可以达到二者的双赢，是思想政治教育最大的目标。

三、提升人追求幸福美好生活的能力

幸福美好生活是每个人所向往和憧憬的生活目标。不同的人处在不同的地位和背景下，对幸福美好生活的定义是不同的，即使同一个人所处的环境不一样了，对幸福美好生活的感受也是不断变化发展的。幸福美好在这里属于人类心理的一种状态，是个人主观情绪感受表现出来的个人情感的一种，当个人自我价值或需要得到满足时人们就产生幸福、美好这种愉悦的心理感受。这种满足包括生理、心理、精神，并且一直保持这种喜悦感受的心理情绪。幸福、美好的诠释涉及哲学、心理学、社会学、经济学等多种学科。幸福、美好是一种较为稳定的、长久的、深厚的情感，与短暂易逝的快乐、愉悦具有本质的不同。每个人都想生活得更加幸福、美好，获得更加持久的幸福与美好。个体的行为都是受一定目标所支配的，有了目标才能赋予这个行为价值。人生活都是有目

标的，没有目标就失去了做人的意义。有些人的终极目标是追求财富，有些人的终极目标是追求权力，有些人追求的是获得一定的成果或称号。但最后都是为了获得幸福美好的生活，幸福、美好才是人的终极目标和最高价值。恩格斯也说过：“每一个人的意识或情感中都存在着某些原理，这些原理是颠扑不破的准则，是整个历史发展的结果，是无需加以论证的。”① 恩格斯所说的这些原理大体就是人们追求幸福美好的生活。

进入新时代，人们更加期待过上美好生活，人民对美好生活怀揣的新期待既是人民艰苦奋斗的内生动力，也是党需要持之以恒带领人民艰苦奋斗的目标。同时，如何引领人们进行美好生活的建设也是思想政治教育的时代课题。走向生活世界本来就是思想政治教育文化属性的体现，思想政治教育通过发挥价值引领和正确激励的作用，赋予人们认识、追求和实现美好生活的能力。思想政治教育的目标追求与美好生活的目标导向是根本一致的，紧密相关的。思想政治教育不仅要注重受教育者的思想、政治等品质的培养，还要引导人们过上更加幸福美好的生活。思想政治教育培养有思想、有道德、懂政治的人是为了引领人们更好的生活，这些品质是人追求幸福的工具与手段，是人通向幸福的必备条件，但并不是最终目的，所以不能把手段和目标混为一谈。传统的思想政治教育效果不佳的一个重要原因就是目标指向不明确，目标与人们的生活实际相脱节，流于空洞地说教。只有把“追求幸福美好生活”作为教育目标，才能扭转误入手段取代目标的歧途，思想政治教育工作这样才能更加充满活力、充沛真实，具有亲和力，使人心甘情愿地积极

① 中共中央马克思恩格斯列宁斯大林编译局．共产党宣言：马克思诞辰 200 周年纪念特辑［M］．北京：人民出版社，2018：69．

参与、主动追求，实效性也会随之提升。

第二节 坚守彰显思想政治教育文化属性的理念

习近平总书记强调："发展理念是发展行动的先导，是发展思路、发展方向、发展着力点的集中体现。"① 理念指的是人思维意识综合成果的思想与观念。理念反映了客观事实的本质内涵，是事物本质概念的绝对化。发展理念是指导事物发展的观念成果。社会实践活动需要有相应的理念去指导，发展过程才会更加顺利，才能保证发展路线和发展方向的正确性。发展理念是"启明灯""指挥棒""红绿灯"。发展理念不是一成不变的，发展理念随着事物发展的背景与条件的改变而改变，是与时俱进的。如果事物发展的时代环境等条件改变了，发展理念没有变，就起不到引领作用，甚至还会阻碍事物的发展。思想政治教育作为人类的实践活动也需要相应的发展理念来指导与引领，以保证教育过程沿着正确的道路前行，教育的目标沿着正确的方向前进，教育的思路不会偏离航线。如今中国特色社会主义已经进入新时代，思想政治教育面临着环境的改变，提升思想政治教育的文化属性更需要注入新的发展理念来照亮前进的道路。

一、以"三全育人"理念引领思想政治教育文化属性的彰显

党的十八大以来，习近平总书记十分重视教育工作，多次论述了教

① 中共中央宣传部．习近平新时代中国特色社会主义思想学习纲要［M］．北京：学习出版社，2019：109.

育的重要性："建设教育强国是中华民族伟大复兴的基础工程，必须把教育事业放在优先位置，深化教育改革，加快教育现代化，办好人民满意的教育。"① 讲话高瞻远瞩、立意深刻，指明教育对国家发展、民族和社会进步的突出重要的基础性作用。思想政治教育是一项十分重要的育人工作，学校是思想政治教育的重要阵地，高校是思想政治教育的最前沿，高校思想政治教育的效果直接关系社会主义教育事业的兴衰成败，关系人才培养的质量，影响哲学社会科学的发展前景。针对新时代条件下如何更好开展思想政治教育工作，习近平总书记多次召开会议并发表重要讲话，特别是在 2019 年 3 月，他亲自主持召开了学校思想政治理论课教师座谈会，系统地阐明了办好新时代思想政治理论课的关键性问题，体现了以习近平同志为核心的党中央对思想政治理论课的高度重视。2016 年 5 月习近平总书记在哲学社会科学座谈会上强调"坚持和发展中国特色社会主义必须高度重视哲学社会科学"②。2016 年 12 月习近平总书记又说："高等教育发展水平是一个国家发展水平和发展潜力的重要标志。实现中华民族伟大复兴，教育的地位和作用不可忽视。"③ 在新的发展阶段下，我们对教育也要有一个全新的认识，教育的目标、理念、内容和方法随着环境与时代的改变也面临新的要求和挑战。新时代，社会主义建设对高等人才亟须，提高教育水平万分迫切。高等教育为国家发展培育更多优秀全面的复合型人才具有义不容辞的责任，高等教育工作者在教书的同时更要育人，要注重发挥思想政治教育

---

① 习近平．决胜全面建成小康社会　夺取新时代中国特色社会主义伟大胜利：在中国共产党第十九次全国代表大会上的报告［EB/OL］．中华人民共和国中央人民政府，2017-10-27.

② 习近平．在哲学社会科学工作座谈会上的讲话［M］．北京：人民出版社，2016：2.

③ 习近平．习近平谈治国理政：第二卷［M］．北京：外文出版社，2017：376.

在育人中的有利作用。习近平总书记指出："要坚持把立德树人作为中心环节，把思想政治工作贯穿教育教学全过程，实现全程育人、全方位育人，努力开创我国高等教育事业发展新局面。"① "三全育人"理念是新时代加强和改进思想政治工作的先导，新时代提高思想政治教育的质量，提升其实效性，必须要紧紧坚持"三全育人"的引领，才能办好思政课，才能加快推进思想政治教育现代化。

"三全育人"指坚持全员育人、全过程育人、全方位育人。"三全育人"理念体现了党和国家在新时代的教育精神，回答了"新时代我们应该如何培育人"的重要问题，囊括了有关教育过程中的主体、思路、方法等教育精髓，对当下各种教育资源和要素进行整合，是新时代教育改革进程中必须坚定秉承的教育理念。思想政治教育工作是高校育人的主阵地，改变传统的思想政治教育模式，彰显思想政治教育文化属性，发挥其以文化人的作用，培养全面发展的人才与"三全育人"理念的根本目标不谋而合。所以，新时代彰显思想政治教育文化属性要坚定不移地围绕"三全育人"理念，构建新时代思想政治教育的大格局。

首先，全员育人指的是教育的主体。充分扩展和凝聚最为广泛的教育主体力量，有效形成"最大公约数"，画出"最大同心圆"。全员育人不仅包括全学校所有教职工，还包括家庭中的父母，社会上的知名优秀专家学者和优秀校友等，还有学校中的先进学生可以既是受教育者，也是帮助落后学生的教育者，形成由学校—家庭—社会—学生组成的"四个主体"教育模式。思想政治教育的任务不再仅是思政课教师，每个主体都要看到自身的责任，承担自身的使命，凝聚所有能凝聚的力量，形成巨大合力，实现育人合力教育。学校里除了思政课教师，辅导

---

① 习近平．习近平谈治国理政：第二卷［M］．北京：外文出版社，2017：376.

员、班主任都可以充分发挥育人的作用，甚至一些党政机构人员、后勤人员等，也要加强对思想政治教育工作的重视，负有一定的教育责任。家庭里主要指父母，父母不能把教育孩子的责任完全推卸给学校，家庭中的父母是孩子人生的第一任教师，家庭教育对个人的成长和品德形成发挥着至关重要的作用，每位父母都有责任帮助儿女迈出人生正确的第一步。社会中的知名优秀专家学者，要把自身较高的理论水平落到实处，经常到基层和学校发挥自身的影响力和感染力，以促进学生思想政治水平的进步。学生中一些先进的学生，比如，优秀学生干部、三好学生等也要充分发挥自身的优势，做到资源共享、先进步带动后进步，最终达到共同进步，共同发展，形成优良的学习氛围、学习风气和校园文化，从而实现共赢。

其次，全过程育人就是充分拓展思想政治教育工作的时间，实现氛围教育。思想政治教育工作不再是课堂的几十分钟，全过程育人是指从学生一进校门开始，一直到毕业，这期间的每时每刻都要贯彻育人的理念。以往的思想政治理论课容易被淡化，以前只是在思政课堂上学习，在课堂上也经常存在“学习五分钟，走神二十分钟”的情况，课下基本没什么作业需要花时间去学习思想政治教育，周末和寒暑假留给思政课的时间更是寥寥无几。加强和改进思想政治教育工作必须首先要保证有效时间，如果连最基本的时间都保证不了，何谈去学习、去育人呢？所以，全过程育人，就是要保证学生从走进校门作为一名大学生开始，到毕业走向社会完成身份转化时，每个过程都要精心贯穿育人工作。

最后，全方位育人指的是教育的空间，充分拓宽思想政治教育的辐射空间，实现全面教育。全方位教育顾名思义就是“点、线、面”各角度，各方面都不能忽视，进行360度无死角的育人教育，从教育的资源、载体、手段方面充分发掘可以利用的资源，进行全面的思想政治教育。一方面，深入挖掘现有的教育环节、教育资源中有关思想政治教育的一面，比如思想政治教育理论课培育学生专业知识，体育课可以培育学生健康的体魄和积极阳光向上的性格，社会实践课堂可以培育学生生活实践能力，人文社科专业可以培育学生的文化素养等。另一方面，积极创造为思想政治教育所利用的资源。比如，校园里的各种社团活动，社会实践，志愿者服务活动等，这些活动都有利于发挥思想政治教育以文化人的功能，彰显其文化属性。还要充分利用互联网平台、各种新媒体，除了可以开展正式的网络课堂与教育，还可以利用各种火爆的深受大学生喜欢的网络平台让学生在碎片化的时间中受到熏陶和影响，潜移默化的达到思想政治教育的效果。

总之，“三全育人”理念是新时代加强和改进思想政治教育的应势而谋，为传统的思想政治教育带来巨大的变革。之前不论是在基础教育还是高等教育阶段，老师和学生对这门课和这项工作都不够重视，最多关注的也只是最终测试的成绩，但是成绩并不一定能真正体现一个人的思想政治品德。如今“三全育人”理念从主体到时间和空间方面贯彻到了各领域和各维度，充分坚持了“立德树人”，彰显了“以文化人”的思想，大大肯定了思想政治教育的文化属性，有利于彰显思想政治教育文化属性。“三全育人”理念以思想政治教育发展规律为基本遵循，针对教育工作的主体，强调坚持利用多种主体；针对教育的时间，强调要增加教育各个时间，不再局限于思政课堂时间；针对教育的空间，强调要拓宽教育的全方位空间；“三全育人”理念蕴含着尊重学生成长规律和思想政治教育发展规律的实践逻辑，根本目的在于提高人的综合素质与发展。思想政治教育是我国教育事业的灵魂与核心，事关我国青年成长成才，事关国家人才储备力，与国家和民族的命运息息相关。关注思想政治教育的文化属性，发挥其以文化人的功能。文化属性是以遵循受教育者的身心发展规律为宗旨，尊重各种教育因素运动规律为基本原则，注重受教育者品德的形成和内化的规律为前提，最终目标是为了人的全面发展。“三全育人”理念与思想政治教育文化属性均是立足于教育的客观规律，以人的全面发展为根本目标，二者在合规律性与合目的性上高度统一。

二、以新发展理念引领思想政治教育文化属性的彰显

2015年10月，习近平总书记在党的十八届五中全会上提出了“创新、协调、绿色、开放、共享”的新发展理念，指明了经济发展新常态下我国经济发展的思路、方向和着力点。经济与文化是相通的，在我国经济发展新常态的时代背景下，文化也要符合时代的诉求，教育也要进行理性选择和科学定位，思想政治教育也要体现时代性。现阶段，思想政治教育也进入了需要调整发展方式和创新发展思路的“新常态”阶段，新时代条件下思想政治教育的发展模式是否还停留在以往的模式里？发展理念如何变革和调整以适应思想政治教育创新发展的形势及任务？如何从新发展理念中挖掘思想政治教育的文化价值，如何发挥其文化功能，使其更具有生命力与活力，是我们当前亟须加强研究的问题。我们将新发展理念展开，具体分析新发展理念怎样引领思想政治教育文化属性的彰显。

（一）以创新发展厚植思想政治教育的文化情怀

新时代下提升思想政治教育的实效性是亟须解决的问题，思想政治教育工作存在诸多问题的重要原因是文化属性的淡化，所以亟须以创新

发展理念厚植思想政治教育的文化情怀来解决面临的突出问题。研究思想政治教育文化属性，加强其文化情怀，探究其文化功能和文化价值，首先要明确思想政治教育的文化内容都包括什么。当下，追求新时代的先进文化是思想政治教育的首选。在继承中华优秀文化的基础上，坚持创新发展理念的引领，加强对现有文化的创新，厚植思想政治教育的文化情怀以激发起活力。把创新贯穿到整个思想政治教育工作中，引领思想政治教育的新格局，提高其实效性，是确保思想政治教育永葆生机与活力的重要选择。

（二）以协调发展推动思想政治教育文化属性

目前，思想政治教育各属性发展不平衡不充分，政治属性过于重视，文化属性被淡化。协调发展理念要求看到事物的整体性。社会主义只重视物质文明的发展，不重视精神文明的发展是不协调的；国家只强调硬实力的发展，不强调软实力的发展是不协调的；思想政治教育只关注个人专业技能和生活能力的发展，不关注个体思想精神修养的发展是不协调的。思想政治教育应坚持以协调发展为引领，要看到国家、社会和个人的整体性发展。除了培育对国家和社会发展有直接推动作用的“政治人”，还应该注重培育具有良好个人品质的“文化人”。所以，在协调发展理念的引领下，思想政治要充分发挥以文化人的作用，培育有过硬的政治素养和高尚道德品行全面发展的人。

（三）以绿色发展打造思想政治教育的文化和谐生态

经济领域中的绿色发展是有效率，和谐的可持续发展。思想政治教育领域中突出强调绿色理念，也可以说是坚持学科的可持续发展。保证思想政治教育办活，并且永葆生机，源源不断地持续发展下去，就要注重文化的作用与价值。仅强调政治属性是远远不够的，会导致思想政治教育变得呆板、枯燥、乏味。彰显文化属性，增添文化因子，融入文化情怀，才能使思想政治教育工作生机勃勃、妙趣横生。绿色发展理念在经济领域中要尊重大自然发展的客观规律，在教育的过程中我们也要立足于受教育者的和谐发展，尊重其成长发展的规律，加强其精神世界的涵养、人性的关怀等，打造思想政治教育的文化和谐生态。

（四）以开放发展拓展思想政治教育的文化资源

随着经济全球化，文化全球化的势头越演越烈，思想政治教育秉承“走出去，引进来”的开放发展理念是拓展其文化资源的应有之义。墨守成规、停滞不前的教育不是新时代的教育，思想政治教育要立足于国际发展的大环境中，为其文化属性的彰显引进更多先进的优秀资源。坚持开放发展理念的引领，就是要具备开放的国际视野和长远眼光，不仅要立足于我国的实际，还要关注国外优秀的教育思路、理念与方式方法，批判的借鉴国外先进的教育经验，为文化属性的彰显争取更多的优秀资源。更要有开放的学科理念，不拘泥于单一的学科发展教育，积极探索与文化领域相关的跨学科研究，比如，心理学科、社会学科等与思想政治教育具有一定相通性的学科。

（五）以共享发展构建思想政治教育文化共建共享格局

共享发展主要解决“发展成果由谁享有，如何享有”的问题，“以人民为中心，全民共享”是其价值旨归。学校是思想政治教育的重要阵地，思想政治教育的主旨就是为了学生，为了人的发展，做人的思想政治工作。学校是思想政治教育的重要场域，坚持共享发展就是坚持教育为了学生，不仅是为了社会的发展。教育的发展依靠学生的主体地位，学生不再是被动的客体。教育为了学生的发展，为了学生全面的发展，就要发挥文化的作用，涵养其文化精髓。依靠学生发展教育，激发学生的潜能和积极性，也要充分发挥以文化人的作用。最后教育发展成果由学生共享，思想政治教育的政治力和文化力等精髓由全体学生共享，确保每个学生都能感受并享受到思想政治教育的成果。所以，要坚持以共享发展构建思想政治教育文化共建共享的格局。

第三节　遵循彰显思想政治教育文化属性的原则

彰显思想政治教育文化属性是一项具有高度综合性和复杂性的工作，必须遵循一定的教育原则，按照相应的教育标准和教育要求去工作。“原则不是研究的出发点，而是它的最终结果；这些原则不是被应用于自然界和人类历史，而是从它们中抽象出来的；不是自然界和人类社会去适应原则，而是原则只有在符合自然界和历史的情况下才是正确的。”① 因此，原则是在事物发展的过程中逐渐形成和确立的，但也并非一成不变的，随着事物的发展和环境的改变，原则也要做出相应的调整。也就是说，原则的制定必须符合历史环境和尊重事物发展的客观规律。随着时代环境的改变，结合思想政治教育的发展特征，彰显其文化属性，既要遵循思想政治教育发展的基本原则，也要体现时代特征。归纳起来，笔者认为彰显思想政治教育文化属性需要遵循目标统一、刚柔并济、显隐结合、协同共进这四个原则。

---

① 中共中央马克思恩格斯列宁斯大林著作编译局．马克思恩格斯选集：第 3 卷［M］．北京：人民出版社，1995：374.

一、目标统一：政治育人与文化育人相结合

政治育人与文化育人相统一，是彰显思想政治教育文化属性的一项原则。相对而言的是以往思想政治教育在一定程度上疏离、淡化文化属性的现象。人生活在社会中必然会先受到一定的社会文化影响，因此思想政治教育本身也是一种文化传播，思想政治教育脱离文化属性可以说是脱离了人的精神世界，会陷入空中楼阁，主要表现在片面夸大思想政治教育的政治属性，致使思想政治教育被束之高阁，可望而不可即。因为人的社会生活实践并不是直接与政治相关，政治角度也并非人们日常生活考虑问题的角度。只强调政治属性的思想政治教育必然会脱离实际，脱离生活世界，让人敬而远之。那么思想政治教育可以只强调文化育人，突出文化属性吗？答案显然是否定的，政治属性是思想政治教育的本质属性、根本属性，任何时候任何情况下政治教育只能加强不能削弱。因此，在提升文化属性地位的同时，我们不能遗忘政治属性的本质，更要谨防那些“意识形态终结论”“非意识形态化”等思潮。综合来看，把思想政治教育的政治育人和文化育人相结合才是新时代彰显思想政治教育文化属性，改进思想政治教育工作的正确举措。

基于以上分析，思想政治教育文化属性和政治属性是有紧密联系的，内在决定了思想政治教育政治育人与文化育人是辩证统一的。

首先，我们在强调政治育人的同时应注重文化育人。明确思想政治教育的目标是开展教育工作的前提，思想政治教育的目标应依据时代发展的关键性特征和实践发展的客观要求而制定，科学的目标是思想政治教育最大限度发挥育人实效的重要先导。就思想政治教育体系而言，思想政治教育目标与教育内容、方法和效果是密切相连的，有什么样的目

标就要有相应的教育内容和教育方法。政治属性或意识形态属性是思想政治教育的根本属性，决定了政治育人是思想政治教育的最根本的目标，即在思想政治教育过程中充分强调政治导向、政治正确，塑造具有端正政治信念、衷心拥护和促进我们党领导的伟大的中国特色社会主义事业的人。政治育人是贯穿思想政治教育全过程和各方面的根本性目标，任何时候不可偏颇。倘若思想政治教育工作效果不理想，我们首先要从目标上考虑是否有偏差。但想要有效发挥政治育人的效用，还要讲究策略。由于政治本身较抽象，如果在教育过程中不讲策略、方法不对头，只强调硬性的单向度理论灌输，再有价值的教育内容也会显得空洞与笼统，比如，“树立远大的共产主义理想信念”“马克思列宁主义”“马克思主义中国化”等这些学习内容，本身没有问题，但是往往与受教育者的生活实践相脱节，受教育者在日常生活中难以体会和理解这么高深远大的目标，如果教育者运用教育策略不当，受教育者就会无法产生共鸣，很可能会使教育流于形式，受教育者并不能真正地内化于心，外化于行。鉴于此，我们在强调政治育人的同时要增强思想政治教育的文化意蕴，使政治育人实践处于一定的文化氛围之中，使育人目标更加生动化。例如，党的十八大以来，习近平总书记发表的系列重要讲话虽然都具有鲜明的政治导向，但却听起来一点也不显得“生硬”，很接地气、易于理解，能够引经据典而又拉近了人民群众与大国领袖、人民大众与执政党之间的距离。比如，“行百里者半九十”“敢啃硬骨头，敢于涉险滩”“打‘老虎’，拍‘苍蝇’”“小康不小康，关键看老乡”等一系列政治话语，已经形成了“习式话语风格”。原因就在于他的讲话透露着文化的气息，有文化蕴意，既能够让人听得明白、听着舒服，也能够记得住，给我们做好思想政治教育工作带来很大启发。在日常具体思想政治教育工作中，政治育人目标虽然很“高大上”，但是我们可以在文化育人的视野下，结合不同受教育者的特点，使教育目标转换成一个个贴近学生实际的、体现文化性的、生活化的、文化蕴意的具体目标，比如，在开展理想信念教育时，可以从民族发展的历史、红色的革命史、党带领人民披荆斩棘的奋斗史中提炼出既有政治导向又有文化底蕴的教育内容，结合不同受教育者的认知特点加以教化，以激发其情感共鸣，达到政治育人的目标。

其次，强调文化育人重要性的同时也不能忽视政治育人。随着经济全球化的深入，文化全球化也愈演愈烈，文化软实力成为当今世界各国之间竞争的必备力量，每个国家在发展自身经济水平的同时都在努力增强自身的文化软实力。这种文化的软实力体现在一定形式的文化既能够促进经济社会的发展，也有利于培育具有文化素养的人。思想政治教育作为一种特殊的文化现象，具有文化属性，以及特殊的文化价值和文化功能。思想政治教育的最终目标是培养全面发展的人，塑造兼具有政治素养和文化素养的人，这种文化素养可以使受教育者具有人文精神、人文智慧、人文思维等，这是思想政治教育文化育人的目标，以文化人是思想政治教育文化育人的价值取向，也是彰显思想政治教育文化属性，实现思想政治教育文化育人目标的重要举措。思想政治教育文化属性更多关注人的精神、思想、情感，培育人们坚强的意志，帮助人们解决精神思想的问题，助力人们提升思想境界，达到价值圆满，铸造优秀的个人品格。因此，我们在关注文化育人的同时要坚守思想政治教育的政治育人目标。思想政治教育所运用到的文化是中国特色社会主义文化，根本上是属于社会主义文化，具有明确的政治意蕴。思想政治教育的文化育人目标要与政治育人目标相契合，但前提是要坚守政治导向、政治属性，必须立足政治属性不能动摇。面对当今开放复杂的人文环境，关注文化目标的同时必须坚决抵制“去价值化”“去政治化”“去中国化”等错误思潮，坚定维护马克思主义的指导地位，坚定意识形态的自觉自信。

二、刚柔并济：硬性灌输和柔性引导相结合

硬性灌输和柔性引导相结合，刚柔并济是思想政治教育应该遵循的一条教育原则。硬性灌输，指的是从教育者到受教育者的单向度的硬性的理论知识输出和传导，教育者轻视甚至忽视受教育者的主观感受，没有遵循教育规律、教育元素、教育过程、教育方式等，体现出刚强或强硬的特点。柔性引导，指的是教育者能够及时捕捉、体察到受教育者的主观认知态度和感受，遵循教育规律，因材施教、因势利导、循循善诱，教育元素、教育方式、教育过程等都具有柔和性，教育者具有亲合力。从辩证唯物主义的视角来看，刚强和柔和是一对相对范畴，也是事物发展需要遵循的一项原则。几乎在所有实践过程中，都需要把握和遵循刚柔并济的原则，刚强和柔和不偏不倚、相互补充、相互作用，会对事物发展起到积极促进作用。思想政治教育作为一种特殊的社会实践，也应遵循硬性的理论灌输和柔性的教育引导相结合的原则，只有刚柔并济，才能更好提升教育的亲和力、吸引力，更好发挥育人效果。为了更准确地把握这条原则，有必要对硬性灌输和柔性引导进行更为深入细致的分析。

首先，传统教育理念和教育模式下的“硬性灌输”原则。值得注意的是，这里批判的并不是“灌输”本身，而是“硬性灌输”。“灌输”是思想政治教育的本质特征，列宁曾经强调必须进行社会主义思想的灌

输，因为没有先进的理论武装头脑，就没有先进的革命与建设。今天，我们仍然要坚持“灌输”原则，必须要用马克思主义、特别是马克思主义中国化最新理论成果，以及中国特色社会主义共同理想信念来武装头脑。如果不坚持“灌输”，必然会削弱教育效果，先进的社会主义理论难以被认知。但是灌输也要讲究方式方法，要有策略有技巧，由于部分人对“灌输”存在错误的理解，认为“灌输”就是要强制性的传授政治思想，就是教条、枯燥、呆板的说教，就是“填鸭式”和“灌香肠”式的教育，导致思想政治教育被贴上了“硬性灌输”的标签，成了政治说教，这种假大空、不讲究实效性的硬性灌输教育是不符合教育发展的客观规律的。硬性灌输欠缺对教育规律的遵从，教育只是为了使受教育者接受与自身实践“无关”的内容。在教育过程中，受教育者是被动的客体，是被改造被教育的对象。强调绝对的纪律，个人的内心感受被欠缺关注，最终硬性灌输就会导致教育流于形式，实效性不强。比如，在学校思想政治教育过程中，正是因为教育过于注重对学生的理论知识掌握的考核，忽视学生对理论知识的真正认同、内化，导致部分学生对思想政治教育工作存在抵触心理。

其次，现代教育理论和教育模式下的“柔性引导”原则。20 世纪 90 年代，美国提出了“柔性教育”，是为了适应经济不断发展的要求与以人为本的教育理念。“柔性教育”不同于简单粗放式的教育，是反对用生硬、强权的手段进行教育，是一种体现尊重、包容与爱的方法，顾名思义就是具有柔韧性，对受教育者采取弹性和灵活性的方式。教育目标上，以人为中心，注重受教育者的主观能动性，并对其起到引导作用，还通过鼓励其自力更生，培养其对客观环境变化的自觉能力。在教育过程中，教育者和受教育者是平等的关系，不是相互对立的，教育者不再是权威，受教育者可以进行反驳与批判，双方共同商讨研究，共同进步。比如，在教育过程中我们经常运用的启发性教育原则就展现了“柔性教育”的理念。“柔性教育”理念在我国的教育研究中还不够深入，没有深刻的理论阐述和系统性的体系，但柔性教育原则的精髓与思想政治教育的以文化人有着异曲同工之妙，所以彰显思想政治教育的文化属性要坚持硬性灌输和柔性引导相结合的原则。

通过以上两点分析，笔者认为，思想政治教育既要注重硬性理论灌输，也要强调柔性的教育引导，要刚柔并济。思想政治教育文化属性的彰显，当然也要遵循这一原则，既不能过于强硬，遭到受教育者的排斥；也不能过于柔和，体现不出教育的权威性。刚柔并济原则与习近平总书记在学校思想政治理论课教师座谈会上强调的推动思政课改革创新要坚持“灌输性与启发性相统一”的原则是并行不悖的。遵循刚柔并济原则的思想政治教育，能够充分考虑受教育者的认知特点，通过柔性的教育方法对受教育者进行理论灌输，使其自觉接受、坚定坚守科学的理论。

三、显隐结合：显性教育和隐性教育相结合

彰显思想政治教育的文化属性，还要遵循显性教育和隐性教育相结合的原则。当今世界正处于百年未有之大变局，当下中国经济社会发展方式正加快转型，经济全球化、文化多样性、社会信息化、价值取向多元化深刻地改变着人们的思维习惯和行为方式。人们的主体意识越发增强，张扬自我的个性和独立自主的精神越发外显，教育也在一定程度上受到了影响。从思想政治教育发展现状来看，“直白”式的、显性的直接理论灌输的教育方式很难满足受教育者的需要，达不到预期的效果，

思想政治教育文化属性无法彰显。转变教育方式，由显性教育转变为“润物细无声”式的隐性教育势在必行。显性教育和隐性教育是一直存在于我国教育界的两种教育模式。长期以来，显性教育一直处于主导地位，客观地说，在社会生产力发展水平、教育水平、受教育者认知水平等还不够高的情况下，显性教育具有现实合理性。然而，目前中国特色社会主义进入了新时代，经济发展水平已经明显提升，无论是作为个体的人，还是整体社会成员，认知水平都有所提高，思想政治教育的外部环境发生巨大的变化，客观上需要教育方式做出调整和改变，即由显性教育为主导向显性教育和隐性教育相结合的方向转变。习近平总书记在学校思想政治理论课教师座谈会上特别强调，新时代思想政治理论课教育教学要坚持“隐性教育与显性教育相统一”等八个方面的统一，新时代加强思想政治教育工作，应及时调整和优化教育方式方法，在坚持显性教育的同时，也要注重隐性教育，显隐结合才能更好发挥教育实效，体现思想政治教育的文化属性。为了更好说明显隐结合的教育方法的优势，我们需要对显性教育和隐性教育进行深入分析。

（一）显性教育理念下的思想政治教育

显性教育简单说就是显而易见的教育模式，具体指教育的目标、内容、方式和评价等过程都是有组织的、有目的、明确系统的公开教育的模式。相较于隐性教育，显性思想政治教育具有以下几个特征：一是教育目标显然明确。思想政治教育的目标是明显的意识形态的教育，人的全面发展的培育，这点不容置疑。二是教育双方关系保持固定不变。思想政治教育的教育者起主导作用，受教育者是主体地位。三是教育内容规范系统。思想政治教育内容具有一整套针对不同阶段受教育者的完备系统的教学计划。四是教育形式组织公开。思想政治教育课程的开展是思想政治工作最明显的有组织的公开化的教育形式。五是教育效果显著明了。通过直接明确的理论知识讲授，受教育者可以迅速接受教育内容，以便在短时间就可以达到学习知识的效果。比如，学校开设的思想政治教育理论等课程，举办的学术报告或学术研讨会，组织的专家讲座等这些显而易见、直截了当的教育形式都是显性教育的表现。但需要注意的是，即便显性教育有着明确清晰的教育目标和完备的教育内容，在短时间内可能会达到一定的教育效果，但可能达不到最佳的效果，即实现教育效果最大化。具体来看，显性教育可能存在这样几方面的不足：一是教育目标虽然明确完备，但是执行起来往往具有片面化的特点，过于侧重政治属性，忽视文化属性和人文性。二是教育关系在工作中容易出现对立，由于缺乏有效的沟通，往往忽视受教育者的主体地位。三是教育内容在多元化的今天略显枯燥乏味，知识性强但趣味性弱。四是墨守成规的教育形式在时下使人有所倦怠，产生抵触，容易流于形式化。五是教育效果在短时间内即便明显，但缺乏耐力，持久度不高，教育评价机制单一，缺乏激励性。因此，为了弥补显性教育的缺憾，充分挖掘隐性教育中的优越性就越来越值得关注。

（二）隐性教育理念下的思想政治教育

我们大部分人或许都有这样的认识，就是在对幼童进行教育时，如果直接向其进行正面的唐诗宋词，三字经等传授，他可能不愿意听，甚至产生抵触，如果平时无意间给他播放有关诗词曲赋等的儿歌，假以时日他便会自己复述出来。思想政治教育工作也一样，有时候有意识的直接进行理论传递或许并不能达到预期的教育目的，但是如果转变教育理念、教育方式，可能会收获更好教育效果。比如，在教育过程中偶尔一次不经意的英雄事例展现，一次不经意的社团活动，会使民族精神与正能量深深刻印于受教育者心中。由此我们可以说，有目的、有组织的显性教育固然重要，但是如果教育遇到瓶颈期，教育工作面临困难和挑战的时候，我们可以发掘隐性教育的优势，潜移默化的教育模式同样值得我们关注。“隐”可以解释为隐藏不露。教育中的隐性主要包括教育关系、教育内容、教育形式、教育环境、教育过程等。与显性教育相比，隐性教育是在受教育者不知情的前提下，将讲授的教育内容隐匿在提前创设好的情境中，通过无形的教育模式，使受教育者不知不觉地间接接受教育，达到悄无声息的教育效果。隐性教育具有这样一些特征：一是教育关系平等友爱，受教育者与教育者的关系是隐匿的，教育气氛相对没有压力，比较轻松。二是教育过程愉悦有趣，整个教育过程是非常愉快的，受教育者是感兴趣的，是其自然而然主动接受的过程。三是教育内容和教育方法丰富多样，在受教育者喜闻乐见的方式下进行教育，不会被排斥。

基于以上两点分析，笔者认为，开展新时代思想政治教育应坚持显性教育与隐性教育的有机结合。加强隐性教育有利于彰显思想政治教育文化属性，加之新时代下思想政治教育受到挑战，隐性教育可以明显弥补显性教育的不足，因此要深化加强对隐性教育的研究。但应该注意的是，强调隐性教育的重要性，并不意味着用隐性教育去取代显性教育，彰显思想政治教育文化属性客观要求我们要坚持显隐结合：显性教育与隐性教育相统一，相结合的教育原则。一方面，在显性教育模式下浸透隐性教育方式。不仅在理念上我们要认识到显性教育与隐性教育辩证统一于教育活动中，在采用教育模式、教育方式上也要充分借助隐性教育发掘思想政治教育中的文化价值，充分展现以文化人的功能。在此前提下，在教育过程中，教育者可以创建积极轻松的教育过程，比如，努力寻找教育内容相关的有趣教学案例，运用讨论引导的教学方法，等等。教育者还可以创建良好的教育氛围，通过开展各种丰富多彩的校园文化活动，使受教育者受到熏陶和润化。另一方面，我们在大胆革新教育理念，加强隐性教育的同时也要坚持显性教育的主导地位。尽管显性教育存在一定不足，但是显性教育在坚持意识形态教育方面有着不可替代的作用，主流价值观、意识形态的教育是必须进行正面的直接的显性教育，绝对不能模棱两可，也不能有丝毫的犹豫。从理论上讲，任何教育方式都不可能是完美的、一劳永逸的，随着时代的变迁和客观教育发展环境的变化，我们应该探索多种教育方式相结合的原则。显性教育与隐性教育各具特色。辩证法告诉我们，面对事物发展的两面，不能夸大任何一方的作用，也不能忽视任何一方的价值，更不能割裂二者之间的联系。彰显思想政治教育文化属性需要我们坚持显性教育与隐性教育相结合的原则，只有二者取长补短、相辅相成，才能在彰显文化属性的同时不偏离政治属性，在强化政治育人的同时融合文化育人，从而达到最优质的教育效果。

四、协同共进：思政课程和课程思政相结合

彰显思想政治教育的文化属性，还要遵循思政课程和课程思政相结合的原则。毋庸置疑，学校思想政治理论课是对学生开展思想政治教育工作的主渠道，但做好学生思想政治教育工作，仅靠思想政治理论课是远远不够的。2016 年，习近平总书记在全国高校思想政治工作会议上强调：“提升思想政治教育亲和力和针对性，满足学生成长发展需求和期待，其他各门课都要守好一段渠、种好责任田，使各类课程与思想政

治理论课同向同行，形成协同效应。”① 做好学生思想政治教育工作，在用好思想政治理论课这个主渠道的同时，还应该充分发挥其他综合素养课程、专业课程，特别是人文社会科学类课程等这“一段渠”的协同育人功能。思想政治教育理论课与其他课程看似不相关，但却有相通之处。思想政治理论课与其他课程都有共同的育人目标，思想政治教育理论课也有提高受教育者的人文修养的育人功能，其他课程特别是人文社会科学类课程，也包含一定的思想政治教育元素。为了更精准把握思政课程与课程思政的关系，以及如何发挥思政课程与课程思政协同育人功效，增强思想政治教育的文化属性，我们可以结合高校思想政治教育工作进一步展开分析。

“思政课程”也就是思想政治理论课，是高等院校开设的公共必修课，是高校开展意识形态工作的主阵地，也是对学生进行系统性思想政治教育，落实立德树人教育根本任务的主渠道。“思政课程”作为立德树人的重要渠道，是大学生树立社会主义核心价值观，增进中国特色社会主义政治认同，强化政治意识，确立政治信仰的主要课程。“思政课程”是大学生成长的必备课程，是帮助大学生确立正确的“三观”、思维定式、完善人格的关键一课。当代大学生的价值思维不仅关系其个人的前程，也关乎整个社会、整个国家未来的发展前景。面对现实纷繁复杂的社会文化、社会利益、社会价值观，以及各种各样的信息，正在成长的大学生难免会受到一些不良因素影响，陷入迷茫和困惑之中。因此，“思政课程”一定要守好“主渠道”这个功能，充分发挥思想政治

① 张烁，鞠鹏．习近平在全国高校思想政治工作会议上强调：把思想政治工作贯穿教育教学全过程　开创我国高等教育事业发展新局面［N］．人民日报，2016-12-09（1）．

理论课直接滋润大学生思想，灌溉大学生心田的作用。同时，“思政课程”也为高校所开设的其他课程提供了价值引领、文化支撑和文化促进，其他课程融入了思想政治教育元素、文化因子，建构起了“思想政治教育+”的育人格局，进而达到思想政治理论课与其他课程协同育人的效果。

“课程思政”不是要设立一门新的课程，也不是几门思政课的简单叠加，而是挖掘高校其他课程中所蕴藏的与思想政治教育理论课价值导向相吻合的文化育人元素，在教育教学中以独特的形式展现出来，形成对学生潜移默化、春风化雨般的影响。这与彰显思想政治教育文化属性的要求具有高度的内在统一性。当前，高等教育正在走内涵式发展之路，无论是思想政治理论课，还是其他课程，教育理念、教育方式等都需要改革创新，思想政治教育理论课不能与高校其他专业相脱节，思想政治教育课要起到对全校课程的思想引领作用。同时，其他课程要主动融入思想政治教育元素，只有这样才能形成协同育人的效果。实际上，高校所开设的一些课程中蕴含着丰富的思想政治教育元素，是思想政治教育以文化人的重要资源。比如，理工科专业中科学家的探索求真、艰苦奋斗、不畏艰险的精神等；医药类专业中中医药学优秀的中医药文化等；语言类院校中外语教材的德育资源等，这些都为浸润思想、德育渗透和价值观教育提供了大量鲜活的素材，使学生在学习专业课的同时与思想政治修养的提高相得益彰、齐头并进。

基于以上分析，促使“思政课程”和“课程思政”相结合，充分挖掘各门课程所蕴藏的丰富的、共通的文化教育元素，促使各门课程形成同向同行、协同育人的良好育人氛围，这是新时代加强改进思想政治教育工作，彰显思想政治教育文化属性需要遵循的一条原则。

第四节　丰富彰显思想政治教育文化属性的内容

彰显思想政治教育文化属性，除了对思想政治教育的目标、理念、原则有要求，还要丰富呈现文化属性的教育内容。有什么样的教育目标、理念和原则就应有相应的教育内容，教育内容是实现教育目标、体现教育理念和教育原则的载体。如果没有把教育目标、理念和原则的精髓融入具体的教育内容中，那么教育内容就不会显得丰满，教育效果就会大打折扣。我国思想政治教育学科经过几十年的发展，已经构成了相对完备的教育体系，大体包括：思想教育、政治教育、道德教育、法纪教育、心理教育这五大方面的内容。思想教育主要是运用马克思主义立场和观点来指导我们树立正确的世界观、人生观和价值观。政治教育主要运用马克思主义中国化理论成果来培养受教育者的政治观念、政治立场等政治素养。道德教育主要是培养受教育者养成良好道德品质和形成良好道德规范。法纪教育主要是国家法纪法规的教育，引导受教育者树立遵纪守法的意识。心理教育主要是进行心理健康方面的有关知识性教育。这五大方面的内容涵盖了人的思想、价值、道德、行为与心理，基本包含了作为社会个体所需要具备的基本素养。随着新时代经济社会的不断向前发展，人们的精神文化层面的思想认知、价值追求也在不断发生着变化，客观要求思想政治教育的教育理念、教育方式方法、教育内容也要相应调整，进而更好彰显思想政治教育的文化属性，提升思想政治教育的实效。就思想政治教育内容的调整而言，就是使教育内容更加丰富。

一、生命观教育

什么是生命观？不同的学科有不同的界定、不同的学者有不同的认识。结合学界已有的研究成果，并经过思考，从人对自我生命的角度探讨，笔者认为，生命观是人对待生命的基本态度及看法，具体可以理解为人对生命的价值和意义是什么、生命的价值和意义在哪里、为什么要实现生命的价值和意义，以及如何实现生命的价值和意义的主观认识和评判。现实社会，具有积极正确的生命观的个体，能够认识到生命的有限性，积极促使自身尊重生命、珍爱生命、呵护生命、敬畏生命，自觉自为地实现生命的价值和意义，能动地提高生命的质量，助力自我实现自由全面发展。在一定程度上意味着人对自我生命宽度的拓展。反之，生命观消极错误的个体，表现为放纵生命、轻视生命，甚至伤害生命。被动地面对自我生命的价值和意义，无异于降低生命的质量，在一定程度上意味着人对自我生命长度的缩短。当然，完整意义上的生命观也包括自我对他人生命的尊重和敬畏。限于篇幅，此处不进行赘述。从本质上讲，生命观与世界观、人生观、价值观有着较强的关联性，世界观、人生观、价值观积极正确，生命观一般都表现为积极正确，反之生命观一般表现为消极错误。生命观与世界观、人生观、价值观是相通的。近些年来，少部分人包括部分青少年对待生命的态度消极，生命意识淡薄，做出对自我生命不负责、自我伤害的行为，造成一定的不良社会影响。问题的原因恰恰在于生命观教育的缺失，在于世界观、人生观、价值观的导向出了问题。要预防有关问题的发生，必须加强生命观教育，加强世界观、人生观、价值观教育的方向牵引。加强生命观教育，就是要加强生命意识、生命价值、生命历程教育。

（一）生命意识教育

要形成正确的生命观念首先要具有生命的意识，能够正确地认识与理解生命。有生命的个体是一切实践活动的承担者，是推动客观世界发展的原动力。中华优秀传统文化中积淀着人尊重生命、爱护生命的智慧，比如，“身体发肤，受之父母，不敢毁伤，孝之始也”①。生命是父母赐予我们最珍贵的特殊礼物，珍爱、敬畏、呵护自己的生命，不损伤生命，积极成就自我生命价值，在有限的生命中活出精彩，这既是对个人生命的负责，也是对家庭、对不辞辛劳孕育和养育自己的父母最基本的尊重。法国著名思想家、哲学家、教育家卢梭认为：“人的最原始的感情就是对自己生存的感情；最原始的关怀就是对自我保存的关怀。”②可见，不管是在中国传统文化中，还是在国外的思想文化里，都渗透着生命教育的意识。珍惜生命，爱护身体是人在任何时候、任何情况都应该坚守的原则。

（二）生命价值教育

通过生命教育，我们要思考生活的意义是什么，为什么要追求生命的价值，应该追求一个什么样的生活等问题。生命不是做一天和尚撞一天钟，得过且过。生命教育告诉我们要努力拓宽生命的宽度，应该过有意义的生活，获得有价值的生命。在保证自己生命健康与安全的前提下，我们除了自身活得幸福和快乐，也要给他人带来幸福，给社会和国家做出贡献。有的人把自身的快乐建立在别人痛苦之上，甚至损害别人，这样的生命是没有意义的。有的人为了追求自身物质财富及人生价

---

① 朱祖延．引用语大辞典［M］．武汉：武汉出版社，2010：532.

② 卢梭．论人类不平等的起源和基础［M］．李常山，译．北京：商务印书馆．1997：112.

值，建立在损害社会和国家的利益上，这样的行为不仅没有价值，甚至是违法乱纪的。因此，生命价值教育告诉我们生命的价值在于乐于助人，在于奉献。奉献不是损害自身的利益，并不是一个痛苦的过程。每个人都是社会的一分子，每个人都为社会奉献，其实也就是在为自己奉献。奉献的过程中可能会舍弃自身暂时的小快乐与小利益，但是换来的却是更大的快乐与服务。有句网络语：哪有什么岁月静好，只不过大家都在负重前行。看似和平稳定的日子，是有边疆的守卫战士日夜为我们防守；看似每天干净的街道，是环卫工人凌晨起来打扫的艰辛。在突如其来的新冠疫情之下，我们可以在家安安稳稳地刷刷手机、看看电视，殊不知已经有无数的一线医务工作者、任劳任怨的人民警察、社区工作者等默默无闻地在工作岗位上艰辛付出，他们用个人的生命守护着广大人民群众的生命健康，一些战“疫”英雄还献出了自己宝贵的生命，实在令人悲痛、感到惋惜，他们的光辉事迹永远值得我们铭记，他们对待生命的态度值得我们敬仰，他们的伟大精神将永远激励我们前行。

（三）生命历程教育

生命是一个矛盾统一体。生命是长久的，有大几十年的光阴让我们感受和体悟；生命又是短暂的，相较于漫长的人类社会发展历史而言，每个人的生命历程犹如昙花一现。生命很顽强，可以不断地超越自身的极限；生命也很脆弱，也许突然会被天灾人祸夺取。因此，生命观教育还应注重生命历程教育。生命是一种经历、一种过程，我们要学会面对生命中的苦与乐、悲与欢。生命的历程并不是一帆风顺的，尤其当生命中出现了矛盾、挫折、悲伤、压力、愤怒等苦难时，我们都应该坚强勇敢地积极面对。要有足够的准备，学会承受生命之重，要知道这些苦难也是生命的一部分，也是对生命的一种历练。如果“失败乃成功之母”，笔者认为“挫折是潜能之父”，有了失败就有了成功的经验和动力，面对挫折也许能激发我们的埋藏已久的潜能和力量。日常生活中但凡听到有人因为遭遇挫折就选择结束自我生命的人，必然是对生命的历程没有正确的认识。要知道生命没有重来的机会，必须正确清醒认识生命历程，保持积极健康的生命态度，积极实现生命价值，让生命之花绚烂地绽放。

二、幸福观教育

何谓幸福？幸福是人类长久以来始终都在探讨、寻找与追求的常问常新的永恒话题。幸福没有统一标准的定义，有一千个人就有对幸福的一千种定义，即使同一个人在不同客观条件下也有不同的幸福感。

从理论上讲，幸福与每个人自身的物质生活和精神生活息息相关，幸福作为一种主观情感范畴，没有标准化的定义，也不需要一个统一的界定。因为人是有千差万别的，面对的客观条件也是不同的，不能要求每个人对待幸福的态度是一样的。人们对幸福的感受千差万别，造就了多种多样的幸福观。幸福观是人们关于幸福的总的看法和态度。但是承认幸福观的多样性并不代表我们就认可所有的幸福观。幸福观也有正确与错误之分。中国传统儒家的幸福观把幸福归纳为“仁爱之心”“义而后取”“孔颜之乐”三个维度，也就是说要有一颗仁义慈爱的心并且知足而乐，安贫乐道，而且在面对财富时要取之有道，这样才能获得幸福。西方传统幸福观以伊壁鸠鲁（Epicurus）、费尔巴哈等为代表人物的学派认为幸福就是快乐，以苏格拉底（Socrates）、康德等为代表人物的学派认为幸福是道德，基督教的幸福观认为上帝是幸福的源泉。在当代社会，有学者认为：“幸福是主体通过创造性的劳动，在物质和精神生活中由于实现了自己的人生理想和目标而引起的精神上的满足。"[①]持这种观点的学者认为幸福是一种满足感，是建立在人生理想和目标实现的基础上愉悦和快乐的心理体验。还有学者认为"幸福是一个过程"，"包括自我追求、自我成长、自我展现三个阶段"[②]，即幸福是一个没有止境的不断发展不断创造的过程。马克思主义的幸福观坚持了唯物辩证法和历史唯物主义，是丰富的科学体系，涵盖了幸福的源泉，幸福动因，幸福的主要内容及核心，等等。马克思主义幸福观的主旨把个人的幸福与社会发展相结合，把主观与客观相结合，是我们必须秉承和追求的科学的幸福观。

前文我们论述了思想政治教育文化属性理应彰显人文关怀，体现民族风貌，回归生活世界，应涵养以文化人。总的来说就是对人的精神与生活的关注，而人的生活就是不断追求幸福的过程，人的幸福感属于人的精神心理感受。因此，幸福观教育理应成为思想政治教育文化属性的内容之一。当前人们的世界观、人生观和价值观都在随着经济的发展而不断变化，其中幸福观也受到了巨大的冲击。有的人思想跟不上社会转型期的节奏，面对幸福时常感觉困惑、幸福感缺失，甚至形成了错误的幸福观。费尔巴哈曾指出："生活和幸福原来就是一个东西。一切的追求，至少一切健全的追求都是对于幸福的追求。"[③] 幸福作为人类社会生活实践的出发点和落脚点，为我们进行一切物质生产提供了巨大的精神动力。改进思想政治教育，发挥其以文化人的功能，彰显其文化属

① 韩振峰．思想政治教育热点问题研究新进展［M］．北京：北京交通大学出版社，2019：213

② 韩振峰．思想政治教育热点问题研究新进展［M］．北京：北京交通大学出版社，2019：213

③ 费尔巴哈．费尔巴哈哲学著作选集：上卷［M］．北京：生活·读书·新知三联书店，1959：543.

性，增强其实效性，需要增加有关幸福的教育，以培育人们正确的幸福观。一方面，体现文化属性的思想政治教育理应引导人们追求正确的幸福生活。幸福生活是人们的梦想，每个人在某段时间都有过幸福的感受，但并不是所有人都能一直获得幸福感。有些人事业有成，生活富足，家庭和谐，外人看来他应该很幸福，但他却深感不幸福。然而有些人，在外人看来没有多幸福，各方面客观条件都一般，可是他们却感觉很幸福。所以，每个人的幸福感是不同的，需要通过思想政治教育来挖掘和培育人们的幸福感，需要通过思想政治教育来挖掘和培育人们感受和追求幸福的能力。另一方面，体现文化属性的思想政治教育应培育人们正确的幸福观，纠正错误的幸福观。在多元文化价值观的冲击下，有一部分人对幸福感到迷茫，甚至形成了不全面、不合理的幸福观，这种幸福观显然是错误的、偏颇的。错误的幸福观直接影响和制约着人们追求和实现幸福的实践活动，让人无法达到真正的幸福，反而用一些感官刺激来代替真正的幸福。比如，一部分青少年生活在比较富足的环境中，也有父母的关爱，但是由于攀比、虚荣心、不刻苦学习等因素与家人发生争执，就总是抱怨自己不幸福，也就是我们经常说的“身在福中不知福”。这部分人正是错误的幸福观影响了自己对幸福的感受，他们有的人认为幸福就是物质极大地丰富，“一山望着一山高”，不满足目前自身的物质条件；还有的人认为幸福是理所应当的，习惯拥有，不想努力付出，伸手就想够到“天上的月亮”；还有些人因得不到各种满足与父母发生争执，就觉得自己生活的不幸。这部分人就是因为错误的幸福观损害了自身幸福的能力，缺少一颗感受幸福的心，对生活的态度冷漠，缺乏感恩之心。彰显文化属性的思想政治教育要引导社会成员追求真正的幸福，不能让错误的幸福思潮使人们误入歧途，要培育人们树立正确的幸福观，使人过上真正的幸福美好的生活。

（一）构建科学的幸福观

具有正确对待幸福的态度是提升我们追求幸福能力的根本。上文我们谈到人们种种的不幸都是源于错位的幸福观。第一，幸福是需要一定经济基础的，但是仅有充足的经济基础并不能说是获得了幸福。在这个物欲横流的社会中，不乏有些人把追求地位与财富作为自己的幸福，认为有钱有势就是幸福，并不惜一切代价和手段疯狂追求财富与地位。但是在这个过程中其实并没有得到幸福，还会与幸福越来越远，甚至坠入深渊。第二，幸福是需要艰辛的付出的。没有不劳而获的幸福，守株待兔的事不会天天发生。任何事物的获得都必须要经历艰苦的付出。幸福也一样，只有亲自付出了辛劳苦累，才能够感知幸福。马克思的幸福观阐述了劳动是幸福的源泉，也就说只有付出劳动才能得到真正的幸福，轻而易举就得到的幸福并不会带来永恒的幸福感。第三，感官的享受不是真正的幸福。有的人把感官欲望的满足当作幸福，认为幸福就是消遣放松与吃喝玩乐。有些人沉迷于花天酒地、贪图享受、不思进取，这些都不是健康的积极向上的幸福。为了这短暂的快乐，也许会堕入不幸的深渊。

（二）铸造理想的幸福品质

获得幸福的方式还体现在内心要具有良好的品质。一是具有健康的心理品质，积极健康的心理品质是获得幸福的必备条件。比如，控制情绪的心理品质。能够自我控制、自我调节的人，生活各方面才有可能避免失败，获得成功与幸福。生活中一些负能量与消极事件往往能引发人的关注，对于正面积极的能量，有些人不屑一顾，但具备能够控制自我情绪这种心理品质的人就会化解这种负能量，减轻消极事件对自己带来的负面作用。这些人自身的客观条件也许不够优越，生活不够富足，但是总能找到融入环境的契合点，时刻显得活力充沛，知足常乐，不会被负能量所牵绊，并且会积极改善自己的生活条件，对自己的生活游刃有余。能够积极抵抗挫折的能力也是获得成功与幸福的重要条件。为什么现在抑郁症会越来越多？有学者说："因为他们的生活实在是太过轻松容易了，因此必要的磨炼和挑战反而是对孩子们获得属于他们的幸福的必要经历。"① 总是一帆风顺的生活并不是真正的幸福，过分安逸使人堕落颓废。逆境使人成长，激发人无限的潜能。有的人面对挫折一蹶不振，有的人越挫越勇，具备正确对待逆境与挫折的能力是获取幸福的重要条件。二是具有较高的道德水平能够增强人们的幸福感。没有道德基础的幸福是虚无缥缈的。有道德的人才具有获得幸福的基础，没有道德的幸福是空洞的，不是社会中真正的幸福。人是社会性动物，必须和人、社会打交道，人与人交往中要发挥自我的道德，要关心他人与爱护社会，爱戴我们这个国家，才能获取幸福。如果每天愤世嫉俗，对各种世道不满甚至愤恨，破坏道德规范是获取不了真正的幸福的。三是要有坚定的意志品质。人生的意义与价值的实现才能获得幸福感，坚定的意志品质是实现人生目标与价值的保障。树立个人的奋斗目标，人生才有意义、有价值，才能获得幸福。把个人目标与国家目标相结合更能够获取人生的价值与幸福。在实现目标的道路上具有坚强的意志力与恒心，坚定信念与目标，进而增进自尊心和自信心，获得成功的概率就越大，从而更有机会获得幸福。

---

① 朱翠英，凌宇，银小兰．幸福与幸福感：积极心理学之维［M］．北京：人民出版社，2011：272.

（三）提升追求幸福的能力

幸福观教育最终的目的是提升人们追求幸福的能力，仅有观念是不够的，能够获得幸福是人们的出发点和落脚点。所以从两方面来培养：一是发现幸福的能力。幸福无处不在，世界上并不是缺少幸福，而是缺少发现。提升追求幸福的前提首先要能够发现幸福。发现幸福的任务不是一劳永逸的，是不断发展、永无止境的过程。我们不能静止地看待幸福，发现幸福的眼光也是在社会实践中不断发展的。随着客观条件的不断变化，我们可能发现不同的幸福。所以，发现幸福需要我们对生活热爱、富有激情并保持感恩。热爱生活，能够体会到生活的小乐趣，发现生活的美好，并对生活保持一种积极向上的态度，有激情，认真地投入生活，而不是对生活充满失望与悲观。具有一颗感恩的心，对人对事保持认可与接纳，关怀与珍爱。对待生活充满积极的态度，能够领悟更多的幸福，发现更多的幸福。二是创造幸福的能力。发现幸福并不是就能够获得幸福，而是要通过个人的实践去创造与获取幸福。创造幸福的能力不是与生俱来的，是随着社会生活的发展不断进步的。获得幸福是要通过自身的创造与实践，积极主动的参与人类社会生活实践，在不断发现与探索幸福的过程中，发挥自己的主观能动性与客观实践相结合，发掘自己追求幸福的能力。“幸福的享受不仅在创造之后，而且就在不断实现着目标和理想的创造性劳动和斗争实践中。”① 人类的社会实践也不是一成不变的，在继承传统的同时我们还要积极的看到现实发展与进步，只有在继承与发展相结合、传统与时代相结合，不断进行创新的过程中才能不断提高我们创造幸福的能力。

---

① 罗国杰．马克思主义伦理学［M］．北京：人民出版社，1982：351.

三、美育教育

“美育”也是一种文化现象，一种文化实践。一定程度上，“美育”越发达，社会进步越明显，社会大众的素养越高。中国古代就有“美育”，孔子提倡“六艺”，即“礼、乐、书、数、射、御”来教化弟子，其中的“乐”就是美育。古希腊时期柏拉图注重音乐陶冶情操、净化心灵的作用。亚里士多德也阐述了艺术审美教育丰富人的精神世界的重要作用。美育教育就是以美育人，旨在培养人发现美、认识美、热爱美和创造美的审美能力和情操。随着人类社会的不断向前发展，美育教育不仅局限于美术与音乐的教育，也包括对科学思维的培育，还体现了一种对生活的热爱。蔡元培先生给“美育”下了个定义：“应用美学之理论于教育，以陶养感情为目的。”① 也就是一种陶冶情操、培养情感的教育。从这个角度讲，美育和思想政治教育有共通之处。加强和改进思想政治教育，有必要在思想政治教育中运用美育，从而更好培育人的思想品格、文化教养，改善人对生活的态度、提升人的思想境界。这是有一定科学性和可行性的。马克思从没有给美育下一个明确的定义，他的美育思想是有关美学、教育学、文艺理论的集合体。其本质是在认知美和创造美的实践过程中，通过提升人的精神境界来促进人的全面发展。这与思想政治教育的育人目标不谋而合。彰显文化属性的思想政治教育旨在培育“完整人”，培育“德、智、体、美、劳”全面发展的人，促使人达到“真、善、美”的统一境界。习近平总书记强调：“要全面加

---

① 蔡元培．精神与人格：蔡元培美学文选［M］．合肥：安徽文艺出版社，2015：227.

强和改进学校美育，坚持以美育人、以文化人，提高学生审美和人文素养。”① 党的十九大明确中国特色社会主义进入了新时代，新时代有了新矛盾，社会主要矛盾的转变表明我们现在需要的不仅是更高水平的物质生活，而是追求美好生活，体现了人们的需要具有综合性和多元化，总体来讲就是人们意识到对美的全面追求，人们对生活的追求上升了一个更新、更高的层次。将美育教育融入思想政治教育中，通过运用美的相关理论来教育人、塑造人，转变教育模式，不仅是拓展思想政治教育内容的新维度，也是彰显思想政治教育文化属性，发挥文化功能，以文化人的应有之义。

（一）美育的深层价值体现了人全面发展的要求

美作为一种社会现象，不仅展现了事物的自然属性，同时还决定了客观事物在人类生产实践中的发展程度和性质。美不是固定不变的，美与丑可以相互转化，它是随着社会不断发展而自身也在不断丰富的人类生活的产物。从人类的发展维度看，社会主义中的“美”表现为每个人都能在自己的本职工作上充分发挥自己的潜能，也就是“各尽所能，各得其所”，并且社会呈现出大美大善的和谐氛围。共产主义中的“美”表现为每个人都能达到真善美的统一且自由而全面的发展。这不仅是美育的深层价值体现，更是全人类不断奋斗的终极理想社会。只有在自由解放的条件下才具有“美”，在强制与压迫的情况下不存在“美”，所以人在美育教育过程中能够不再依赖于人，不再依赖于物，脱离了各种异化的关系，从中解放出来而成为真正自由的人。美育还能

① 张烁，王晔．习近平在全国教育大会上强调：坚持中国特色社会主义教育发展道路 培养德智体美劳全面发展的社会主义建设者和接班人［N］．人民日报，2018-09-11（1）．

提高人认识美和实践美的能力，使人的智慧和道德升华，从而成为一个具有良好生活技能和优秀道德品质的“完整人”。

（二）美育教育与思想政治教育相契合

发展“德智体美劳”是我国教育的重要内容，美育与思想政治教育都属于高等教育的主要内容，都肩负着培育时代新人的重要使命。党的十八大以来，习近平总书记十分关注美育教育，他强调：“做好美育工作，要坚持立德树人，扎根时代生活，遵循美育特点，弘扬中华美育精神，让祖国青年一代身心都健康成长。”① 美育教育与彰显思想政治教育文化属性并行不悖。美育教育通过对美的认识、发现、创造与实践的过程中，洗涤人的心灵，升华人的思想。将“美”这种特殊的生活现象和文化现象融入思想政治教育会给人们带来一丝新鲜感，容易拉近与人的距离。文化属性充分挖掘美育的价值会进一步增强文化的功能与作用，不仅可以提升学生的审美能力，培育正确的审美取向，还可以提高学生的创新思维能力和战略思维能力，激发对思想政治理论学习的主动性，彰显了美育教育的能动作用。

既然思想政治教育与美育教育在育人目标上具有共通性，那么如何发挥美育的作用，把美育教育融入思想政治教育中呢？第一，从内容上，注入美育教育，引导思想政治教育理论的具体化、真实化。适当地将美育中的内容、思路、方法融入思想政治教育中，充分发掘美育教育的内容与思想政治教育具体理论的契合点，使思想政治理论的抽象化变得具体化。当然需要注意的是，这里并不是指二者简单的叠加与复制，而是通过相关联系找到融合点，更加形象生动的展现思想政治理论的概

① 习近平给中央美术学院老教授回信强调：做好美育工作弘扬中华美育精神　让祖国青年一代身心都健康成长［N］. 人民日报，2018-08-31（1）.

念和原理等，更加直观真实地展现出抽象难懂的理论。追求“美”首先应该讲究“真”，比如教育者在教育过程中能够融入自己真实的情感，教育内容贴近现实、贴近生活。思想政治教育过程也要尊重真实的客观规律，追求科学的真理。在坚持思想政治教育根本原则和理念不变的条件下，增加其呈现美的形式与内容，营造充满美的育人氛围，有助于发挥以美育人的作用，更能够滋养和化育受教育者。第二，充分借鉴美育的方法，提升思想政治教育的实效性。借助美育创新思想政治理论的教学方法，使教学形式更加灵活与多样，新颖的教学设计可以增强思想政治教育工作的吸引力，激发受教育的兴趣和潜力，在生动形象的教学过程中增进师生之间的感情与互动，营造平等和谐的教学环境，这都是思想政治教育文化属性所倡议的原则和方法。第三，运用美育的艺术内容陶冶情操，达到“善”的境界。音乐、美术、舞台剧等艺术作品和形式，不仅可以赋予思想政治教育艺术灵动性，营造良好的育人氛围，还可以使受教育者的思维能力得到锤炼，陶冶道德情操，增进文化素养，提升对文化的认同感。在这个过程中，个人情感和素养得到升华，达到“善”的境界，自觉抵制一些反主流文化等的“恶”现象，从而更加坚定主流意识形态与文化。第四，通过美育教育的融入，促进思想政治教育化人达到“真、善、美”的统一。人的精神世界是新时代人们越来越重视的问题，彰显文化属性的思想政治教育，可以增加呈现育人的“美”，坚定理论科学的“真”与高尚情操的“善”，更加注重关爱人的精神、人的生活世界，在培养人对世界的美中，增强人们追求美好生活的精神动力，为实现现代化美丽强国贡献自己的力量，自觉担负个人应有的时代使命。

四、劳动教育

恩格斯说："劳动是一切财富和一切文化的源泉，就是说，任何社会都不能离开劳动。"[①] 劳动才能创造财富和文化，离开了劳动，就不可能有真正的社会。2016 年，习近平总书记在知识分子、劳动模范、青年代表座谈会上指出："人类是劳动创造的，社会是劳动创造的。"[②] 2018 年，在全国教育大会上，习近平总书记强调："要在学生中弘扬劳动精神，教育引导学生崇尚劳动、尊重劳动，懂得劳动最光荣、劳动最崇高、劳动最伟大、劳动最美丽的道理，长大后能够辛勤劳动、诚实劳动、创造性劳动。"[③] 2020 年 3 月 20 日，中共中央、国务院印发的《关于全面加强新时代大中小学劳动教育的意见》中要求不仅要"设置劳动教育课程"，还要将"其他课程结合学科、专业特点，有机融入劳动教育内容"，还要"广泛开展劳动教育实践活动"。人离开了劳动就不可能成为真正的人，维系人类最基本的生存和发展的活动是劳动。劳动也是人区别于动物的特征之一，劳动是人的本质的体现。培育时代新人，发展中国特色社会主义，彰显思想政治教育文化属性，离不开劳动教育。我们的奋斗目标是人民对美好生活的向往，人民过上美好生活的途径只有依靠劳动，通过自己双手辛勤劳动才有可能过美好生活。劳动教育引导受教育者树立正确的劳动价值观，培养受教育者对劳动的正确

---

① 中共中央马克思恩格斯列宁斯大林著作编译局．马克思恩格斯文集：第三卷［M］．北京：人民出版社，2009：429.

② 习近平．在知识分子、劳动模范、青年代表座谈会上的讲话［M］．北京：人民出版社，2016：9.

③ 张烁，王晔．习近平在全国教育大会上强调：坚持中国特色社会主义教育发展道路 培养德智体美劳全面发展的社会主义建设者和接班人［N］．人民日报，2018-09-11（1）．

认知与理解，培育受教育者高尚的劳动精神和劳动情怀，对厚植思想政治教育的文化基因，彰显思想政治教育文化属性具有重要意义。

劳动教育是实现人全面发展的主要内容之一。人的全面发展根本上讲是人的劳动能力的全面发展，也就是德智体美劳的全面发展。劳动教育是实现人全面发展的主要内容之一。劳动教育促使受教育者不仅自身热爱劳动，还要热爱劳动人民；不仅包括脑力劳动、体力劳动，还要学会创造性劳动，养成劳动的习惯，形成主动劳动的意识和素养。思想政治教育的最高目标是达到人的全面发展，成长为充分展现人本质的人，使人的劳动能力全面发展，这是思想政治教育和劳动教育的职责。

劳动教育是培养时代新人的必然选择。培养社会主义时代新人，劳动教育不可或缺。劳动是个人价值与社会发展之间的桥梁，个人在社会上付出劳动，社会的发展使劳动为个人提出了新的要求，也产生了新的机遇，同时也进一步促进了个人的发展。同时，每个人只有在劳动的过程中才能获得进步与发展，体现个人作用、彰显人生价值。培育担当民族复兴大任的时代新人，也就是培养中国特色社会主义的合格劳动者和可靠接班人，必须要加强劳动教育。实现中华民族伟大复兴的中国梦，必须要靠一代又一代的青年艰苦奋斗和辛勤劳动。社会主义时代新人思想上要拥有高度的劳动觉悟，内心要养成高尚的劳动情怀，行动上要具备高水平的劳动技能。因此，劳动教育是培养时代新人的必然选择。

第五节　运用彰显思想政治教育文化属性的方法

实践的目标和方法是影响实践的发展及效果的两个重要因素，二者具有紧密联系。其中，实践的目标指引实践方向，引导实践方法的选择，实践目标的实现离不开切实有效的实践方法。毛泽东就曾经形象地把工作方法比喻成过河的桥或者船来强调方法的重要性。没有船或桥是过不了河的，即便有船或桥，然而船或桥的方向如果不对，甚至偏离，不但过不了河，还可能使我们回到起点。中国特色社会主义进入新时代，随着外部世界发展环境以及我们自身经济社会发展形势的不断变化，思想政治教育也面临许多新情况、新问题，应对新情况、解决新问题不能墨守成规，需要新的思路和新的办法。在新的时代背景条件下，我们提出充分彰显思想政治教育文化属性，本身就是一种旨在解决思想政治教育面临的现实问题，即更好地实现提升受教育者的精神文化素养，助力受教育者自由全面发展目标的一种总体的宏观方法与思路。而彰显思想政治教育文化属性，必然还需要具体的方法给予支持。基于这样的逻辑，本书认为，彰显思想政治教育的文化属性的方法大体上有这样几点。

一、聆听：反映文化公正性的对话交流法

世界上每种文化都是各有特色，互相平等的，没有高低贵贱之分。盛赞某一种文化是高人一等或贬低某一种文化是低劣的，都是极为荒谬的。教育本身是一种文化现象。我们在文化的视野下、文化思维的引导下审视教育，教育过程中教育者和受教育者也应当是平等的，教化育人的方式方法能够体现教育双方的平等性。教育育人最有效的方法，就是有吸引力地理论讲授、平等地对话交流。通过有吸引力地理论讲授、平等地对话交流，实现知识的传递、价值观信念的确立。思想政治教育是能够影响人的思想观念、价值理想的重要文化教育实践，当然需要用到

对话交流的方法。

(一) 对话交流法的基本内涵

对话，顾名思义是两方或多方之间的语言交谈。在哲学中，对话不仅是指一种语言交流活动，主要体现一种“对话理念”，彰显一定的民主意识，包括相互交流、相互理解、相互合作的精神态度。在西方，对话教育方式可以追溯到古希腊时期苏格拉底式对话。苏格拉底在教育过程中不是简单直接的传授知识，而是在平等地对话交流中循循善诱，进而实现知识传递、思想输出。从更具体的理论层面加以分析，作为一种教育方式，“对话，是指主体双方从各自的理解出发，以语言为中介，以交往、沟通、意义为实践旨趣，促进主体双方取得更大视界融合的一种交往活动”①。对话和谈话不一样，对话不是简单的话语传递、不是从一端向另一端单向度的想法和观念输出，对话强调对话双方能够进行真诚的思想交流、理念融合、精神沟通，甚至需要产生情感共鸣。正如马丁·布伯 (Martin Buber) 所言，“对话，是一个灵魂对另一个灵魂的亲和，是一种真正的互惠”②。

交流，在《汉语词典》里是指互相沟通。如文化交流、感情交流。③ 虽然还有物理学上的解释，但是在本书主要指思想之间的沟通、互动及碰撞。人是社会的人，社会中的人无不需要通过各种方式与他人交流、与外界交流。交流不单是语言交流，思想交流、信息交流、情感交流都属于相互交流的范畴。

不论是对话还是交流，都是为了在互动之中寻求心灵、思想之间的

---

① 吴冬梅．马克思主义幸福观与当代中国大学生幸福现状研究［D］．吉林：吉林大学，2012.

② 米靖．马丁·布伯对话教学思想探析［J］．外国教育研究，2003 (2)：25-29.

③ 辞海［M］．上海：上海辞书出版社，1999：1021.

碰撞，达到一种共识或是共鸣。对话包括显性对话和隐性对话。思想政治教育强调教育者与受教育者之间相互交流、传递信息，并获得理解与认可。“教学不是使儿童潜能的自我释放和发展，而是培养‘我’与他人、世界之间的相遇、交流、对话的能力，最终使其能够摆脱‘我—它’关系，进入‘我—你’的‘对话’关系。”① 教育的过程应该是培养教育双方之间对话、交流的能力，从而达到双方思想与心灵的共鸣、升华的过程。不应该把受教育者当作教育中被改造的对象，装载知识的容器，看成教育中的“它”，受教育者在教育过程中应该是有思想、有意识、有情感的“你”，这才是正确的教育关系。思想政治教育属于培育人思想与价值观的工作，更需要教育双方是平等公正的对话交流关系。以往的思想政治教育注重政治属性，强调政治理论知识的单一灌输，教育实效性往往不佳，一个最主要的原因就是教育双方缺乏思想与心灵上的对话交流。教育双方没有建立平等对话交流关系，二者之间缺乏诚挚对话与平等交流，受教育者像容器一样被动地接受理论知识，进而产生一定的抵触情绪。

（二）对话交流法的遵从原则

对话交流法，需要在一定的原则指导下展开：一是相互平等的原则。相互平等是对话交流的首要原则。尽管教育者在学识、阅历等方面较受教育者有优势，但双方在人格和地位上是完全平等的。在教育过程中，教育双方也应当是平等的。现代教育理念下的对话不仅是狭隘的言语灌输，而是教育双方各自推心置腹和接纳彼此。教育者只是部分知识的先知者，而不是掌握所有知识的绝对权威，教育者主导教育过程，教育者应把受教育者看成教育的主体，教育双方的观点和行为都应该受到

① 米靖．马丁·布伯对话教学思想探析［J］．外国教育研究，2003（2）：26.

彼此的尊重。伏尔泰有句名言：我坚决不同意你的意见，但我誓死捍卫你发表意见的权利。思想观念虽然千差万别，褒贬不一，但是一定要保证每个人的发言权。在思想政治教育过程中，只有在民主平等的条件下，教育者尊重受教育者，重视受教育者的所感所想，才能相互产生信任与理解，受教育者才能积极主动地融入思想政治教育过程中，思想政治教育才能取得实效。

二是求同存异、开放包容的原则。对话交流法的特点就是说话与倾听，交流与沟通。对话双方一方面要敞开心扉表达各自的观点，另一方面也要主动倾听，尽量理解对方的观点。思考问题时不能只想到自己的立场，也要换位思考，从而达到对话与交流的目的。现实中，不同立场，不同人群的思想观点不一样，对话交流本就是不同观念之间的相互沟通，从而产生共鸣，达成共识。如果没有充分平等的对话交流，即便只有一种声音、一种观点、一种意见，也是不能令人信服的。开展思想政治教育，教育双方的交流对话应是充分的，求同存异的，具有包容性的，彼此倾听和理解对方的感想。思想政治教育的开放包容性主要有三个层面的意思：首先，思想政治教育过程双方应有开放包容的态度。对话交流的主体之间必须坦诚相待，展现真实的自我，畅所欲言地把自己的真实体验转达给对方。其次，营造开放包容的教育环境。在开放包容的环境中，双方都能够自由的表达、探讨，使教育具有生命力和活力。最后，实践中的思想政治教育是开放包容不断向前的。思想政治教育应随着实践的发展而不断地调整和变化，包括教育理念、教育内容、教育方式方法等。随着时间的推移，思想政治教育的对话交流法也会吸纳新的教育元素，不断变革创新。

（三）对话交流法的实施策略

根据思想政治教育的特点，结合受教育者认知和心理的差异性，教学过程的复杂性，教学情境的多样性，更好地运用思想政治教育的对话交流法，应注意以下几方面。

1. 促进情理相通。对话交流法是双向沟通的方法，即受教育者是教育的目的与主体，教育者起着主导的作用。教育者面对的是有思想、有情感的个人，教育应考虑受教育者的情感、认知等因素。教育应具有学理性、生动性，应有理有据、有情有感，而不是生硬的、枯燥的理论传递和理论灌输。“情”主要指教育者和受教育者之间的情感、情绪，二者关系融洽与否是对话交流能够顺利进行的条件。教育者和受教育者之间关系和谐，则能够促进受教育者积极主动学习，反之亦然。与受教育者建立良好的教育关系是思想政治教育工作者必备的教育能力，也是运用对话交流法的策略要点。美国著名教育家戴尔·卡耐基指出：“一个人事业的成功，只有15%是他的专业技术，另外的85%要靠人际关系、处世技巧。”① “理”是谈事实、论道理。思想政治教育过程中，教育者首先自身要具备过硬的理论知识，做到“先知”，其次要富有激情，善于以情动人，即通过情感的感染力与理论的说服力形成合力，情理相融，达到思想政治教育的预期效果。

2. 注重合作互动。教育是需要协作、合作的，在教育过程中各有分工，各司其职，共同协作，共同完成教育任务。通过合作互动的策略，可以提高受教育者的积极主动性。受教育者在这个过程中可以展示自我、体现自我、提升自我。

3. 多样教学评价。受教育者对教育的反馈、对教育的评价是检验对话交流教育方法是否切实有效的重要参考。可以随时根据受教育者对教育所提出的建议，优化教育方式方法。充分体现受教育者的主体地

① 钟双华．成功领导方略［M］．北京：人民出版社，2013：85.

位，打破二者的交流距离和隔阂，从而在平等的、融洽的氛围中实现对话教育。

二、体认：反映文化交融性的情境体认法

文化因人而存在和变化，文化促进人的进步和发展，文化与人相互交融。一方面，文化缘于一定条件下客观的人的实践活动作用而实然生成，并随着人的自我实践能力的逐步提升而不断地向符合人的需要的方向应然演变；另一方面，文化永恒性衍生、动态化演进也内在促进人的生存及发展状态的转变。也就是说，文化与人相互作用、相辅相成，文化的发展离不开人的作用，人的发展寓于文化作用的情境之中。思想政治教育是教育者通过文化作用力使受教育者形成正确的思想认知、道德观念、品性规范等，这是一种情境体悟和确认的过程。

（一）情境体认法的基本内涵

“情境体认”是由“情境”和“体认”二者结合起来的一个复合词。具体来看，就“情境”而言，《现代汉语词典》将“情境”定义为“在一定时间内各种情况的相对的或结合的境况”①。从学术研究来看，不同流派、不同学者能够从本学科角度出发进而得出不同的关于“情境”的定义。梳理学术研究的成果，社会心理学领域的学者对“情境”的研究相对较为深刻，比如，“情境指影响事物发生或对机体行为产生影响的环境条件，也指在一定时间内各种情况的相对的或结合的境况”②，这一阐释更为侧重对客观的环境的界定。又如，“情境是从认知

① 李忠军．高校辅导员工作案例研究方法与实证［M］．北京：人民出版社，2010：102.

② 杨治良，郝兴昌．心理学辞典［M］．上海：上海辞书出版社，2016：552.

的角度说明行为者与环境、主体与客体的相互关系"①，这一解释强调了具有认知和行为能力的主体的人与其所处的客观的外在环境的相互作用。结合起来加以审视，情境是因人的主观意愿而创造和设立的用以调节和影响人的思维情感的特定环境。在思想政治教育实践中，施教者可以结合受教育者对客观外在事物和环境的认知以及能动实践能力的特点，构建特定的教育环境，借助科学务实的方式方法将教育内容加以传导，使受教育者首先内化于心，进而外化于行。可以说，思想政治教育情境是现实的、生动的、具有情感性的动态交流氛围。

"体认"，即对外界环境的体验、信息的确认、情感的认同。体认是一种教育方法。受教育者有接触、接收一定教育信息和教育内容的需求，教育者遵照相应的教育要求和教育规范，在教育活动中对受教育者传导预设的教育信息、教育内容，受教育者亲自体验、亲身感受，对符合自身旨趣的信息和内容从认知上加以确认、从情感上表达认同，进而对自己的价值观念和行为方式产生积极影响，达到促进自我提升的效果。儒家孔子、孟子无不重视体认式教育，如"学而不思则罔，思而不学则殆"，强调要使受教育者在学习的过程中及时思考、善于思考，达到学习、思考及认同的统一；诗人陆游认为"纸上得来终觉浅，绝知此事要躬行"，即做学问不能只有感官的浅显认识，还必须亲自实践，下苦功夫，来不得半点马虎；佛教禅宗强调现世修禅参悟。由此可见，体认式教育早已有之，是教育实践中的一种常见教育方法。

现实思想政治教育实践中，教育者应注重情境体认法的运用，根据教育规律，受教育者认知和成长规律，结合教育目标要求科学创设教育

① 沙莲香．社会心理学［M］．北京：中国人民大学出版社，1987：49-50.

情境，引导受教育者自主自为地参与其中，激发他们的情感，促进受教育者与教育者、受教育者与教育内容的交互。最终，能够达到的理想的教育效果是受教育者在对教育信息、教育内容充分确认的基础上，不仅实现知识储备上有所加强，而且在认知能力、思想境界、道德水准、价值观念上实现全方位提升。

（二）情境体认法的遵从原则

情境体认法，需要在一定的原则指导下展开，情境体认的原则主要有目标性、主体性、多样性、情感性四方面，这些原则紧密联系、相互衔接。

目标导向性原则。任何情境的创设都是为达到预期教育目标服务的，情境体认只是教育的手段。思想政治教育情境体认法的目标在于通过运用适当的教育方法、传授科学的教育内容，使受教育者在相应的情境中观察、思考、分析、感悟、确证问题，不自觉地将个人所掌握的知识和技能，迁移到情境之中，即“设身处境”的体验，帮助受教育者实现知识的提升、能力的加强、情感的升华，最终确立和巩固人生观、世界观、价值观。

主体能动性原则。不难理解，思想政治教育从根本上是做人的工作。思想政治教育情境体认法，实质是教育者利用预先创设并优化的充满知识、智慧、情感等综合因素的环境，“晓之以理，动之以情”，使受教育者主动审视、主动参与、主动融入，达到受教育者与教育者、受教育者与教育环境、受教育者外在感知和内在体悟和谐统一的应然状态。

多元多样性原则。情境创设不是单一的，而是多样的、灵活的。情境创设要依据教育的内容、教育的对象、教育的目标、教育的过程等因素变化而变化。不同的情境创设决定了情境体认具有多样性。受教育者在不同的情境中能够获得不同的感受。思想政治教育工作者通过不同的情境创设，激发、促进、强化受教育者的认知和情感，自主自为的感悟教育的真谛。

情感支持性原则。列宁说过，“没有人的情感就从来没有也不可能有人对于真理的追求”①。教育既是一个求真知、探真理的实践，也是一个感悟道德情怀的实践，离开了情感教育就无从谈起。理论上讲，思想政治教育本身是一个以情感人、以理服人、以德育人的过程。实际来看，思想政治教育是一种集知识教育、能力教育、价值观教育、情感教育于一体的综合性教育范式，其中，情感教育起基础性支撑作用，情感教育贯穿思想政治教育过程的始终。思想政治教育的情境体认，就是要将情感元素融入教育的全过程，营造出教育者积极输出信息，受教育者敞开心扉自主悦纳信息的情感性场域，从而提高受教育者求知的兴趣，增强其实践探索的能力，升华其意志品质。

（三）情境体认法的实施策略

1. 遵从情境体认目标要求及各项原则，创设多样生动的育人情境。情境体认的主旨在于创设符合育人规律，符合育人价值导向，符合受教育者更好发展的教育平台，使教育对象“身临其境”领悟和把握教育内容。施教者应充分明确教育的目标和原则，即培养和塑造什么样的人、什么样的人是能够被社会所持久接受和认可的。从现实来看，教育就是要培养人格健全、德才兼备的人。在此前提下，思想政治工作者要因时因势创设教育情境，情境可以是现实生活中本来就存在的，也可以

① 中共中央马克思恩格斯列宁斯大林著作编译局．列宁全集：第 20 卷［M］. 北京：人民出版社，1958：225.

是过去历史生活中出现过的，亦可是未来生活中可能出现的。简言之，或真实、或虚拟的情境都是生动的、富有情感性的，不管是哪一种形式，大体上都是受教育者没有事先接触和获得先验性体认的，受教育者一旦参与其中，就能够激发其兴趣、启迪其思维和增益其道德水准。

2. 引导受教育者积极主动参与情境教学，情境体认中的丰富教育元素。影响情境体认效果的一个至关重要的环节是要充分调动受教育者参与的积极性、主动性，确保受教育者“在场”。由于受教育者都是独立的个人，其思想境界、认知能力、参与诉求不尽相同。作为思想政治教育施教者，应总体了解和把握受教育者的思想状况，即清楚受教育者的思维能力、认知能力、理解能力的状况，考虑他们的所思所想、所愿所盼，困惑和疑虑是什么、兴趣点在哪里，为教育情境的创设提供基本参考和依据。在此基础上，思想政治教育工作者要创设饱含情感的蕴藏知识，有利于施教者和受教者进行思想交流互动，有益于受教者感受体悟、认同内化的教育情境。在相应的教育情境中，教育者应尽可能突破和转变传统的单向度理论灌输式教育方法，不唱“独角戏”，而是采用新颖的教育方法、非常规的教育方式，引导受教育者自我教育、自我体悟、自我确认，在感同身受中建构自我认知、道德、价值体系。

3. 要十分注重受教育者对情境体认的实时反馈。情境教育的目的是使受教育者在一定的教育环境条件下能够触景生情、处境生情，情境互动、人境一体，使受教育者的精神受到震颤、情感得到升华、个性得到彰显、能力得到提升、人格得到完善。现实中，每一个参与情境体认的受教育者都是有思想、有思考、有见解、有判断力的个体，他们不是简单机械地为了参与而参与，而是希望能够通过参与学有所得。情境创设是否符合受教育者自我认知习惯、是否符合其自我旨趣等，受教育者大都能够直接体察、直观感受得到。因此，思想政治教育工作者要善于“察言观色”，及时观察、及时审视、及时沟通，了解和掌握受教育者进入情境之中学到了什么、收获了什么，还有什么困惑、还有什么意见或建议，进而为后续教育方式方法的改进提供参考。

三、践悟：反映文化社会性的实践养成法

费孝通先生认为，“文化是流动和扩大的，有变化也有创新，个人可以是一种文化的载体，在文化的不断创新中成为变体，经个人进入集体创造成了社会的共识，使文化有了社会性”①。也就是说，从文化的生成与发展、文化与人的相互关系、文化的属性来看，人创造了文化、人的活动承载着文化，文化是人的社会实践的结晶。审视思想政治教育本身，思想政治教育是一种特殊的社会实践，这种社会实践不仅注重传授知识、输出理论，而且注重启迪思想、启蒙智慧，即教授人改造客观物质世界和改造人自身主观精神世界的方法论，是一种复杂的文化实践。开展具有文化属性的思想政治教育，必须注重实践养成教育，实践是受教育者将显性的道德规范、行为准则转化为隐性的理想信念的中介。

（一）实践养成法的基本内涵

人作为一切社会关系的总和而存在和发展，为了维系自己的存在和发展，就必须首先解决衣食住行问题。简言之，要进行实践劳动。这种实践劳动可以理解为生产性及生活性创造，这种创造一方面体现为物质性的，另一方面是精神性的，其中物质性是前提，但精神性也是不可或

---

① 费孝通．对文化的历史性和社会性的思考［J］．思想战线，2004（2）：1-6.

缺的。实践的观点、生活的观点在马克思主义哲学中居于首要的基础性地位，“实践的观点、生活的观点是马克思主义认识论的基本观点，实践性是马克思主义理论区别于其他理论的显著特征”①。现实社会中，每个人通过对象化实践与他人建立联系。在实践的过程中，人认识客观世界的范围不断拓展，程度不断深化，帮助人揭示客观事物发展变化的内在规律。与此同时，人认识客观世界时不断积累沉淀的感官性、经验性认识转化为理性认知，人本身的思想和人的精神世界也动态地发生着变化。

思想政治教育是教育者施教，主要影响和改造受教育者精神世界的实践活动，有利于培养受教育者认知能力、思维习惯，提升其思想认识水平。从这个意义上讲，实践性是思想政治教育的应有属性，实践教学是思想政治教育的重要一环。在学界研究中，实践教学有广义和狭义之分，狭义实践教学仅指受教育者走出校门走向社会，感性认识并参与社会活动。广义的实践教学认为凡理论教学以外，一切形式的实践活动都可以称之为实践教学，这种教学方式既可以发生在课堂内，也可以发生在课外；既可以在校内组织，又可以在校外组织。从思想政治教育发展实际看，广义的实践教学形式多样，更具现实性、灵活性、可操作性，更为学界所接受。课堂内的实践教学，也可以采用案例式、问题式、启发式、研讨式教学，其目的都是引导学生分析和思考历史问题、现实问题，培养其逻辑思维、辩证思维能力；课外校内实践教学，即校园内实践教学，可以组织与教学相关的辩论赛、演讲比赛、情景剧表演等使学生在校园活动中学会参与、学会组织协调等。校外实践教学空间更为广

① 习近平．在纪念马克思诞辰 200 周年大会上的讲话［M］．北京：人民出版社，2018：9.

阔，可以引导学生参与社会公益类志愿活动，培养公民意识；可以引导学生走向祖国大地，深入基层一线进行广泛的社会调研，用心观察和体会生动的社会生产生活，感受时代脉搏的律动，增强投身经济社会建设、服务民族振兴伟大事业的时代感、紧迫感、使命感。

值得注意的是，强调实践在思想政治教育中的价值和意义，并非忽视理论在相应教育环节中的地位和作用。任何形式的教育，都必须依赖于理论教育。理论是实践的先导，理论明确了实践的方向、原则、意义。理论教育厘定了思想政治教育的前进理路及所在方位。在实践养成教育中，教育者首先要引导受教育者主动建构自己的知识体系，然后促使受教育者将知识转化为能力，学会运用所获取的知识分析和解决问题，回答历史之问、现实之问、时代之问、未来之问。教育者还要引导受教育者向着符合事物发展规律的方向能动地认识和改造自身和客观世界。

（二）实践养成法的遵从原则

实践养成法应在一定的原则指导下进行。首先，应遵从对象性原则。在开展实践教学前，教育者要对教育对象，即受教育者进行比较系统的了解，包括个性特点、知识结构、生活阅历、兴趣爱好、心理倾向等，进而制定详尽的教育安排，力求使实践活动满足受教育者的成长和发展需求，做到因材施教。其次，应遵从实效性原则。思想政治教育实践教学是与课堂纯理论教学有一定区别的教育方法，实践教学开展的初衷是为了弥补课堂理论教学的不足，从而提高教育教学的实效性。从这一点来说，实践教学本身要具有较强的实效性。保证实践教学的实效性，要求实践教学内容的选择尽可能做到“贴近学生、贴近生活、贴近实际”，要具有吸引力、亲和力和针对性；保证实践教学的实效性，还要求实践教学的方式方法要灵活多样，教育者要高度关注当今世界发展大势以及当代中国经济社会发展的新情况、新问题，紧跟时代步伐，坚持因事而化、因时而进、因势而新，不断创新思想政治教育教学新方法、新策略、新模式。最后，应遵循系统性原则。实践教学是一项系统性很强的教学形式。与纯理论教学类似，实践教学也要求整体考虑教学的目标、内容、过程等多方面因素，这些因素彼此之间存在密切联系，共同服务于教学目标的实现，即实现受教育者思想观念、情感态度、价值立场、行为习惯等向更有利于自身发展、更有利于社会进步需要的方向创造性转变。

（三）实践养成法的实施策略

开展实践教学必须科学周密策划，认真组织实施。在组织领导、教学管理、保障反馈等方面抓实抓好。

1. 学校领导要重视实践教学在思想政治教育工作中的重要作用，切实做好组织协调工作。学校领导要转变办学理念，认识到实践教学在育人工作中的地位和作用。实践教学绝不是可有可无的，而是必需的。它和理论教学在育人过程中共同发挥重要作用，是促进学生成长成才的“必修课”，必须下大力气抓好。各学校分管领导要统筹校内相关职能部门，开设思想政治理论课校内、校外实践教学基地等，协同加强对课内实践教学、校内实践教学、社会实践教学的指导，建立实践教学的协调、支持、保障系统，科学有效配置实践教学所需资源，切实为实践教学“保驾护航”，形成各负其责、齐抓共管、协同育人、实践教学和理论教学同向同行育人的良好局面。

2. 教育者要切实做好实践教学管理工作，使受教育者在实践教学中真正学有所获。实践教学涉及组织策划、实施、反馈等多环节，尤为重要的是要抓好“实施”这一环节。正所谓一分部署、九分落实。实践教学的实施必须契合立德树人的根本要求，遵循“内容为王”的基本原则，不能为了实践而实践，看起来热热闹闹、花样翻新，实则空洞无味、流于形式。实践教学中，教育者要统筹教学的内容和形式，坚持理论性和实践性相统一，一方面以科学的理论为指导保证教学方向的正确性；另一方面以实践检验理论的正确性。实践教学中，要坚持主导性和主体性相统一，在实践教学中，教育者起主导作用，负责把关实践教学的内容、筹划实践教学的形式、掌握实践教学的节奏等，受教育者是实践教学的主体，要使他们在参与实践的过程中有所察、有所思、有所悟、有所得。

3. 要构建实践养成教育长效机制，并且一以贯之、久久为功。实践养成教育重在落实、贵在坚持。抓好实践养成教育，有利于促进思想教育政治工作改革创新，有利于提升思想政治理论课教学的实效性，有利于培养受教育者认识问题、分析问题、解决问题的能力和素质，更好落实立德树人根本任务。抓好实践养成教育，是一项长期性的复杂系统工程，不应谋一时之效、一日之功。要将实践教学实质性地纳入育人工作体系，深入挖掘自身实践教学的优势和潜力，善于借鉴其他优秀的经验和做法；立体化构建组织管理机制、统筹协调机制、运行保障机制、评估反馈机制；全方位搭建校内课堂、校内课外、校外实践教学基地协同支持系统，创建良好的实践育人环境和氛围，将实践养成教育长期抓实抓好。

四、涵育：反映文化熏陶性的涵濡化育法

文化犹如空气一般，无所不在、无时不有。文化是人类的精神家

园，文化是民族的血脉，与国家和人民的命运息息相关。我们生活在文化的周围，感受着文化的熏陶和教化。在思想政治教育的各环节和各方面强调文化属性的重要性，就是要使思想政治教育向文化借力。具有软作用力的文化能够潜移默化地涵养受教育者的心理特质、思维方式和价值取向。

（一）涵濡化育法的基本内涵

涵濡化育，可以拆解为“涵濡”“化育”二词。涵濡，有见于苏辙的《墨竹赋》：“今夫受命于天，赋形于地，涵濡雨露，振荡风气”①，意即滋润、沉浸之意。化育，有两种相近的含义，出现在《孔子家语·本命解》中有“群生闭藏乎阴而为化育始，故圣人因时以合耦”②，意为化生长育；出现在欧阳詹《二公亭记》中有“席公今日之化育，吾徒是以宁”③，意指教化培育。涵濡化育，也可以理解为涵育。涵濡化育法，指的是使受教育者沉浸在教化的环境里，潜移默化地被教化、培育。

思想政治教育中的涵濡化育法，就是要使有信仰、有品格、有情怀、有学识、有格局、有担当的思想政治教育工作者，通过恰当的方式方法，引导处于“拔节孕穗期”的青少年充分“增强中国特色社会主义道路自信、理论自信、制度自信、文化自信，厚植爱国主义情怀，把爱国情、强国志、报国行自觉融入坚持和发展中国特色社会主义事业、

① 李志敏．唐宋八大家名篇鉴赏卷四［M］．福州：福建美术出版社，2013：587.

② 董高．老子道德经心释：上［M］．北京：宗教文化出版社，2020：465.

③ 蔡景康．晋江历代文选［M］．厦门：厦门大学出版社，2002：6

建设社会主义现代化强国、实现中华民族伟大复兴的奋斗之中"①。相应的教育方式，如"寓教于乐""寓学于趣"，必定是和风细雨、潜隐无形、守护思想、涵育心田、塑造灵魂式的，使学生在不知不觉中接受"有情有意"的教育，达到知、情、意、行的统一，"扣好人生第一粒扣子"。相应的教育方法，应当有政治站位的高度、有育人情怀的温度、有思想境界的深度、有思维视野的广度，能够贴近学生的思想和生活实际，能够激发学生对理论素养的内在渴求，真正解疑释惑，使其在对现实问题有更透彻理解的前提下增强对人类社会发展规律、社会主义建设规律、共产党执政规律的把握。相应的教育所传导的内容，应是富有政治性、知识性、学理性、情感性、价值性的，实现对学生的知识传授、价值引领、思想淬炼、人格涵养、情操陶冶、信仰升华、能力提升。

（二）涵濡化育法的遵从原则

侧重隐蔽性原则。长期以来，我们在开展思想政治教育工作时注重直接说教、理论灌输，思想政治理论课在相当程度上体现得更为明显，这是一种典型的显性教育方式。显性教育在思想政治教育工作中始终居于主导地位。但是，辩证唯物主义强调，任何事物都不是一成不变的，而是与时俱进在发展的。随着思想政治教育面临的形势、环境、对象发生变化，显性教育的弊端越来越突出，特别是互联网时代知识信息爆炸式呈现，单纯理论直线型说教、灌输式的理论传播已经逐渐被受教育者所疏离，给教育者和思想政治教育提出了挑战。这样的背景下，要求隐

---

① 张烁，谢环驰．习近平主持召开学校思想政治理论课教师座谈会强调：用新时代中国特色社会主义思想铸魂育人　贯彻党的教育方针落实立德树人根本任务［N］．人民日报，2019-03-19（1）．

性教育尽快“出场”的呼声越来越高、越来越强烈。与显性教育相比，隐性教育将教育政治、文化、道德、法制等教育内容渗透具体的教育教学过程，通过情境教育、体验教育、实践教育等方式铸魂育人。隐性教育的策略具有隐蔽性，方法具有灵活性，组织具有系统性目标具有针对性，过程具有趣味性。涵濡化育法侧重隐蔽性，强调隐性教育的重要性。在今后开展思想政治教育时要更加注重隐性教育的发展。但必须说明的是，强调隐性教育的重要性，并不意味着要淡化、忽视显性教育。实事求是地讲，显性教育与我国社会制度、教育体制相契合，是思想政治教育最鲜明的底色。特别是思想政治理论课，是传播马克思主义立场、观点、方法的主渠道，是立德树人的主阵地，必须坚守。鉴于此，运用涵濡化育法，侧重隐蔽性原则不是疏离显性教育，要把二者有机贯穿于思想政治教育全过程和各方面。

要坚持适度原则。涵濡化育，重点在涵养、目标在“成人”。在具体运用中，要做到形式新颖而不怪诞、氛围愉悦而不失内涵、内容丰富而不庞杂、方法灵活而不失原则、组织系统而不零乱。简言之，要“形散而神不散”，涵濡化育应是有内涵、有韵味的教育手段，要以文化人、以文育人。通过涵濡化育要引导受教育者主动参与活动，悄然融入环境，感受思想文化的熏陶、接受精神心理的洗礼，增益充满正能量的知识和智慧的汲取，形成良好的品质、涵养、信念、性格、心理和气质等。通过涵濡化育，切实增强思想政治教育的感召力、实效性。

（三）涵濡化育法的实施策略

1. 抓好思想政治教育关键在人，实施涵濡化育法，关键是要发挥思想政治教育工作者的积极性、主动性和创造性，使其抓紧“练好内功"、提升本领，增强育人实效。马克思说，"教育者本人一定是受教育的"①。针对新时代受教育者思想观念多变，接触环境复杂的态势，思想政治教育工作者首先要用科学的马克思主义武装头脑，练就"深厚而纯正的理论内功，深入领会世界历史发展的基本规律和趋势，把握中华文明演化规律和成就，理解近代以来中华民族奋斗历史的内在逻辑及其经验凝结，清楚改革开放以来的巨大成就及当前任务"②，时刻聚焦立德树人这个根本任务，因时因势改进和创新思想政治教育的形式和方法，深度挖掘一切可以利用的教育资源，把培育和践行社会主义核心价值观等教育目标以及学习贯彻习近平新时代中国特色社会主义思想主题教育内容全过程有机融入教育教学、日常管理当中，把育人工作做到科学化、细致化、精准化。

改进工作方式方法，要求思想政治教育工作者要具有历史视野，向古人学习，注重言传身教、礼乐教化，须知"学生从教师的品格和行为中学到的东西，比教师所教的东西更多"③，思想政治教育工作者举手投足、一言一行，"无论是有意识的还是无意识的、校内的还是校外的、面向学生的还是面向同事的，也无论是言语的还是体语的、与道德有关的还是与道德无关的，都是有意义的形式，都在起着传递信息、交流思想、沟通感情的作用，都在客观上对学生施加着教育影响"④，影响着学生的学识文化、道德信念、人格气质。他山之石，可以攻玉。改

① 中共中央马克思恩格斯列宁斯大林著作编译局．马克思恩格斯选集：第1卷［M］．北京：人民出版社，1995：59.

② 胡大平．坚持显性教育和隐性教育相统一 全面提升高校立德树人水平［J］．思想理论教育导刊，2019（7）：79-83，2.

③ 盛跃明．思想政治教育转型论：现代性的观点［M］．北京：人民出版社，2015：217.

④ 鲁洁，王逢贤．德育新论［M］．南京：江苏教育出版社，2000：462.

进工作方式方法，要求思想政治教育工作者要具有国际视野，向西方学习。西方国家在开展思想政治教育时大都是隐性的。比如，在美国课程教育中几乎没有单独教授伦理道德的部分，其伦理道德教育被“见缝插针”的安排进了诸如典礼仪式、宣誓仪式、国家重要纪念日等活动之中，校内外凡醒目的地方所布置的标语、海报、图画大都融入了具有道德信息的元素，潜移默化地影响着受教育者。诸如此类的做法值得我们学习借鉴。当然，我们不能完全照搬，要有所取舍地学，比如，西方国家隐性教育中所渗透的自由、民主、人权等信息，我们要立足国情、头脑清醒、格外警惕、仔细甄别。

2. 思想政治教育是一项系统鲜明的工程，实施涵濡化育法，要跨学科、多部门、校内外共同发力构建多维育人格局，画出协同育人的最大“同心圆”。思想政治理论课是涵濡化育、落实立德树人根本任务的关键课程，要充分发挥思想政治理论课程的关键作用。要统筹推进从小学到大学的思想政治理论课一体化建设，着力构建起紧密衔接的知识体系、独特鲜活的话语体系、融会贯通的方法体系、科学严谨的评价体系，着力推动思想政治理论课建设内涵式、创新性发展。众人拾柴火焰高，实施涵濡化育法，要向其他学科、校外部门、校内有关单位借力，各部门齐抓共管、各单位凝心聚力、每个人各显神通，形成思想政治教育强大合力。毛泽东强调：“思想政治工作，各个部门都要负责任。共产党应该管，青年团应该管，政府主管部门应该管，学校的校长教师更应该管。”① 一是要打通不同学科、不同课程之间的“壁垒”，形成“课程思政”的育人格局，比如，高校中各专业都要从各自的学科角度寻求涵育学生家国情怀、人文精神、道德素质的着力点，形成与思想政

① 中共中央文献研究室．毛泽东文集：第7卷［M］．北京：人民出版社，1999：226.

治理论课协同育人效应。二是要使校内外各部门之间、各单位之间育人的理念“贯通”、行动的方向一致，延伸思想政治教育的边界，构建课程育人、文化润人、科研强人、实践带人、管理正人、服务护人等全时空立体化育人体系，营造风清气正的社会风尚、校风学风，使受教育者始终在良好的育人氛围中成长。

五、共情：反映文化浸润性的共情共鸣法

随着现代社会文明的发展进步，公民心理、心态健康越来越得到重视，人们比以往任何时候都更希望被他人认可和尊重。个体拥有健康良好的心理和心态是社会整体正常有序运转的重要条件。对此，党的十八大报告指出，要“加强和改进思想政治工作，注重人文关怀和心理疏导，培育自尊自信、理性平和、积极向上的社会心态”①。党的十九大报告进一步强调，要“加强社会心理服务体系建设，培育自尊自信、理性平和、积极向上的社会心态”②。就思想政治教育本身而言，它主要是研究人的思维或思想的运动、变化及发展的一门学科。从现实来看，人的思想动态与人的心理活动直接相关，因此，进行心理教育与开展思想教育、政治教育、法治教育等共同构成思想政治教育的模块，在人文精神牵引下注重对受教育者健康心态心理的塑造是思想政治教育的重要一环。思想政治教育如何打开受教育者的心扉，实现教育者与受教育者心灵融通、情感共鸣，在本学科领域似乎是一道难题。交叉学科视

① 胡锦涛．坚定不移沿着中国特色社会主义道路前进　为全面建成小康社会而奋斗：在中国共产党第十八次全国代表大会上的报告［M］．北京：人民出版社，2012：32.

② 习近平．决胜全面建成小康社会　夺取新时代中国特色社会主义伟大胜利：在中国共产党第十九次全国代表大会上的报告［M］．北京：人民出版社，2017：49.

野下，其他学科的优势方法对于这一难题的解答有所裨益。共情法，是心理学当中非常重要的一种方法，从对人的心理动态的体察出发，感知和影响其思想的变化。新时代思想政治教育，应注重共情法的应用。

（一）共情共鸣法的基本内涵

共情，最初由德国哲学家费舍尔·罗伯特（Robert Vischer）提出，用德语表示为“Einfühlung”，主要表达的是人把自己内心的感受投射到所喜爱的艺术品上的一种现象。在此基础上，美国心理学家蒂奇纳（Titchener）提出 empathy，译为“共情”，意思是主体与客体心灵互通、情感共鸣。自此，“共情”成为心理学的一种重要的理论范畴。人本主义心理学创始人罗杰斯（Rogers）将“共情”引入心理治疗及医学领域，使心理治疗师体验和感受当事人心理及精神世界。“共情”也被教育领域所关注，研究成果表明，教育者运用共情法，即“站在学生的立场上来体验”，可以认识到学生的心理状态、认知水平、人格秉性、价值观念、行为意图。共情“是教师向学生表达关注与采纳学生观点的能力”①，具有人本意蕴，是打开学生心灵的一把钥匙。

开展思想政治教育，也应重视共情的作用。思想政治教育共情法，就是在充满真诚、平等、信任的前提下，教育者能够敏锐地洞察、用心地感受受教育者的内在思想和复杂的心理动态的变化，对受教育者的思想和行为表达理解接纳，进而有针对性地对其思想和心理困惑给予及时纾解，让其感受到被倾听、被尊重、被关爱的感觉，愿意敞开心扉、心灵得到浸润，外在行为向教育者预期的方向转变。可以说，共情是提升

① TETTEGAH S, ANDERSON C J. Pre - service teachers' empathy and cognitions: Statistical analysis of text data by graphical models [J]. Contemporary Educational Psychology, 2007 (6): 48-82.

思想政治教育亲和力的针对性的现实要求，是破除教育者和受教育者之间的心理隔膜，柔化顺畅教育过程的一把金钥匙，也是教育者走进受教育者内心、构建平等师生关系的桥梁。共情法，“寓教于无形”，有利于创新教育教学方式方法，有利于构建平等和谐的师生关系，有利于提升教育者的人格魅力和专业素养，有利于促使受教育者自我完善、自我成长、自我实现。

（二）共情共鸣法的遵从原则

1. 循循善诱、层层递进。使用共情法，教育者首先要“走心”，即怀着同理心倾听受教育者的困惑疑虑是什么、所盼所愿是什么，拉近彼此之间的心灵距离，使受教育者心灵受到触动，感受到“原来我是被人关注的”，实现情感认同、实现“共情”，这一阶段主要是“动之以情”，而不是直接赤裸裸地呈现教育目的。在此基础上，进一步“晓之以理”，使受教育者明事理，在潜意识里认同教育者的教化，基本形成对具体事务的“共识”。最后，更加“讲理”，使受教育者能够自觉识善恶、知荣辱、辨美丑、明是非、懂取舍，产生价值认同，引发思想“共鸣”，实现与教育者同心、同向、同行。“共情—共识—共鸣”，这是一个层层递进的完整的共情教育链条，先“重情”，进而“重理”。

2. 科学施教、精准施策。思想政治教育的共情法是将心理学共情概念在思想政治教育领域的再转化、再运用，或者说是将共情的理念植入思想政治教育。由此，总体上来说使用共情法，并非简单地将受教育者自身所存在的思想症结单纯归因为心理问题，将思想政治教育等同于心理危机干预、混同于心理健康辅导，而是需要遵循思想政治教育育人规律，坚持问题导向、科学施教，即以共情为出发点走入受教育者内心、感受其精神世界，以帮助其解决思想领域的问题、确立正确的价值观念为基本立足点。在具体的共情过程中，强调教育者要尊重受教育者，也并非毫无原则地、一味地盲同，对于受教育者错误的思想和观点必须及时予以指正和引导。教育者要时刻清楚自己想表达什么、传递什么，需要受教育者接受什么、掌握什么。

3. 以人为本、以受教育者为中心注重人格教育。一切教育的最终目的是使受教育者形成健全的人格。健全的人格包括健康的心理、积极的情绪体验、良好的审美、沉着的智慧、强健的体魄、善良的道德、和谐的人际关系等。思想政治教育共情，要坚持以人为本，以教育者和受教育者心灵互通为切入点，全方位关照受教育者，准确把握受教育者的思想动态、心理变化、情感状况。思想政治教育共情，要以受教育者为中心，使其能够自我认知、自我分析、自我归因、自我感悟。

（三）共情共鸣法的内在策略

1. 将共情融入思想政治教育理念，形成“思想政治教育+共情”教育模式。传统的思想政治教育实践，只是一种单向度的理论传播，教育者拥有绝对的“话语霸权”，居高临下的“我说你听”是常态。随着多元信息文化的冲击和受教育者思想观念的变化，传统教育方式已逐渐不合时宜，需要因时而变。思想政治教育共情，首先，强调教育者和受教育者都要有“话语权”，并且更多的是教育者倾听受教育者的心声，即“我听你说”。其次，共情法作用下，教育者要关注的不仅是受教育者的认知问题，心理问题、思想问题、情感问题都需要关照。将共情融入思想政治教育的教育设计、内容、方法、过程等，构建“思想政治教育+共情”模式，应是教育的新常态。

2. 提升思想政治教育者的共情能力。教育者具有良好共情能力是思想政治教育共情取得效果的关键。共情视域下的思想政治教育，要求教育者具有跨学科视野，除了熟练掌握开展思想政治教育活动所需的教育知识和内容、教育策略和技巧、教育方式和方法，还应打开视野，广泛了解其他相关学科的知识和教育方法，具备多学科综合素养。特别是勤于熟悉心理学相关知识，对受教育者给予充分的理解和尊重，敏于观察受教育者思想和情绪变化，善于交流沟通，“通过述情、接纳、分享、启发等方式不断提升自身的共情能力”。

3. 以问题为导向运用共情解决受教育者所遇问题。首先，要搞清楚受教育者存在什么问题，是学业、心理、交友、情感方面的，还是其他方面的。若同时存在多种问题，还要采用矛盾的分析法抓住主要问题及问题的主要方面，及时发现问题是解决问题的先决条件。其次，要搞清楚相应问题出现的缘由是什么，即什么原因导致了问题的存在，要寻根溯源，讲究逻辑理路。最后，要想方设法解决问题，解决问题也要因人而异，针对不同受教育者存在的不同问题要采用不同的方式方法，“对症下药、针对治疗”“一把钥匙开一把锁”。与此同时，教育者要根据受教育者的反馈意见和建议，及时发现共情教育本身存在的问题，调整和优化共情策略。

第六节　优化思想政治教育文化属性的结构设计

思想政治教育文化属性的结构直接关系思想政治教育文化属性的彰显。梳理学界相关研究成果，并经过笔者思考，本书认为，思想政治教育的文化资源、文化环境、文化载体耦合生成思想政治教育文化属性结构。其中，文化资源是思想政治教育的必要支持，文化环境为思想政治教育实践营造了良好氛围，文化载体是思想政治教育实施的中介，在思想政治教育实践中，三者相互作用、密不可分，共同促进思想政治教育文化属性的彰显，提升思想政治教育的实效。

一、汲取优秀文化资源

文化包罗万象，气吞八荒。优秀的文化资源能够给予思想政治教育实践支持和促进。思想政治教育文化属性的彰显，离不开对中华优秀传统文化、红色革命文化、中国特色社会主义先进文化的汲取。

（一）中华优秀传统文化

中华民族之所以能够生生不息、不断前行，最根本的原因在于优秀传统文化的支持和促进，优秀传统文化早已融入民族的血脉，成为民族永续发展的基因。优化思想政治教育文化属性结构，必须充分挖掘并发挥优秀传统文化的重要作用。首先，对中华优秀传统文化中的精神文化价值进行挖掘。优秀传统文化中蕴藏着支持中华民族不断发展进步的独特的精神密码。优秀传统文化中的爱国主义精神、自强不息的精神、和谐友爱的精神与当代思想政治教育所实践的爱国主义教育、理想信念教育、世界观、人生观、价值观教育等观点都是相通的，充分挖掘中华优秀传统文化中的文化元素，有助于丰富思想政治教育内容，提高思想政治教育的文化含量。其次，对中华优秀传统文化中的物质文化所具有的教育价值进行挖掘。看得见摸得着的历史文物、历史遗址、历史遗迹中蕴藏着丰富的历史文化，反映着一定历史时期中国社会、中华民族的发展状况，能够反映出当时社会物质生产发展水平，经济发展状况和宗教、艺术发展水平以及人的生活状态等。今天我们开展思想政治教育，很重要的一点是要知道中华民族是从哪里来以及将要朝向哪里去。对物质层面历史文化价值进行挖掘，有助于我们搞清楚相应的问题。

（二）红色革命文化

红色革命文化是革命战争年代无数仁人志士、无数先烈用宝贵生命和鲜红热血铸就的十分宝贵的精神遗产，是思想政治教育的重要资源，不仅对当代社会及人的发展具有重要价值，而且对中华民族、中国社会未来发展同样具有重要意义。中国社会、中华民族向前发展到任何时候、任何阶段，都不能忘记厚重的红色革命文化，必须坚定传承、大力弘扬。红色革命文化，内涵丰富、形式多样、感染力强，包括精神层面的井冈山精神、长征精神、延安精神；包括物质层面的红色歌曲、红色电影、红色故事等，这些都能够给思想政治教育对象带来强有力的心灵震撼和灵魂的洗礼。在思想政治教育过程中，应充分发掘红色革命文化内在的精神文化元素，为思想政治教育实践提供不竭精神滋养和动力支持。

（三）中国特色社会主义先进文化

毫无疑问，当代中国的发展、社会的进步及个人的成长，都离不开中国特色社会主义先进文化的支持、促进和引领，这是中国特色社会主义先进文化的重要属性。中国特色社会主义先进文化是一个较为抽象的概念。社会主义核心价值观，代表了社会主义先进文化的前进方向，与中国特色社会主义文化具有共通属性。领会和践行社会主义核心价值观，是理解和把握中国特色社会主义文化丰富内涵，发挥中国特色社会主义新时代价值的一个重要切入点。社会主义核心价值观与思想政治教育内在关联，在开展思想政治教育工作过程中，应充分重视社会主义核心价值观的重要引领作用。相应地，在全社会大力培育和践行社会主义核心价值观是思想政治教育工作的重要任务。首先，要用社会主义核心价值观引导思想政治教育的发展方向、育人方向，使思想政治教育本身，思想政治教育的教育对象都朝着有利于服务社会、服务国家、服务民族的方向发展。其次，引导人们自觉践行社会主义核心价值观。培育和践行社会主义核心价值观，有利于促进思想政治教育发展，更好发挥中国特色社会主义文化的重要属性，同时也是对思想政治教育文化属性的彰显。

二、合力营造文化环境

思想政治教育工作是在一定文化环境中进行的，必然会受到文化的影响。这种影响既包括对思想政治教育者和受教育者的，也包括对思想政治教育教育目标、教育方法等各方面的。进行思想政治教育文化属性的结构优化设计，也需要合力营造良好文化环境。

（一）营造良好温馨的校园文化环境

青少年是思想政治教育的主要对象，学校是思想政治教育的重要阵地，面向青少年开展思想政治教育工作需要营造良好的校园文化环境。首先，打造独特的校园文化标识。每一所学校都应该有自己独特的校风、校训、校徽等，这些都是一所学校独特的文化标识。校园文化标识客观地体现了广大师生的共同价值追求、良好精神风貌，能够对师生产生无形的、积极的、向上向新的影响，应用心打造。其次，建构温馨怡人的校园环境。温馨怡人的校园环境能够令广大师生心旷神怡，精神舒爽，更有利于思想政治教育工作的展开。

（二）营造风清气正的社会文化环境

良好的社会文化环境，有助于增进社会和谐。首先，以社会主义先进文化为引领，营造良好的社会文化环境。在全社会大力建设社会主义核心价值体系，巩固全党全国人民团结奋斗的共同思想基础；积极培育和践行社会主义核心价值观，塑造有理想、有道德、有文化、有纪律的公民；着力发展面向现代化、面向世界、面向未来的，民族的、科学的、大众的社会主义文化，丰富人民精神文化；持续推进中华民族伟大复兴的中国梦的宣传教育，凝聚民族前进的精神动力。其次，建立社会文化监管机制。对社会上已经出现的不良文化现象及时进行坚决彻底的打击，对还未露出苗头的文化隐患及时纠正、制止，净化社会文化环境。

（三）营造现代化的法治文化环境

法制教育是思想政治教育的一个重要方面，良好的法治文化环境是开展思想政治教育的重要保证。首先，在全社会大力营造人人遵法、人人守法的氛围和全面依法治国背景下，应加强法制教育，努力让每个人都能成为法治的忠实崇尚者、自觉遵守者、坚定捍卫者，让遵法信法守法用法护法成为全体人民的共同追求。其次，推动现代化法治建设。法制体系建设应体现中国特色，适应经济社会发展需求，并有利于提升社会成员的法治文化素养、维护社会成员的各项正当发展权利，有利于推进全面依法治国。通过在社会营造良好的法治环境，加强现代化法治体系建设，必然能给思想政治教育实践的展开提供可靠保证。

三、运用创新文化载体

教育活动的载体是指承载与传递教育内容，是信息的中介、媒介。思想政治教育的载体是促进教育双方产生互动，传播思想政治的内容，达到思想政治教育目标的活动形式或实体的中介。彰显思想政治教育的文化属性，需要借助一定形式的文化载体。文化载体充分并运用得当就会增强教育的效果，反之，文化载体不足、运用失当就会弱化教育的实效性。在不同的场景里，思想政治教育会有不同形式的文化载体，但不论哪种形式的载体，都是为了促进思想政治教育实践的发展。

（一）校园文化载体

校园是学生活动的重要空间，是思想政治教育的重要场域，校园文化载体是思想政治教育活动中一种重要形式的载体。这里的校园文化载体，主要强调的是物质层面。比如，学校图书馆、校史馆、校园广播、校报校刊等，这些设施都承载着相应的文化，都有一定的教化育人功能。随着教育的不断向前发展，校园文化载体的表现形式、教育方式也应不断地变革和创新，使之更好地服务人才培养，更好发挥思想政治教育育人功效。

（二）网络文化载体

近年来，随着互联网技术的突飞猛进，网络以加速度的方式向社会各领域全面渗透，网络越加深刻影响经济社会的发展方式和发展进程，以及人们的思想方式和行为方式。网络为何能够产生相应的影响，特别是对人的思维和行为能够产生重要影响，原因就在于网络具有信息量大、内容丰富、传播速度快、传播方式新颖、吸引力强等特点，这些特点是传统媒介所不具备的。正是因为互联网有这样一些特点，当今社会网络覆盖面越来越广、普及率越来越高、影响越来越大，无处不网、无人不网、无时不网似乎正在成为一种趋势。网络时代的思想政治教育，不能忽视网络的影响。互联网是思想政治教育的重要空间、重要载体。在开展思想政治教育的过程中，应引导人们正确认识如何识网、用网，如何选择和辨别网络内容、网络信息，促进健康向上网络文化的形成，最大限度发挥网络促进思想政治教育的功效。

（三）手机文化载体

随着移动互联网技术的发展，手机已经逐渐成为全新的文化载体。现实生活中，手机已经成为人们交流、购物、工作、休闲娱乐的重要媒介和工具，并且加速改变着人们的思维和生活。思想政治教育应该占领网络制高点，并将手机作为教育载体的一种，充分发掘手机服务思想政治教育功能。比如，可以在手机端开设相应的微博、微信公众号、抖音账号，或单独开发更多像“学习强国”之类的手机软件等，将思想政治教育内容植入，从而实现思想政治教育的育人效果。

结语

让文化为思想政治教育增添新时代的光彩

文化是一个国家更宽广、更坚实、更深厚、更持久的力量，是国家和民族的灵魂。文化的力量是无穷的，但只有被人们掌握才能充分释放。思想政治教育从根本上是做人的工作。如何让思想政治教育不仅有“高度”，而且有“温度”？如何让思想政治教育扣人心弦，直抵人心？如何让思想政治理论的种子埋进人的心中？这些问题是新时代思想政治教育工作者必须清晰准确回答的时代命题。本书尝试在文化的视域下审视思想政治教育，审视思想政治教育与文化的关联，将思想政治教育文化属性确立为研究主题，希冀思想政治教育能够与文化更好的融合，文化能够为思想政治教育的发展、为立德树人贡献力量，使思想政治教育创新发展，永葆生机。

思想政治教育与文化本来就有着密不可分的关系。一方面，文化是思想政治教育的重要基石。文化制约和影响思想政治教育的根本目标和实践过程、实践效果。以文化人、以文育人越来越成为一种共识。另一方面，思想政治教育对文化的发展也具有一定的作用。思想政治教育目标的制定对文化发展具有导向作用，思想政治教育的内容进一步扩大了文化的外延，思想政治教育的实践活动丰富了文化传播发展的路径。但从现实来看，思想政治教育的文化属性彰显不足，思想政治教育实践中没能充分发掘与利用文化的价值，以文化人、以文育人的效用有待进一步激发。

思想政治教育文化属性缺失或彰显不足是制约思想政治教育发展的关键，重视文化属性、增强文化属性有利于补齐思想政治教育发展短板。改革开放以来，思想政治教育的发展取得了很大成绩，但不可否认的是，与思想政治教育的目标要求，与我们党、国家和人民对思想政治教育的期待之间，还有一定的差距。究其原因，文化育人功效发挥不充分应该是一个重要方面。党的十八大以来，以习近平同志为核心的党中央高度重视文化发展问题，十九大报告中更是强调要坚定中国特色社会主义道路自信、理论自信、制度自信、文化自信。新时代思想政治教育过程中充分发挥文化育人功能、彰显文化属性，进而更好地提升思想政治教育实践活动的成效，实现思想政治教育铸魂育人的目标，这既是推动思想政治教育走内涵式、创新性发展之路的必然要求，也是助力中国特色社会主义文化繁荣发展的应然之举。

提升思想政治教育文化属性要遵循文化运行的规律和人的发展规律。首先，从目标上要体现对人的人文关怀，重视人精神世界的发展，谋求国家、社会发展与个人自由全面发展的价值追求相吻合，不断提升人们对幸福美好生活的认知能力和实践能力。其次，思想政治教育工作者应立时代之潮头、发时代之先声，善于把握中国和世界发展大势，责无旁贷地履行立德树人的神圣使命，勇于结合当下全新的思想理念，使思想政治教育“活”起来、“动”起来。最后，深入发掘文化的特性、资源与育人工作的契合点，增加体现文化属性的内容和方法，才能让思想政治教育的理论和信念根植于人的内心。简言之，研究思想政治教育文化属性就是立足人的发展，借助文化的价值与功能，让文化为思想政治教育增光添彩，使文化作用的发挥成为提升思想政治教育实效性的着力点，成为保证思想政治教育发展的支撑点，成为展现思想政治教育魅力的聚焦点，让文化赋予思想政治教育强大力量。

参考文献

（一）著作

［1］陈独秀．陈独秀文章选编：上［M］．北京：生活·读书·新知三联书店，1984.

［2］陈飞．回归生活世界：思想政治教育研究的一个视角［M］．北京：人民出版社，2014.

［3］陈序经．中国文化的出路［M］．北京：中国人民大学出版社，2004.

［4］陈义平．思想政治教育学原理［M］．合肥：安徽大学出版社，2008.

［5］陈兆芬．列宁文化自觉思想研究［M］．北京：人民出版社，2017.

［6］邓福庆．和谐文化建设视野中的思想政治教育研究［M］．北京：人民出版社，2014.

［7］邓小平．邓小平文选：第一卷［M］．北京：人民出版社，1993.

［8］邓小平．邓小平文选：第三卷［M］．北京：人民出版

社，1993.

［9］刁培萼．教育文化学［M］．南京：江苏教育出版社，1992.

［10］费孝通，刘豪兴．文化的生与死［M］．上海：上海人民出版社，2009.

［11］费孝通．中国文化的重建［M］．上海：华东师范大学出版社，2014.

［12］冯刚．改革开放以来高校思想政治教育发展史［M］．北京：人民出版社，2018.

［13］冯刚．探索思想政治教育发展的内生动力［M］．北京：人民出版社，2017.

［14］冯天瑜，杨华，任放．中国文化史［M］．北京：高等教育出版社，2005.

［15］龚志宏．润物细无声：思想政治教育中的无意识教育研究［M］．开封：河南大学出版社，2006.

［16］顾明远．中国教育的文化基础［M］．太原：山西教育出版社，2004.

［17］郭凤志．德育文化论［M］．北京：中国社会科学出版社，2008.

［18］郭建宁．当代中国的文化选择［M］．北京：北京大学出版社，2004.

［19］韩振峰．思想政治教育热点问题研究新进展［M］．北京：北京交通大学出版社，2019.

［20］何萍．马克思主义哲学与文化哲学［M］．武汉：武汉大学出版社，2002.

[21] 胡锦涛．胡锦涛文选：第一卷［M］．北京：人民出版社，2016.

[22] 黄瑞雄．科学教育与人文教育相融合的思想政治教育及其方法创新研究［M］．北京：人民出版社，2018.

[23] 季羡林．季羡林谈义理［M］．哈尔滨：黑龙江人民出版社，2008.

[24] 江泽民．江泽民文选：第一卷［M］．北京：人民出版社，2006.

[25] 雷骥，等．思想政治教育的文化自觉研究［M］．北京：中国社会科学出版社，2018.

[26] 李芳．大学生生命观教育研究［M］．北京：光明日报出版社，2013.

[27] 梁漱溟．东西文化及其哲学［M］．北京：商务印书馆，1999.

[28] 刘洪一．文化育人：第1辑［M］．北京：商务印书馆，2012.

[29] 刘建军．寻找思想政治教育的独特视角［M］．北京：中国人民大学出版社，2017.

[30] 楼宇烈．中国文化的根本精神［M］．北京：中华书局，2016.

[31] 怀尔邓，赵志裕，康莹仪．理解文化：理论、研究与应用［M］．王志云，谢天，译．北京：人民出版社，2018.

[32] 罗荣渠．从“西化”到现代化［M］．北京：北京大学出版社，1990.

[33] 骆郁廷．精神动力论［M］．武汉：武汉大学出版社，2003.

[34] 马敬．高校思想政治教育中的文化融入［M］．长春：吉林大学出版社，2017.

［35］中共中央文献研究室．毛泽东文集：第二卷［M］．北京：人民出版社，1993.

［36］中共中央文献研究室．毛泽东文集：第三卷［M］．北京：人民出版社，1996.

［37］中共中央文献研究室．毛泽东文集：第六卷［M］．北京：人民出版社，1999.

［38］阎绪国．思想政治教育价值研究［M］．北京：人民出版社，2017.

［39］加林．文艺复兴时期的文化［M］．李玉成，译．北京：人民出版社，2019.

［40］欧阳询．张君劢中国文化观研究［M］．北京：人民出版社，2018.

［41］庞朴．文化的民族性与时代性［M］．北京：中国和平出版社，1988.

［42］钱穆．文化学大义［M］．北京：九州出版社，2012.

［43］钱穆．中国文化史导论［M］．台北：正中书局，1951.

［44］邵汉明．中国文化精神［M］．北京：商务印书馆，2000.

［45］沈壮海．论文化自信［M］．武汉：湖北人民出版社，2019.

［46］沈壮海．思想政治教育的文化视野［M］．北京：人民出版社，2005.

［47］沈壮海．思想政治教育有效性研究［M］．武汉：武汉大学出版社，2001.

［48］沈壮海，佟斐．吸引力　影响力　文化软实力：中国特色社会主义文化建设［M］．武汉：武汉大学出版社，2014.

[49] 沈壮海，王晓霞，王丹．中国大学生思想政治教育发展报告2017［M］．北京：北京师范大学出版社，2018.

[50] 顾海良，沈壮海．文化强国之路［M］．长沙：湖南教育出版社，2014.

[51] 沈壮海．文化软实力及其价值之轴［M］．北京：中华书局，2013.

[52] 十八大报告辅导读本［M］．北京：人民出版社，2012.

[53] 党的十九大报告辅导读本［M］．北京：人民出版社，2017.

[54] 司马云杰．文化价值论：关于文化建构价值意识的学说［M］．济南：山东人民出版社，1996.

[55] 司马云杰．中国文化精神的现代使命：关于中国文化根本精神与核心价值观的研究［M］．太原：山西教育出版社，2008.

[56] 孙麾，林剑．马克思的文化观与当代中国文化建设［M］．北京：中国社会科学出版社，2015.

[57] 孙振玉．文化与人十四讲［M］．银川：宁夏人民出版社，2015.

[58] 唐爱民．20世纪西方社会思潮与道德教育［M］．济南：山东人民出版社，2010.

[59] 万光侠，等．思想政治教育的人学基础［M］．北京：人民出版社，2006.

[60] 王红．中华优秀传统文化与中华民族伟大复兴［M］．北京：人民出版社，2018.

[61] 王景云．文化安全视域下思想政治教育文化载体建设研究［M］．北京：人民出版社，2014.

[62] 王蒙．王蒙谈文化自信［M］．北京：人民出版社，2017.

[63] 王迎新．大众文化的意识形态功能研究［M］．天津：南开大学，2014.

[64] 习近平．决胜全面建成小康社会　夺取新时代中国特色社会主义伟大胜利：在中国共产党第十九次全国代表大会上的报告［M］．北京：人民出版社，2017.

[65] 习近平．习近平谈治国理政：第一卷［M］．北京：外文出版社，2014.

[66] 习近平．习近平谈治国理政：第二卷［M］．北京：外文出版社，2017.

[67] 习近平．习近平总书记在出席庆祝中华人民共和国成立70周年系列活动时的讲话［M］．北京：人民出版社，2019.

[68] 习近平．在北京大学师生座谈会上的讲话［M］．北京：人民出版社，2018.

[69] 习近平．在纪念马克思诞辰200周年大会上的讲话［M］．北京：人民出版社，2018.

[70] 习近平．在纪念五四运动100周年大会上的讲话［M］．北京：人民出版社，2019.

[71] 习近平．在庆祝中国共产党成立95周年大会上的讲话［M］．北京：人民出版社，2016.

[72] 肖贵清．道路·理论·制度·文化：中国特色社会主义论［M］．北京：人民出版社，2018.

[73] 邢媛．文化认同的哲学论纲［M］．北京：人民出版社，2018.

[74] 杨宝忠. 社会主义和谐文化研究 [M]. 北京: 人民出版社, 2018.

[75] 杨海军. 思想政治教育情感载体研究 [M]. 北京: 人民出版社, 2019.

[76] 衣俊卿, 胡长栓, 等. 马克思主义文化理论研究 [M]. 北京: 北京师范大学出版社, 2017.

[77] 张岱年. 文化与哲学 [M]. 北京: 中国人民大学出版社, 2006.

[78] 张岱年, 方克立. 中国文化概论 [M]. 北京: 北京师范大学出版社, 1993.

[79] 张国祚. 中国文化软实力研究论纲 [M]. 北京: 社会科学文献出版社, 2015.

[80] 赵志业. 文化视野中的思想政治教育研究 [M]. 长春: 吉林大学出版社, 2018.

[81] 中共中央党史和文献研究院. 习近平关于"不忘初心、牢记使命"论述摘编 [M]. 北京: 中央文献出版社, 2019.

[82] 中共中央党史研究室. 中国共产党历史第一卷 [M]. 北京: 中共党史社出版, 2011.

[83] 中共中央党史研究室. 中国共产党历史第二卷 [M]. 北京: 中共党史出版社, 2011.

[84] 中共中央马克思恩格斯列宁斯大林著作编译局. 列宁选集: 第4卷 [M]. 北京: 人民出版社, 1995.

[85] 中共中央马克思恩格斯列宁斯大林著作编译局. 马克思恩格斯全集: 第1卷 [M]. 北京: 人民出版社, 2012.

[86] 中共中央马克思恩格斯列宁斯大林著作编译局．马克思恩格斯文集：第1卷［M］．北京：人民出版社，2009.

[87] 中共中央马克思恩格斯列宁斯大林著作编译局．马克思恩格斯选集：第4卷［M］．北京：人民出版社，2012.

[88] 中共中央文献研究室．十八大以来重要文献选编［M］．北京：中央文献出版社，2014.

[89] 中共中央宣传部．习近平总书记系列重要讲话读本［M］．北京：人民出版社，2016.

[90] 中共中央宣传部．习近平总书记系列重要讲话读本［M］．北京：学习出版社，2014.

[91] 中国蔡元培研究会．蔡元培全集：第四卷［M］．杭州：浙江教育出版社，1997：291.

[92] 中国共产党第十八届中央委员会第六次全体会议文件汇编［M］．北京：人民出版社，2016.

[93] 广东省社会科学院历史研究室，中国社会科学院近代史研究所中华民国史研究室，中山大学历史系孙中山研究室．孙中山全集：第一卷［M］．北京：中华书局，1981：17.

[94] 周芳．思想政治教育审美研究［M］．北京：人民出版社，2012.

[95] 朱谦之．文化哲学［M］．北京：商务印书馆，1990.

（二）期刊

[1] 白显良．思想政治教育的文化品位及其当代提升［J］．思想教育研究，2006（10）.

[2] 秦在东．正确认识“以文化人”的层次性与复杂性［J］．思

想教育研究，2015 (11).

[3] 房广顺，李东．论文化自觉的认知与塑造 [J]. 人民论坛，2012 (5).

[4] 冯刚，王振．以文化人在国家治理现代化中的价值意蕴 [J]. 北京大学学报（哲学社会科学版)，2019，56 (6).

[5] 冯刚．习近平关于大学生思想政治教育论述的理论蕴涵 [J]. 重庆大学学报（社会科学版)，2018，24 (3).

[6] 冯刚．新时代文化育人的理论考察 [J]. 学校党建与思想教育，2019 (5).

[7] 冯向东．高等教育如何以文化人 [J]. 高等教育研究，2018，39 (5).

[8] 高山，张若飞．以文化人：社会主义核心价值观培育践行的着力点 [J]. 思想教育研究，2015 (12).

[9] 顾友仁．我国当代思想政治教育的文化属性及其选择 [J]. 大连理工大学学报（社会科学版)，2011，32 (4).

[10] 郭必裕．大学文化“化人”机理初探 [J]. 南通大学学报（教育科学版)，2008 (1).

[11] 郭凤志，胡海波．从政治型到文化型：中国当代德育型态的嬗变路向 [J]. 东北师大学报（哲学社会科学版)，2008 (4).

[12] 郭凤志．文化自信的战略意蕴 [J]. 理论导报，2016 (11).

[13] 郭凤志，冯诗琪．文化自信思想的理论蕴涵和实践要求 [J]. 红旗文稿，2017 (9).

[14] 郭鹏飞．注重以文化人提高高校思想政治教育实效性 [J]. 思想教育研究，2018 (5).

[15] 韩迎春，张蕾．论思想政治教育的文化使命［J］．学术论坛，2011，34（3）．

[16] 侯勇．徐海楠．思想政治教育本质属性的四维解读［J］．河海大学学报（哲学社会科学版），2012，14（2）．

[17] 胡菊华．思想政治教育与文化的当代契合［J］．思想理论教育，2018（4）．

[18] 金德楠．论我国高校以文化人工作的五个基本问题［J］．黑龙江高教研究，2017（11）．

[19] 金林南，虞滢．思想政治教育学科属性研究的规范性思考［J］．河海大学学报（哲学社会科学版），2016，18（3）．

[20] 李春华．文化的“化人”与思政的“育人”［J］．马克思主义研究，2012（9）．

[21] 李大健．以文化人：大学生民族精神培育的路向［J］．教育研究，2011，32（3）．

[22] 李辉．“以文化人”的价值论思考［J］．思想教育研究，2015（11）．

[23] 李建国．文化育人的哲学省思［J］．高等教育研究，2014，35（4）．

[24] 李敏．实现人民美好生活的思想政治教育路径探析［J］．思想理论教育，2019（2）．

[25] 李薇薇．简析思想政治教育的文化功能及当前文化诉求［J］．学校党建与思想教育，2012（23）．

[26] 李元旭，平章起．论思想政治教育的文化自觉［J］．理论与改革，2016（3）．

[27] 刘宾，郝文清．树立文化自觉意识 把握思想政治教育根本属性 [J]．中国高等教育，2014 (4)．

[28] 刘芳．论社会主义先进文化与思想政治教育的内在关联 [J]．思想理论教育，2013 (5)．

[29] 刘涛．简析思想政治教育的文化属性 [J]．辽宁行政学院学报，2007 (6)．

[30] 柳礼泉，周文斌．让德育在文化中诗意的栖居：论德育“以文化人”的三个维度 [J]．湖南社会科学，2015 (5)．

[31] 柳礼泉，周文斌．试析胡锦涛对青少年思想政治教育的理论贡献 [J]．思想教育研究，2013 (2)．

[32] 柳礼泉，周文斌．思想政治教育的政治性与文化性之关系解读 [J]．思想理论教育导刊，2013 (9)．

[33] 卢景昆，罗洪铁．论思想政治教育的文化责任 [J]．思想教育研究，2012 (3)．

[34] 卢文忠，何春涛．底线思维下高校文化育人探究 [J]．学校党建与思想教育，2019 (23)．

[35] 鲁力．文化视域中的思想政治教育：属性、功能与自觉 [J]．理论导刊，2016 (6)．

[36] 骆郁廷．郭莉．“立德树人”的实现路径及有效机制 [J]．思想教育研究，2013 (7)．

[37] 骆郁廷，史姗姗．论意识形态安全视域下的文化话语权 [J]．思想理论教育导刊，2014 (4)．

[38] 骆郁廷，魏强．文化发展视域下的大学生思想政治教育 [J]．思想理论教育，2012 (5)．

[39] 满炫．“以文化人”理念下高校文化育人目标的价值取向及科学设定［J］．江苏高教，2018（5）．

[40] 孟珍珍．发挥思想政治教育的文化功能 推进思想政治教育工作［J］．北京教育（高教），2012（11）．

[41] 倪娜，张澍军．思想政治教育的文化特质［J］．思想教育研究，2011（7）．

[42] 乔万敏，邢亮．文化型：大学生思想政治教育质量提升的新模式［J］．社会科学战线，2014（2）．

[43] 秦在东．正确认识“以文化人”的层次性与复杂性［J］．思想教育研究，2015（11）．

[44] 邱炜煌．让文化在“以文化人”中彰显价值［J］．红旗文稿，2012（17）．

[45] 曲建武，孙振琳．用中华优秀传统文化涵育大学生精神成长［J］．学校党建与思想政治教育，2016（3）．

[46] 沈壮海．关注思想政治教育的文化性［J］．思想理论教育，2008（3）．

[47] 沈壮海，王军．思想政治教育学科研究和发展状况综述（2006年以来）［J］．思想理论教育导刊，2014（8）．

[48] 石怡．思想政治教育以文化人探究［J］．教学与管理，2019（36）．

[49] 宋海婷．以文化人提升高校思想政治教育工作的有效性：基于习近平总书记以文化人系列讲话的解读［J］．学理论，2018（1）．

[50] 宋有．论思想政治教育的文化交往［J］．思想教育研究，2013（1）．

[51] 孙国胜，刘时新，刘运显．大学生思想政治教育人文关怀叠加效应的理论与实践研究 [J]. 思想理论教育导刊，2012 (9).

[52] 孙瑛辉．人文关怀：思想政治教育发展的重要维度 [J]. 东北师大学报 (哲学社会科学版)，2015 (2).

[53] 王蓓蓓，李燕宇．论思想政治教育功能拓展的文化路径 [J]. 思想政治教育研究，2007 (3).

[54] 王贺．论思想政治教育的文化属性 [J]. 社科纵横，2015，30 (7).

[55] 王贺．思想政治教育的文化审视 [J]. 长春理工大学学报，2011，6 (3).

[56] 王晶．文化自信视域下思想政治教育话语方式研究 [J]. 学校党建与思想教育，2019 (5).

[57] 王仕民，徐丽燕．论思想政治教育的文化含量 [J]. 思想教育研究，2019 (4).

[58] 王淑文．基于文化情境的大学生思想政治教育探析 [J]. 思想政治教育研究，2008，24 (6).

[59] 王树荫．思想政治教育史学科建设构想 [J]. 高校理论战线，2012 (1).

[60] 王振．论以文化人的意蕴与整体性构建 [J]. 思想教育研究，2016 (7).

[61] 王振．深化新时代高校以文化人实践的路径研究 [J]. 国家教育行政学院学报，2018 (12).

[62] 王振．思想政治教育视域下以文化人的定位与特性 [J]. 思想教育研究，2018 (10).

[63] 王振．习近平“以文化人”思想探析［J］．思想理论教育导刊，2018（1）．

[64] 王振．新时代以文化人重要思想的理论蕴涵［J］．马克思主义理论学科研究，2019，5（4）．

[65] 王振．遵循以文化人规律　创新思想政治教育方法［J］．思想教育研究，2017（4）．

[66] 尉天骄，王恒亮．论思想政治教育的文化属性［J］．求实，2011（8）．

[67] 夏静．“以文化人”的思想谱系与理论诠释［J］．齐鲁学刊，2019（5）．

[68] 杨航征，张宏程．高校思想政治理论课教育教学注重人文关怀探究［J］．思想教育研究，2018（1）．

[69] 杨希．论思想政治教育的文化内涵［J］．教学与研究，2018（6）．

[70] 杨小磊，高微征．高校思想政治工作中以文化人的系统解读［J］．系统科学学报，2019，27（3）．

[71] 杨晓慧．探寻中国马克思主义理论教育的文化语境［J］．马克思主义研究，2015（6）．

[72] 杨晓慧．信仰·理论·教育：思想政治教育的三种力量［J］．东北师大学报（哲学社会科学版），2018（1）．

[73] 于媛媛．以文化人：思想政治教育的新视野［J］．现代教育学，2007（5）．

[74] 曾长隽．论高校思想政治教育的人文关怀［J］．中国青年社会科学，2015，34（1）．

[75] 张岚. 习近平青年思想政治教育观研究 [J]. 学校党建与思想教育, 2019 (14).

[76] 张澍军. 试论思想政治教育学科前沿的若干重大问题 [J]. 马克思主义研究, 2011 (1).

[77] 张润枝, 李天慧. 高校思政工作中的“以文化人” [J]. 北京教育(高教), 2017 (3).

[78] 张小琏, 刘思林. 人文关怀视野下的高校思想政治工作 [J]. 思想教育研究, 2013 (4).

[79] 张翼, 崔华华. 论思想政治教育现代转型中的文化自觉 [J]. 学术论坛, 2016, 39 (8).

[80] 赵辛辰. “文化”润“德”思考与实践 [J]. 中国教育学刊, 2011 (9).

[81] 赵志业. 思想政治教育的文化本质及其实现 [J]. 理论与改革, 2015 (1).

[82] 郑秋月, 郭亚苹. 论中华优秀传统文化在思想政治教育中的“文化育人”及促成路径 [J]. 学校党建与思想教育, 2018 (18).

[83] 朱国芬. 文化视野下思想政治教育本质属性探析 [J] 求实, 2014 (8).

[84] 朱志刚. 论思想政治教育的文化整合功能 [J]. 理论学刊, 2007 (11).

(三) 其他文献

[1] 毕红梅. 全球化视野中的思想政治教育研究 [D]. 武汉: 华中师范大学, 2006.

[2] 冯青来. 文化与教育 [D]. 武汉: 华中师范大学, 2007.

[3] 郝桂荣. 高校文化育人研究 [D]. 沈阳: 辽宁大学, 2017.

[4] 胡凯. 思想政治教育生活化研究 [D]. 上海: 复旦大学, 2007.

[5] 兰田. 思想政治教育文化属性研究 [D]. 青岛: 青岛大学, 2013.

[6] 李娟. 社会主义思想政治教育文化化研究 [D]. 北京: 中国矿业大学 (北京), 2015.

[7] 李艳. 高校思想政治教育的中国文化自觉 [D]. 长春: 东北师范大学, 2015.

[8] 刘立慧. 高校隐性思想政治教育研究 [D]. 北京: 中国矿业大学 (北京), 2011.

[9] 刘伟. 交往实践思想政治教育研究 [D]. 武汉: 华中师范大学, 2008.

[10] 罗仲尤. 思想政治教育属性研究 [D]. 长沙: 湖南大学, 2014.

[11] 马文颖. 思想政治教育的文化功能研究 [D]. 沈阳: 辽宁大学, 2013.

[12] 欧阳婧. 思想政治教育文化属性研究 [D]. 重庆: 西南大学, 2015.

[13] 王景云. 当代中国思想政治教育文化载体研究 [D]. 哈尔滨: 哈尔滨工程大学, 2012.

[14] 王琳. 人文素养视域下高校思想政治教育研究 [D]. 北京: 中国矿业大学 (北京), 2018.

[15] 吴冬梅. 马克思主义幸福观与当代中国大学生幸福现状研究

[D]. 长春：吉林大学，2012.

[16] 吴广庆．思想政治教育的文化融入研究 [D]. 北京：中共中央党校，2013.

[17] 夏锋．人的文化存在与思想政治教育创新研究 [D]. 济南：山东师范大学，2014.

[18] 闫艳．交往视域中的思想政治教育研究 [D]. 天津：天津师范大学，2008.

[19] 杨光．高校思想政治教育以文化人研究 [D]. 长春：东北师范大学，2018.

[20] 张宏伟．思想政治教育文化环境研究 [D]. 沈阳：辽宁大学，2015.

[21] 周宏．论大学德育的文化属性 [D]. 昆明：云南大学，2013.

[22] 周文斌．思想政治教育文化品性研究 [D]. 长沙：湖南大学，2015.